制造业信息化管控设计与优化

连志刚 著

上海科学普及出版社

图书在版编目(CIP)数据

制造业信息化管控设计与优化/连志刚著. --上海:
上海科学普及出版社,2016.12
 ISBN 978-7-5427-6613-7

Ⅰ.①制… Ⅱ.①连… Ⅲ.①制造工业—工业企业管理—信息化—研究 Ⅳ.①F407.406-39

中国版本图书馆 CIP 数据核字(2016)第 245199 号

责任编辑 张 帆

制造业信息化管控设计与优化
连志刚 著
上海科学普及出版社出版发行
(上海中山北路 832 号 邮政编码 200070)
http://www.pspsh.com

各地新华书店经销 上海叶大印务发展有限公司印刷
开本 787×1092 1/16 印张 13 字数 294 000
2016 年 12 月第 1 版 2016 年 12 月第 1 次印刷

ISBN 978-7-5427-6613-7 定价:48.00 元

出版说明

科学技术是第一生产力。21世纪,科学技术和生产力必将发生新的革命性突破。

为贯彻落实"科教兴国"和"科教兴市"战略,上海市科学技术委员会和上海市新闻出版局于2000年设立"上海科技专著出版资金",资助优秀科技著作在上海出版。

本书出版受"上海科技专著出版资金"资助。

上海科技专著出版资金管理委员会

序 一

国务院于 2015 年 5 月 8 日公布了《中国制造 2025》,提出了中国制造强国建设三个十年的"三步走"战略,其中《中国制造 2025》是第一个十年的行动纲领。《中国制造 2025》强调了信息技术和制造技术的深度融合是新一轮产业竞争的制高点,而智能制造则是抢占这一制高点的主攻方向,也是实现我国制造业由大变强的根本路径。实施智能制造工程,要紧密围绕重点制造领域的关键环节,开展新一代信息技术与制造装备融合的集成创新和工程应用。管控一体化是以生产过程控制系统为基础,通过对企业生产管理、过程控制等信息的处理、分析、优化、整合、存储、发布,运用现代化企业生产管理模式建立覆盖企业生产管理与基础自动化的综合系统,是智能制造领域的重要一环。

管控一体化所有业务都构建在同一个技术架构平台上,通过全厂数据集成,提供一个全厂范围内从底层控制数据采集,到分析优化、管理决策的综合应用平台,将生产控制、资源控制、市场需求、财务核算等各个方面集成起来,是企业优化企业管理、提高经济效率、降低成本的有力工具。

连志刚博士从事离散制造最优化管控研究十余年,有深厚的理论功底,并在企业做过两站博士后研究,具有丰富的实践经验。在其辛勤耕作下,这本基于理论研究和实践经验的离散制造信息化管控设计与优化的著作,对于企业信息化实施具有很好的借鉴意义。

本书从离散制造业生产组织模式优化、产能负荷平衡优化、制造业生产计划控制体系构建、制造业生产排程与优化技术、制造业生产运作体系构建与优化、数字化制造架构设计、制造业生产制造执行系统实施等方面进行较为全面的阐述,技术实施与操作性强,对离散制造业管控智能化的实施有所助益。

本书既有基础理论与算法,又有实际案例分析;既有仿真研究,也有管理信息系统架构,是一本关于制造业信息化管控设计与优化的专著,适合研究人员、企业管理人员和IT开发技术人员应用。

华东理工大学教授、博士生导师
2016年1月于上海

序　二

"工业4.0"、"中国制造2025"都聚焦智能制造领域。所谓智能制造,就是面向产品全生命周期,实现泛在感知条件下的信息化制造。通过智能化的感知、人机交互、决策和执行技术,实现设计过程、制造过程和制造装备智能化,是信息技术、智能技术与装备制造技术的深度融合与集成的体现,促成并顺应了信息化与工业化深度融合的大趋势。

本书对装备制造业生产组织模式优化、装备制造业产能负荷平衡模型、装备制造业生产计划控制体系构建、生产计划制定模型设计和集成网络信息化实施方案、装备制造业生产排程技术、装备制造业生产运作体系构建与优化、数字化制造架构设计、装备制造业生产制造执行系统实施及装备制造业MES总体构建及其详细模块功能设计等进行了分析、研究和系统设计。作为制造执行系统,MES在实现生产过程的自动化、智能化、网络化等方面发挥着巨大作用,处于企业级的资源计划系统MRPII/ERP和工厂底层的控制系统SFC之间,是提高企业制造能力和生产管理能力的重要手段。本书在上述研究工作中取得了相应的成果,展现了作者在装备制造业信息化管控设计与优化方面长期探索、耕耘的收获。

本书对于计算机、自动化、管理、机械等相关学科的教师、大学本科生和研究生、企业管理人员、IT开发技术人员和有志于装备制造业信息化的人们来说是一部开卷有益的参考书。全书文字流畅、理论清晰、图式规范、逻辑严谨、面向发展、致力应用,是装备制造信息化管控领域并不多见的一部著作。

对于本书作者在智能计算、生产调度系统建模与优化、离散制造业信息化实施等方面执着与热忱的研究工作以及他在该领域理论和实践积累方面的努力,我想适用一幅楹联:"大厂博士装备信息 强国学问制造流程",横批"力著问世"。

华东师范大学计算机科学与软件工程学院教授、博士生导师

上海建桥学院电子信息学院教授、院长

2016年1月于上海

前　　言

  从现代制造的角度说，企业生产运作分三层，即计划层、执行层和控制层。其中计划层应用的是 MRPII/ERP 等，而控制层包括可编程控制器、数控机床等加工设备，介于两者之间的就是执行层的制造执行系统（MES）。MRPII/ERP 软件的主要作用是针对资源做出计划，但对于生产现场的管理无法直接进行控制，造成上层计划和底层控制之间出现脱节现象，因此企业应通过 MES 来连接上层计划管理与底层工业控制，对车间层的生产信息进行管理与控制。大型制造业生产过程中加工的工件常常成千上万，机器调配、物料配备、物流中转，多品种工件协同穿插加工，工序多、工艺复杂，企业资源产能有限，且调度本身属于复杂的 NP 难问题，加之不断变化生产环境因素的影响，从而导致生产计划与调度优化非常复杂。制造业生产过程的调度优化是复杂的组合优化问题，搜寻其最优解非常困难，研究各种智能算法来解决组合优化问题是近年来理论界和工程界的热点与难点。对调度优化问题的研究已经成为数学、计算机、自动化、管理工程等众多领域科学家关心的重要课题。然而，到目前为止，单纯围绕着调度优化问题的研究较多，而将产能负荷平衡、生产计划与调度优化、优化工具三者关联结合进行系统研究较少。生产管控中的产能负荷平衡、计划制定、优化排程等问题解决的关键技术就是算法，算法也是排程等生产管理软件的技术瓶颈与核心价值。关于算法的研究，如分支定界法、协同算法、粒子群算法等研究成果较多，然而在应用上遇到的最大问题是面对实际生产的复杂性，各种方法都有其适用范围的局限性。

  目前国内多数装备制造企业还没实施功能全面、满足精益生产需求的生产管控集成系统，未实现作业人员、场地、设备及物料等计划管理和生产资源的动态平衡，信息汇总分类和迅速反馈，实现资源优化配置的控制；生产计划主要靠开调度会、现场会解决，整个生产管控都基本在经验及大概的推算基础上，未实现精准管理的问题。信息化管控全面实施是我国制造业提升的一次机遇,而国内外关于制造业信息化管控实施、生产组织系统建模与优化技术三者结合研究的书籍较少。本书基于制造业生产组织的离散型、多品种小批量、生产调度巨复杂性等特点,将产能负荷平衡,基于有限生产资源的生产计划与调度优化、优化算法、制造业信息化管控实施进行结合研究。本书内容主要来自于课题组的研究成果,是作者基于中国博士后科学基金面上资助项目、上海市博士后科研资助计划项目、上海市科委创新项目、上海高校选拔培养优秀青年教师科研专项基金项目、江南造船(集团)有限责任公司的项目、广东"十一五"规划项目"科达数字化企业建设"等项目的研究,融合了近 5 年在 Applied Mathematics and Computation、Computational Optimization and Applications、Chaos, Solitons and Fractals、Applied Mathematical Modeling、《控制理论与应用》等国内外重要学术刊物上发表的并受同行高等评价与多次引用的几十篇论文完成的,提出基于有限生产资源的生产日程计划,并与设计、物流、经营、人力资源等系统模块功能实现集成的数字化管控系统架构;以中间产品为导向,按区域组织生产,实现装备制造企业设计、生产、管理一体化,促进大型制造业生产精益化运作的改善,使其资源最优综合利用,提升效率,降级生产运作成本,增强效益。

  本书由 7 章构成,各章节内容具体安排如下:第 1 章介绍国外制造业信息化发展状况,对比说明我国装备制造企业信息化发展程度,分析我国制造业信息化实施存在的问题,给出制造信息化实施的一般步骤,及实施成功指标模型。第 2 章提出制造业生产组织模式优化方案,分析当前装备制造企业下达生产任务(下单)模式存在的问题,并给出了改进型的下单模式,也分析了生产组织模式存在的问题,并给出了改进型的生产组织模式及流程。同时提出了自动分配生产订单在各车间停留时间的计算模型。提出了新型学习算法(LA)的概念,给出 $cIcGbG\sim LA$、$cGcLbL\sim LA$ 和 $cIcGbIbGcLbL\sim LA$ 等不同类型算法的递推方程,采用 0—1 编码将 LA 应用于优化产能负荷平衡的生产任务自制与外协自动分流,并通过生产实例分析 LA 用于优化制造业生产计划制定的可行性与可靠性。第 3 章建立制造业生产计划控制体系。根据生产资源和公司运营总计划自动绘制总组集成计划网络,给出最早网络、最晚网络、自由时差、总时差、关键路径。可基于场地时间限制、劳动力、设备产能等约束限制制定总组计划网络,同时可根据人工网络、场地安排推算出所需人工设备数量及班次安排。提出正向和反向两种总组集成方式并定义两种计算模型,分别为时间模型和工期模型,以便适应以某时间点起始的正向计算,也能以某时间点为结束的反向计算。第 4 章建立制造业生产调度优化技术,总结了生产调度的特点、分类、一般的优化目标、生产调度问题的发展现状,概括了主要的调度方法及解决调度问题的优化算法及启发式规则。提出了泛 PSO 算法的概念,给出 cIcGbG～PSO、cIcGbI～PSO 和 cIcGbIbGcLbL～PSO 等不同类型算法的递推方程,将泛 PSO 算法应用于制造业生产排程优化,通过仿真实验测试,验证了泛 PSO 算法和新型学习算法作为优化工具解决生产排程问题的可行性和可靠性。第 5 章研究制造业生产运作体系构建与优化,提出制造业在信息化实施前的机构重组与职能明确,流程优化与再造技术,数据完备性与一致性的准备,WBS 制定依据标准。给出制造业 WP/WO 分解策略,xBOM 制定要求和标准化的编码体系建立技术,构建了先进的制造过程体系,包括制定合理的建造计划、均衡产能负荷、托盘的管理、绩效管理的指标等。第 6 章设计制造业数字化制造的总体架构。给出数字化制造集成系统架构图,数字化设计与 PDM 集成设计方案,并详细设计了船舶制造企业 ERP 的主要功能模块,如全面质量管理、财务管理、HR 管理、营销管理、采购管理、物资物流管理、工程项目管理、综合保障管理、基础数据与标准化管理、系统安全维护管理以及 BI 应用,并详细勾勒了各模块之间数据传输与共享的模式、优化了作业流程和岗位职能。第 7 章设计制造业 MES 实施方案。介绍了 MES 的概念、模型、功能及国内外的研究发展趋势。结合 MES 基本理论和制造业生产运营实际情况,从功能角度出发搭建了符合制造业实际的 MES 架构,并设计了详细模块功能,包括车间小日程计划管理、排产规则/算法管理、设备/工装夹具管理、起运支持、辅材物料管理、劳动力管理、人工可干预的自动派工、数据采集/实绩管理、生产成本管理、生产绩效管理和生产数据管理。给出新型 LA 算法嵌入 MES 优化任务排程技术等。

本书一方面为解决制造业生产计划科学制定、产能负荷平衡、生产调度优化等问题探索一条新的有效途径;另一方面,提出制造业信息化实施方案,促进其生产精益化运作的改善，提高制造资源优化配置能力，提升效率，降级生产运作成本，增强效益，增强制造业企业的竞争力。本书可作为计算机、自动化、管理、机械等相关学科的教师、大学本科生和研究生、企业管理人员和 IT 开发技术人员的参考书。由于作者水平有限，本书许多内容还有待完善和进一步深入研究，对于不足之处，诚望读者不吝赐教。

感谢华东理工大学自动化系顾幸生教授，华中科技大学邵新宇教授、管在林教授，广东科达机电股份有限公司朱钒副总，上海交通大学江志斌教授，江南造船(集团)有限责任公司胡可一总工、郑冬标副总工，华东师范大学刘锦高教授，广西大学王中兴教授、韦增欣教授等对相关研究给予的热心指导和建议。感谢上海电机学院焦斌教授、徐余法教授、计春雷教授、刘文红教授、陈国初教授、高贵革教授、林蔚天教授、陈献忠副教授、王淮亭副教授、孙强副教授、沈学东副教授、陈群贤副教授，华东理工大学王学武副教授、徐震浩副教授、张凌波副教授、黎冰副教授，同济大学宋永利博导，东华大学彭亚红教授，广东机电职业技术学院翟小兵教授，浙江理工大学张建明教授，江门职业技术学院李益教授，上海海洋大学魏永锋教授，上海泰龙生物医药科技有限公司李军辉博士，华东师范大学褚为强博士的支持和帮助。最后感谢上海市科学技术协会、上海科学普及出版社的大力支持和辛勤工作。

连志刚
2016 年 1 月

目 录

序一 ·· 1

序二 ·· 1

前言 ·· 1

第1章 绪论 ·· 1
    1.1 引言 ·· 1
    1.2 现代制造管理理论与技术 ·· 3
    1.3 制造业主要特征 ··· 6
    1.4 制造业信息化技术的应用发展 ··· 7
        1.4.1 制造业信息化的发展历程 ··· 7
        1.4.2 制造业信息化的发展趋势 ··· 8
    1.5 我国制造业面临的挑战与机遇 ··· 9
    1.6 制造业信息化技术发展的特点与趋势 ··· 11
        1.6.1 制造业信息化技术发展的特点 ··· 11
        1.6.2 国外制造业信息化发展状况 ··· 11
        1.6.3 我国制造业信息化发展程度 ··· 12
    1.7 我国制造业信息化实施存在的问题 ··· 13
    1.8 我国制造业信息化实施成功的关键因素 ······································ 15
        1.8.1 制造业信息化实施步骤 ··· 15
        1.8.2 我国制造业信息化实施成功指标模型 ······························ 17

第2章 制造业生产组织模式优化 ··· 19
    2.1 引言 ·· 19
    2.2 制造业产品事业部装配调度分析 ·· 19
        2.2.1 产品事业部下单模式及存在问题 ····································· 19
        2.2.2 产品事业部改进的下单模式 ··· 21
    2.3 制造业当前生产组织模式问题分析 ··· 22
    2.4 制造业生产组织模式优化 ·· 24
    2.5 制造业产能负荷平衡模型 ·· 27

2.6 新型学习算法优化制造业产能负荷平衡 ········· 29
2.6.1 传统学习算法 ········· 29
2.6.2 新型学习算法递推方程 ········· 30
2.6.3 cIcGbG~LA ········· 31
2.6.4 cIcGbI~LA ········· 33
2.6.5 cIcGbIbG~LA ········· 34
2.6.6 cIcGcLbL~LA ········· 35
2.6.7 cIcGbIbGcLbL~LA ········· 36
2.6.8 cIcG~LA ········· 37
2.6.9 其他型 LA ········· 38
2.6.10 新型 LA 的 0—1 编码 ········· 38
2.6.11 新型 LA 学习策略 ········· 38
2.6.12 新型 LA 伪代码 ········· 40
2.6.13 cIcG~LA 在制造业中产能负荷平衡的应用测试 ········· 41
2.7 加工订单在各生产执行部门停留时间分解模型 ········· 42

第 3 章 制造业的生产计划控制 ········· 44
3.1 引言 ········· 44
3.2 制造业生产计划控制过程 ········· 44
3.3 制造业生产计划制定模型 ········· 44
3.3.1 生产计划制定分析 ········· 44
3.3.2 总组集成计划网络自动化制定原理分析 ········· 47
3.4 最大化加工工件数目具有交货期约束的计划安排 ········· 50
3.4.1 最大化加工工件数目具有不同交货期约束的 FSSP(MJNRDDFSSP) ········· 50
3.4.2 最大化加工工件数目具有不同交货期约束的 JSSP(MJNRDDJSSP) ········· 57
3.5 生产计划制定信息化实施分析 ········· 62
3.6 装备制造总组集成网络信息化实现设计 ········· 63
3.6.1 总组集成计划网络制定 ········· 63
3.6.2 质量管理 ········· 64
3.6.3 搜索查询 ········· 64
3.6.4 报表管理 ········· 64
3.7 基于产能负荷平衡优化的生产计划制定 ········· 65
3.8 小结 ········· 66

第 4 章 制造业的生产调度优化 ········· 67
4.1 引言 ········· 67

4.2 制造业生产调度概述 67
    4.2.1 生产调度问题的描述 67
    4.2.2 制造业企业车间调度管理的意义 68
    4.2.3 典型调度问题 FSSP 和 JSSP 的描述及其数学模型 68
    4.2.4 生产调度问题的特点 70
    4.2.5 制造业生产调度问题的分类 73
    4.2.6 生产调度问题优化的主要目标 74
    4.2.7 生产调度问题的发展历史与现状 74
    4.2.8 优化生产调度问题的技术方法 75
4.3 泛学粒子群算法 78
    4.3.1 传统 PSO 算法模型 78
    4.3.2 泛学 PSO 算法描述 78
    4.3.3 cIcGbG~PSO 算法 79
    4.3.4 cIcGbI~PSO 算法 81
    4.3.5 cIcGbIbG 型 PSO 算法 83
    4.3.6 cIcGcL~PSO 算法及其扩展 86
    4.3.7 cIcGbIbGcLbL 型 PSO 算法 87
    4.3.8 其他学习型 PSO 算法 93
    4.3.9 泛学 PSO 算法编码 93
    4.3.10 cIcL-cG 型 PSO 算法伪代码 95
4.4 泛学粒子群算法优化装备制造的生产计划与调度问题 96
    4.4.1 cIcL-cG 型 PSO 算法优化 FSSP 仿真 96
    4.4.2 cIcL-cG 型 PSO 算法优化 JSSP 仿真 99
4.5 新型学习算法优化离散生产调度问题 103
    4.5.1 新型学习算法自然数编码 103
    4.5.2 新型学习算法优化 FSSP 的学习策略 103
    4.5.3 新型学习算法优化 JSSP 的学习方式 106
    4.5.4 新型学习算法优化生产计划与调度仿真 109
4.6 小结 113

第5章 装备制造企业生产运作体系构建与优化 114

5.1 引言 114
5.2 信息化制造基础搭建 114
    5.2.1 机构重组与职能明确 114
    5.2.2 流程优化与再造 115
    5.2.3 数据的完备性与一致性 116
    5.2.4 制造业的产品 WBS 制定 117
    5.2.5 制造业 WP/WO 分解 118

5.2.6　制造业 xBOM 的制定 ··· 123
　　5.2.7　标准化的编码体系建立 ··· 124
　　5.2.8　最优制造工法工艺设计 ··· 127
5.3　先进制造管理体系构建 ··· 128
　　5.3.1　制定合理的建造计划 ··· 128
　　5.3.2　均衡制造能力负荷 ··· 128
　　5.3.3　托盘管理 ··· 130
　　5.3.4　流通过程的全面实时监控 ·· 131
　　5.3.5　全面成本管理 ··· 131
　　5.3.6　绩效管理科学细化与量化 ·· 132
　　5.3.7　数字化环境下的精益精度制造 ·· 135
5.4　小结 ··· 136

第 6 章　数字化制造架构设计 ·· 137

6.1　引言 ··· 137
6.2　装备制造企业信息化建模 ··· 137
6.3　装备制造企业 OA 平台 ··· 139
6.4　数字化制造管控系统模块功能设计 ·· 140
　　6.4.1　数字设计与管理 ··· 140
　　6.4.2　生产管理 ··· 146
　　6.4.3　TQC 管理 ··· 149
　　6.4.4　财务管理 ··· 150
　　6.4.5　人资管理 ··· 151
　　6.4.6　营销管理 ··· 152
　　6.4.7　采购管理 ··· 154
　　6.4.8　物资物流管理 ··· 154
　　6.4.9　工程/项目管理 ··· 155
　　6.4.10　综保管理 ··· 156
　　6.4.11　基础数据与标准化管理 ··· 156
　　6.4.12　商务智能 ··· 157
　　6.4.13　系统安全维护管理 ··· 158
6.5　小结 ··· 158

第 7 章　制造业生产制造执行系统(MES)实施研究 ································· 159

7.1　引言 ··· 159
7.2　制造执行系统发展概述 ··· 159
　　7.2.1　MES 的发展历程 ··· 159
　　7.2.2　MES 发展趋势 ··· 161

7.3 我国制造业 MES 的应用状况分析 …………………………………………… 162
7.4 学习算法嵌入 MES 优化任务排产 …………………………………………… 163
　　7.4.1 "cIcG 型"学习算法分析 …………………………………………… 163
　　7.4.2 学习算法嵌入 MES 优化排程 ……………………………………… 163
7.5 制造业 MES 的总体构建 ……………………………………………………… 165
　　7.5.1 制造业 MES 总体架构设计 ………………………………………… 165
　　7.5.2 制造业生产执行主要流程分析 ……………………………………… 166
　　7.5.3 机加工工作中心任务领取 …………………………………………… 168
7.6 制造业 MES 的功能模块设计 ………………………………………………… 168
　　7.6.1 车间小日程计划管理 ………………………………………………… 168
　　7.6.2 排产规则/算法管理 ………………………………………………… 169
　　7.6.3 设备/工装夹具管理 ………………………………………………… 170
　　7.6.4 起运支持 ……………………………………………………………… 172
　　7.6.5 辅材物料管理 ………………………………………………………… 172
　　7.6.6 劳动力管理 …………………………………………………………… 173
　　7.6.7 人工可干预的自动派工 ……………………………………………… 174
　　7.6.8 数据采集/实绩管理 ………………………………………………… 174
　　7.6.9 生产成本管理 ………………………………………………………… 175
　　7.6.10 生产绩效管理 ………………………………………………………… 176
　　7.6.11 生产数据管理 ………………………………………………………… 177
7.7 小结 …………………………………………………………………………… 177

参考文献 ………………………………………………………………………………… 178

第1章 绪 论

1.1 引 言

　　工业发展水平是一个国家现代化程度的重要标志,而工业发展的重心、实体经济的基础是制造业。制造业的发展模式和一个国家的发展战略、产业布局紧密相关,制造业改变人们的生活方式,对社会发展起到极大的推动作用。我国制造业自改革开放以来得到了很大发展,但整体水平与制造业强国美国、德国、日本仍差距较大。我国制造业的核心问题就是技术和管理。技术水平不可能一蹴而就,需要长期积累、人才沉淀等。就管理水平而言,历史上我们的管理能力早领先于世界,看看那浩大的系统工程长城、复杂的都江堰、美轮美奂的赵州桥,在各种技术落后的条件下是如何管理实现的! 相关资料表明,制造过程95%的时间消耗在非切削过程中,因此,制造过程的调度技术,将在很大程度上影响制造成本和效率[1]。管理水平落后,导致效率低下、工人辛苦却工资低微、能源消耗粗放、污染严重等问题。21世纪是3C时代,即Customer(客户)、Competition(竞争)、Change(变化)的时代。制造企业在经营过程中既要为客户提供高品质的产品或服务,又要面对着来自各个层面的激烈竞争,同时还要不断应对各种各样的变化。增强企业的竞争能力主要在于三个方面:提高产品的含"金"量、降低产品成本和成功的市场营销。也就是说在经济迅猛发展的今天,作为一个具有竞争力的现代企业,首先要不断革新,增加产品的科技含量,提高产品质量,打造明星品牌;其次要改进生产设备,优化生产调度方案,从而缩短产品的制造周期,提高企业的柔性,使产品迅速适应市场的快速变化,有效利用有限的资源,降低产品生产成本;最后需进行市场供求的分析、消费群体定位、消费心理和消费行为研究,制定正确的营销策略,迅速牢固持久占领市场。企业要在竞争中获得优势,取得主导地位,不仅要靠工艺水平的提高和生产设备的改进,还要靠先进的生产和经营管理手段。面对激烈竞争,企业界的主要策略是采用将制造技术、信息技术、自动化技术、现代管理技术和系统科学技术有机结合的新一代先进制造技术。随着工业生产过程规模的日益复杂与大型化,现代化的工业要求计算机系统不仅要完成直接面向过程的控制和任务的优化,而且要在获取生产全部过程尽可能多的信息基础上,进行指挥调度和整个过程的综合管理。

　　从全球范围来看,制造业生产模式朝着多品种、小批量、单件化、柔性化、生产周期大幅度缩短等方面发展;而生产过程则朝着高速、精密、自动化、节能、环保型等方面发展。传统制造模式是单纯依靠人力指挥生产过程的,现场的制造情况对上层管理者像一个黑匣子,生产信息了解滞后,造成突发事件无法在第一时间得到解决,导致生产遭受影响。而现代制造业是具有较高自动化水平的系统,需要建立有效的计算机控制管理系统。优化生产计划和生产调度成为增强企业的竞争力、提高企业的经济效益和社会效益的关键因素。对于我国制造业来说,就要物尽其用、人尽其才、料(物料)畅其通,从而提升效率,提高工资待遇,增强效益,减少污染。我国制造业管理水平要赶上制造业强国的关键途径就是充分利用信息化技术、创新型的管理模式,从而增强制造业的竞争力。

随着信息技术的发展,制造理念、信息集成方法在制造业得到深入应用,如计算机集成制造系统(Computer Integrated Manufacturing System,简称 CIMS)、先进制造技术计划(Advanced Manufacturing Technology,简称 AMT)、"智能制造系统"(Intelligent Manufacturing System,简称 IMS)等。关于信息化建设、技术发展与应用等,发达国家也已经走到了世界前面。

美国政府高度重视信息化建设,把制造业信息化技术列入"影响美国安全和经济繁荣"的 22 项技术之一加以研究开发,并通过持续占据信息技术研发和应用的制高点和整体优势,主导引领未来世界各行业的发展。早在 1985 年,美国国防部就提出了计算机辅助后勤支援的军方计划;1991 年,美国理海大学提出"美国企业网"(FAN, Factory American Net)计划,此后提出了具有划时代意义的"21 世纪制造企业发展战略"报告。1993 年,美国政府批准了由联邦科学、工程与技术协调委员会(FCCSET)主持制定的先进制造技术(Advanced Manufacturing Technology—AMT)计划。1995 年,《美国国家关键技术报告》中将计算机集成制造及网络化制造支持软件列为制造领域的重要子领域;1996 年,美国通用电气公司开展了计算机辅助制造网(CAMNet)的研究[2]。欧共体的《尤里卡计划(EUREKA)》和《信息技术研究发展战略计划(ESPRIT)》,网络化制造技术项目占有很大比例。1998 年,欧盟公布了"第四、五框架计划(1998~2000)",旨在组建欧洲虚拟企业网。接着相继制定了"第六、七框架计划"。在制造信息化的研究与应用上,韩国与新加坡政府非常重视,韩国提出《高级先进技术国家计划》(G7 计划)和《网络化韩国 21 世纪》(1999 年);新加坡制定了《Information 21 战略计划》中的"e 工业发展战略(eBIDS)"计划。从 20 世纪 80 年代末期开始,日本基于信息技术的发展,先后提出《科学技术政策大纲》及《2002 年信息产业设想》、《智能制造系统(IMS)计划》和《e-Japan 战略》(2000 年)。进入 21 世纪后,日本又制定了《信息技术国家基本战略草案》和《国家产业技术战略》,将建设全球最先进的信息化国家,作为 21 世纪日本信息化战略的总目标。

人类社会已经步入了信息时代,纵观世界经济的发展,信息化已成为工业化后人类社会大发展的需要和必要保证。世界各国都在发展自己的信息化战略,中国也将多个部门融合成了工业和信息化部,进一步推进本国信息化战略的发展。世界范围的产业结构调整和信息技术进步,必将对中国制造业、信息产业的发展产生深刻影响。党的十四届五中全会提出"加快国民经济信息化进程",信息化已成为覆盖我国现代化建设全局的战略举措,信息技术在产业各领域的广泛应用、渗透与融合,有效带动了企业生产管理模式的革新,极大提升了产业技术创新能力和发展能级。党的十五届五中全会指出,信息化是国内产业优化升级和实现工业化、现代化的关键环节,要把推进国民经济和社会信息化放在优先位置;大力推进国民经济和社会的信息化,以信息化带动工业化,发挥后发优势,实现社会生产力的跨越式发展。党的"十六大"指出,实现工业化仍然是中国现代化中最艰巨的历史任务,信息化是国内加快实现工业化和现代化的必然选择。坚持以信息化带动工业化,以工业化促进信息化,走一条科技含量高、经济效益好、资源消耗低、环境污染少、人力资源优势得到充分发挥的新型工业化道路。党的"十七大"报告重点强调,要"大力推进信息化与工业化融合,促进工业由大变强,振兴制造业",这标志着中国信息化全面进入融合时代。面临"两融"时代,企业运营组织必须时刻应对这种压力,流程、组织、制度、产品、研发、文化等都必须做出变化。

1.2 现代制造管理理论与技术

装备制造企业生产管理面临众多问题,如生产所需的原材料不能准时供应或供应数量不足;零部件生产不配套,半成品(在制品)和外购件库存积压严重;产品生产周期过长,劳动生产率下降;资金积压严重,周转期长;市场和客户多变、快速的要求等等使企业的经营、计划系统难以适应等。从20世纪60年代起,信息技术和计算机技术的飞速发展并在生产运作领域得到广泛应用,出现了企业流程再造、过程管理(PM)、虚拟企业、学习型组织等许多先进的管理理论,同时出现了精益生产(Lean Production,简称 LP)、企业资源计划(Enterprise Resource Planning,简称 ERP)、MES 等先进的生产方式和管理手段,为管理变革提供了理论和方法指导。具有代表性的现代生产管理模式如下:

(1) MRP/MRPII/ERP 模式[3][4]:20世纪60年代,美国 IBM 公司的 Dr. Joseph A. Orlicky 首先提出了制造资源计划(Manufacturing Resource Planning,简称 MRP)理论,其基本思想是围绕物料转化来组织制造资源,实现按需准时生产。它是一种以物料需求计划为核心的企业生产管理计划系统。通过产品出产的时间和数量计划,确定对制造资源(机器设备、场地、工具、工装、人力、资金等)所需要的时间和数量,从而实现准时生产。20世纪80年代初期,一个结构完整的生产资源规划及执行控制系统,即闭环 MRP 诞生了。它以整体生产的观点,利用"计划—执行—评估与反馈"的管理逻辑,有效地对各项生产资源进行规划与控制。在闭环 MRP 的基础上,把企业的各种活动加以统一考虑,就发展成为整体的制造资源计划(MRPII)。MRPII 管理系统经过扩充与进一步完善发展成为企业资源计划 ERP。美国 Garter Group Inc.(咨询公司)最早提出了 ERP 的概念。它是站在全球市场环境下,从企业全局角度对经营与生产进行计划,是制造企业综合的集成经营系统。ERP 整合了企业管理理念、业务流程、基础数据、人力、物力、计算机硬件和软件于一体,为企业提供决策、计划、控制与经营业绩评估的全方位和系统化的管理平台。MRPII/ERP 是资源计划,其缺点是对现在发生的事情并不能实时指导和控制,也就是说该资源计划缺乏实时性和灵活性。

(2) CIMS 模式:1974年美国的约瑟夫·哈林顿(Joseph Hamngton)博士根据计算机技术在工业生产中的应用及发展趋势,首次提出了计算机集成制造系统(Computer Integrated Manufacturing System,简称 CIMS)这一概念。CIMS 借助计算机的硬件、软件技术,综合运用现代管理技术、制造技术、信息技术、自动化技术、系统工程技术,对企业的生产作业、计划、调度、经营管理等整个生产过程中的信息进行统一处理,并对分散在产品设计制造过程中各种孤立的自动化子系统的功能进行有机的集成并优化运行。计算机集成制造系统 CIMS 技术的发展和应用带动了以计算机集成过程系统 CIPS 为代表的过程工业综合自动化的发展。CIMS 首次提出是针对机械制造等制造业的,并获得巨大成功。随着 CIMS

的不断拓宽,人们也将CIMS的有关技术成功应用于流程制造业。流程工业涉及的部门十分广泛,包括石油、化工、电力、冶金、造纸、医药、食品等。CIMS中的Manufacturing一词本身就代表广义的加工、制造,也包括连续或半连续生产的流程工业。CIMS中的核心技术是柔性制造系统(Flexible Manufacturing System,简称FMS),而CIPS中的关键技术是柔性过程系统(Flexible Process System,简称FPS)[7]。采用柔性生产系统(FMS和FPS)是当今企业的发展趋势,柔性生产系统的特点是多批少量,其中的关键问题就是生产计划与生产调度。单纯提高生产装置的控制水平,寻求局部最优的投入产出比,远远低于提高整体调度水平的投入产出比。CIMS的实施是一个摸索过程,它的本质是集成。我国863/CIMS主题研究人员结合国际先进制造技术,将传统集成制造拓展为现代集成制造(Contemporary Integrated Manufacturing,简称CIM)。现代CIMS将信息技术、现代管理技术和制造技术相结合,应用于企业产品的全生命周期,提高质量(Q)和效率(E)、降低成本(C)、增强效益(B),从而提高企业的市场应变能力和竞争能力。

(3) MES模式:"以市场为导向,以订单驱动生产"的企业运营新模式正逐渐形成。MES作为制造行业上层计划与底层车间控制之间的"桥梁",它与上层ERP等业务系统和底层DCS/PLC等生产设备控制系统一起构成企业的核心系统。MES处于企业信息系统ERP/SCM和过程控制系统DCS/PLC的中间位置,一是把业务计划的指令传达到生产现场,二是将生产现场的信息及时收集、上传和处理。MES的出现和普及,对国内外生产管理界产生了深远的影响。MES是目前世界工业自动化领域的重点研究内容之一,在提高企业生产效率、降低生产损耗等方面具有重要的作用。

(4) 敏捷制造(AM)模式:AM模式是1994年底《21世纪制造企业战略》中提出的新概念。报告认为:在影响市场竞争力的诸要素(交货期T、产品质量Q、价格C、服务质量S,即TQCS)中,未来竞争的焦点将集中在缩短产品的交货期上。敏捷制造是企业具备对市场的快速响应、组织形态动态可重组、管理方式自适应、制造资源分布可重构、制造系统柔性和集成性、制造活动协同性等特征的综合应变能力,即可重构(Reconfigurable)、可重用(Reusable)和可扩充(Scalable)的特性,即RSS特性。敏捷制造被认为是下一代制造策略而得到美国、日本和欧盟等国家和地区的普遍重视,并就敏捷制造的实现方法和途径开展了广泛的研究和实施。

(5) JIT[5]:JIT准时制生产方式起源于日本丰田汽车公司。JIT的核心是适时、适量生产,即"只在需要的时候,生产需要的数量"。准时制生产方式采用"看板"系统,看板系统采取的是一种"拉动式"(Pull)的生产控制方法。在现实生产中,产品最终装配可看作是一个"拉动"系统,在进行装配时,按照当前的需要对前一道工序提出要求,发出工作指令,每道工序都按照后工序的需要生产,这样就实现了所谓的无库存生产。

(6) 最优生产技术(OPT)/约束理论(TOC)[6]:最优生产技术是20世纪70年代末以色列物理学家Dr. E. Goldratt首创的。最优生产技术的基本思想主要包含两个方面:一方面追求物流的平衡,即要求实现物流的同步化,以求生产周期最短,在制品最少;另一方面分清主次,将精力集中在对企业生产瓶颈环节的控制上,而其他非瓶颈环节的生产安排取决于瓶颈环节。最优生产技术的计划与控制是通过鼓—缓冲—绳子(Drum—Buffer—Rope,简称

DBR)方法来进行的。最优生产技术在管理思想上独树一帜,并且在生产实践中取得了明显的经济效益,其方法被西方的许多大公司如通用汽车公司、通用电器公司等采用并获得了很大的成功,但由于它的主要技术和具体的算法规则目前是保密的,因此,无法知道其技术上的核心内容。

(7) 混合生产管理系统:各种生产管理理论和技术的繁荣和发展,也推动了大量混合生产管理系统的出现。按照 MRPII/ERP 方式组织生产,存在不符合实际提前期定义;缺乏来自生产现场的反馈而导致计划的不准确,从而导致在制品的库存量过多、管理混乱和资金占用过多的问题。目前 ERP 软件,如 SAPSystem 等,属于企业的上层生产计划管理系统,对车间级制造执行过程的管理上基本不能或不能完善地解决生产调度过程中出现的复杂多变问题,软件的适应性比较差。JIT 强调零库存生产,实行 JIT 生产模式必须满足以下条件:生产计划平稳、减少调整准备时间、提高工人素质、准时采购、消除原材料和外构件的库存、加强质量管理、消除废品。最优生产技术在面向订单生产的情况下,对于多品种、小批量生产方式的生产计划制定有很大的指导意义,但是它也有相当的局限性,只能用在一些工序较少的生产场合。前面描述的管理理论与系统,都有其优点及局限性,因此现代企业实施信息化,对各种管理理论与系统进行集成,从而形成具有众多管理理论与系统优点的混合生产管理系统。

(8) 网络化制造:网络化制造模式体现了分布和集中的统一、自治与协同的统一。网络化制造系统的主要功能包括敏捷企业协作平台、产品协同设计制造系统、在线/远程服务、资源共享系统、供应链管理系统、电子商务系统、虚拟采购中心、产品虚拟展示及销售中心与技术支援中心。网络化制造系统的体系结构、组织实施方法和途径、运行管理、产品全生命周期管理和协同产品商务技术、区域动态联盟与企业协同技术、资源共享与优化配置技术、系统集成技术、资源封装与接口技术、数据中心与数据管理技术、网络安全技术等都是网络化制造的关键。其核心是利用网络,通过企业之间的信息集成、业务过程集成、资源共享,对企业开展异地产品设计协同、产品制造协同和供应链协同,提高整个产业链和制造群体的竞争力。

(9) 数字化制造技术和产品:数字化制造技术是将数字化技术用于支持全生命周期的制造活动和企业全局优化运行。数字化制造包括数字化制造技术和数字化产品两部分,将数字化技术注入工业产品就是数字化产品。主要研究内容有:数控技术与数控机床、制造信息支持系统、MRPII、ERP、管理信息系统(MIS)、产品数据管理(Product Data Management,简称 PDM)、数据库技术、线场总线技术、数字化仪表、数字化测量技术等等。它是制造企业在数字化和网络化环境下,用电子化的方式进行生产、经营、管理等一系列企业活动的运作模式。

(10) 智能制造:20 世纪 80 年代末期,智能制造技术和智能制造系统(IMS)脱颖而出。它集制造自动化、人工智能(Artificial Intelligence,简称 AI)、计算机科学等高新技术于一体,在制造活动各环节中,以一种高度柔性与集成的方式,借助计算机模拟人类专家的智能活动,进行分析、判断、推理、优化和决策,同时收集、存储、完善、共享、继承和发展人类专家的制造智能。智能制造不仅指传统意义的加工,而且还包括设计、工艺、组织、供应、销售、售后服务在内的产品全生命周期各个阶段的活动。

以上生产管理理论与技术方法,都有各自的优点及局限性。按照 MRPII/ERP 方式组织生产,存在不符合实际提前期、缺乏来自生产现场的反馈造成计划不准确、在制品库存量过多等问题。

1.3 制造业主要特征

制造业制造过程涉及的学科有电气工程、工程力学、材料力学、仪器仪表、化工和冶金等多个领域,成型协调配套非常复杂。与电子工业、机械工业、材料工业等多个工业部门有密切联系,因此,需要各方面的专业技术人员达几十种之多。制造业不但涉及复杂的生产调度问题,还牵涉到装配优化,因此除了复杂性系统(NP 难)、不确定性、多约束、多目标性外,还有以下特点:

(1) 生产计划与调度具有更高的复杂性:随着市场竞争的激烈变化,客户对产品的需求呈现出多品种、小批量的特点。品种多、规格杂,生产周期也不尽相同,面对不同的中间产品具有不同的工艺路线约束,工序繁多,短期时间内需加工的工件成千上万,且各主件彼此之间在配套上、时间上必须互相衔接,产品零部件大小悬殊,结构复杂,技术、质量要求很高,生产过程的多样性以及技术准备工作量大。当不同类型订单随机到来,优化的目标为如按期交货、在制时间周期短、库存占用资金少等多目标,且企业资源及产能有限时,加之调度本身属于复杂的 NP 难问题,其物料配备、物流中转、机器调配、多品种工件协同穿插加工,加上生产过程具有不确定性,从而导致最优生产系统的建立与执行非常复杂。编制计划的工作量大,具有相当的复杂性,对计划实施监控难度较大。

(2) 按订单需求生产:现代制造业是小批量至单件生产,按客户订单进行设计、生产,其工作的性质依客户要求的品种、规格、交货期、价格而定。产品结构复杂、生产周期长、重复作业率低。为了保证按期交货,企业难以在产品技术资料全部准备齐全后才开始生产,一般是边设计、边生产、边修改,这是大型单件生产企业最显著的特点之一。

(3) 能力负荷的不均衡性:由于单件小批生产品种多变,工艺路线各不相同,完工以及交货期参差不齐,使得设备的负荷很不均衡。前后工序相互影响较大,前后工序时间、能力等完全匹配,才能保证生产正常运行并能达到节能降耗的目的。生产任务是动态的,负荷也是变化的。关键设备的能力平衡和利用率是生产与控制的关键环节。

(4) 金字塔型装配模式:各中间产品等部件之间的时序约束关系严格。涉及复杂的组装,其组装模式是金字塔型,由多种原材料、设备、半成品组合成单一的产品。每道工序都可能涉及不同的设备、物料及工具资源,这些资源在企业中分散分布,中间品需要多次进行搬运,产品成型前形成了复杂的产品流、物料流和信息流。故在异步、并发的装备制造流程中,协调各种生产资源,使之优化配置成为重要任务。

(5) 配套性强:大型制造业的配套性强,如在船舶制造的成本构成中,配套设备所占比重达到 70%,船体占剩余的 30%。同时,船舶产品的结构很复杂,涉及各行各业,如生产制造一艘大型货船,一般需要成百上千家企业为其提供配套服务产品,零部件达数百万件以上。据 1992

年投入产出表的分析表明,在国民经济116个产业部门中,船舶工业对其中的97个部门有直接消耗,关联面达到84%。供应商配套供应的不及时性对制造系统的运作有重大影响。

(6) 生产组织方式灵活:不同产品的生产过程有很多相同或相似的地方,也有很多产品需要同样的物料或半成品,不同的组批或批量大小使得物料的组合动态变化,使得组批进行生产的自由度较大。大部分产品的工艺过程可能不一样,且可以进行同一加工工艺的机床不只一台,因此优化生产组织有很大空间,也增加了企业生产组织的难度。

(7) 并行异步生产:由于产品部件多,零件可以独立加工,工序间可以以库存或者缓冲的方式调节工序间生产能力的不平衡,使制造流程能够并行、异步进行。

(8) 资源管理(物料管理)复杂:由于每个工序都可能涉及不同的设备、物料及工具资源,这些资源在企业中分散地分布,中间品需要多次进行搬运,故在异步、并发的离散型制造流程中,协调各种生产资源,使之优化配置成为重要任务。

(9) 全面成本管理复杂:制造业是根据订单组织生产的,原材料、大型配套设备价格受供需结构变化影响较大,市场波动往往影响制造成本。库存占用着大量的资金,减少库存积压,降低原材料库存对厂内资金流循环意义巨大。产品定额成本的控制视工程项目而不同,数据量大,从而导致成本动态控制复杂。保证按期交货与目标成本控制是制造业生产管理所追求的目标。此外生产设备的投资也需要大量资金。

(10) 自动化水平需提高:大部分制造业属于劳动力密集型的企业,产品的质量和生产率很大程度上取决于工人的技术水平,加工平台的自动化水平相对较低。面对激烈的竞争和生产组织复杂性,现代制造业产品质量和生产率的大幅度提高需依靠提升加工技术水平和管理自动化等。

1.4 制造业信息化技术的应用发展

1.4.1 制造业信息化的发展历程

20世纪50年代初,美国MIT公司研制出世界上第一台用APT语言编程的数控铣床(NCMM),标志着机械制造业向信息化迈出了第一步。美国Gerber科学仪器公司为波音公司生产了世界上第一台用APT编程的平台式绘图机,从而为计算机绘图奠定了基础。1964年,美国通用公司推出世界上第一个机械CAD系统(DAC-1),随后,IBM和LOCKHEED公司又联合开发了CAD/CAM系统——CADAM,形成了计算机技术在制造业中的应用雏形。20世纪七八十年代,三维CAD技术迅速发展,应用范围从单一零件设计拓展到装配、有限元分析、机构分析、工艺规划、数控编程等多个应用场合。20世纪80年代,随着计算机网络技术的发展,基于网络和数据库的CAD向CAPP、CAE、CAM等领域扩展。同时,生产管理部门也开始了MRPII的应用,使生产及工艺技术水平和效益有了进一步的提高。20世纪80年代末期财务从最初的成本核算→财务分析→财务与进、销、存等管理数据一体化处理→生产管理、人事管理、采购、库存管理、营销管理等,信息化范围从技术领域延伸至管理领域。随着ERP/CIMS、CRM、DSS、OLAP等信息系统的发展,实现信息流、资金流、业务流和物流的集成化管理。20世纪90年代以来,如敏捷制造(AM)、并行工程(CE)、数字制造(EM)、虚拟制造(VM)的先进制造技术(AMT)得到较快发展,推动了信息集成到过程集成、企业集成、产业链集成的变化。

信息化管理已经成为企业管理的主流和趋势,这个趋势是不可扭转的。工业发达国家许多企业将信息化技术综合集成并应用服务于研发、管理、财务运作、营销、服务等核心业务,实现了产品研制、采购、销售等在全球范围内的协作,在全球范围进行资源的优化配置。例如,空客A380四国五地的研制生产基地信息共享集成与研制流程协同,30个国家的1 500家零部件生产商和供应商之间的网络协同。洛克希德·马丁公司在联合攻击战斗机(JSF)研制过程中,以项目为龙头,以数字样机为核心,以互联网和协同产品商务系统为综合集成平台,实现了CAD/CAE/CAM/MRP/SCM/MRO的集成,建立了全球30个国家、50家公司、50 000用户参与研发的数字化集成协同环境,充分发挥各合作伙伴的优势能力,使设计时间减少50%,制造时间减少66%,备件减少50%。发达国家在制造业信息化领域的底层核心技术方面,同样已经有了长足发展。例如,在三维造型底层核心系统、线性与非线性有限元分析解算器、先进生产排程(APS)技术、五轴联动的CAM加工与仿真技术等制造业信息化领域的关键技术,已经十分成熟,并且在制造企业得到了广泛应用。发达国家的制造企业已经广泛树立了对信息技术的正确认识,明确自身对信息技术的需求,将制造业信息化技术作为软装备,实现了广泛应用,实施和应用的成功率很高。制造业信息化技术,已成为支撑企业的业务拓展和变革,实现企业发展战略的必要支撑。

基于国家科技发展战略和全球信息技术的推动,我国从20世纪90年代初成立了国家CIMS工程技术研究中心,制定了国家高技术发展计划(863计划),领导组织先进制造诸多领域的研究与开发,推动全国的企业应用与推广。在制造业信息化方面进行了20余年的探索,积累了丰富的宝贵经验,取得了举世瞩目的成就。制造业信息化将信息技术、自动化技术、现代管理技术与制造技术相结合,带动产品设计方法和工具的创新、企业管理模式的创新、企业间协作关系的创新,实现产品设计制造和企业管理的信息化、生产过程控制的智能化、制造装备的数控化、咨询服务的网络化,全面提升我国制造业的竞争力。

1.4.2 制造业信息化的发展趋势

传统工业借助信息化技术,实施现代化管理,提高生产及管理效率。制造业的信息系统分为两类:一类是通过技术实现产品生产的系统,即技术信息系统,如CAD(计算机辅助设计)和CAM(计算机辅助制造)等;另一类是通过管理实现产品生产的系统,即管理信息系统,如ERP、MRPII、MES等。作者认为,企业信息化实施从软件系统功能上粗粒度划分如下三个阶段:

在第一阶段基本实现甩图板、甩账本的功能,如CAD、CAM、CAPP、会计电算化等系统都是这时期的代表;第二阶段实施基本的管理功能,如相关报表、物料需求等自动生成,生产过程的主要数据共享等,典型的代表有PDM、ERP等;第三阶段是生产计划安排科学优化、生

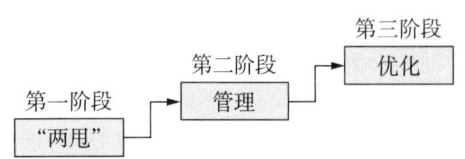

产调度实施优化排程、虚拟组织、资源共享阶段,真正地发挥信息化系统的强大功能。以船舶制造为例,从该划分角度看,我国造船企业信息化已经完成第一阶段的功能任务,目前正在第二阶段徘徊,至于优化功能基本未碰触,包括国外的 SAP 软件提供商,都是基于无限产能的模式安排生产计划与调度,未真正实现基于有限产能的优化组织生产。

企业信息化实施从运营模式上划分如下三个阶段:

第一阶段实施技术信息系统与管理信息系统,提升企业自身的生产效率与经济效益。第二阶段将信息化技术融入传统制造业产品,改变产品形态,提升产品性能。即结合信息技术,

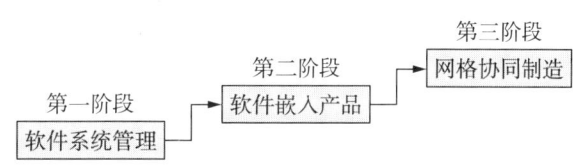

将自己的软件、专利、工艺及设计融入自己产品中,增加设备附加值;将软件融入到产品中,充分发挥信息化手段,制造业才能获得更高利润。第三阶段是向供应链要利润,取长补短,实现协同制造、网格制造。优化配置上游、自身、下游资源,整合经营,即所谓的三元经营。第一阶段搞技术,第二阶段向生产扩展,第三阶段向运营扩张。以船舶制造为例,从该划分角度看,我国造船企业信息化目前还处于初级阶段。造船企业交付的船舶,其船上高附加值的软件、电子信息系统基本上是供应商提供,属于造船企业自己的核心技术几乎空白。第三阶段欧美造船企业基本实现,自己主要做船舶设计等核心部分,建造交由外协提供。整个船舶制造成型过程由信息系统实施监控管理,真正实现协同网格制造,整合产业链。而我国,虽然部分船厂起组装作用,分段外协制造,但整个制造过程是人力跟踪,没有用到信息系统,供应链上的资源没有整合,未实现三元经营。

制造业向全球化、敏捷化、网络化、虚拟化、集成化、绿色化和智能化发展,这些先进的制造模式均是架构在信息网络技术基础之上的。随着信息技术的迅速发展,信息技术与制造技术相融合,使制造日益走向数字化。数字制造主要有三层含义:第一是制造设备数字化;第二是制造对象的数字化,即产品数字化;第三是制造方法数字化,制造全过程(即制造系统)数字化。

1.5 我国制造业面临的挑战与机遇

我国制造业严格来说还未完全摆脱粗放型的发展模式,尽管引进了许多先进的加工设备,制造水平有了大大提高,但在生产效率、经济效益等方面差距很大。具体表现在以下几个方面:

(1) 设计、制造、管理落后:设计、制造和管理技术是体现制造业综合技术水平的三个方面。以船舶制造为例,韩国造船工业协会对中日韩造船的综合技术水平进行了评估比较,以日本的水平为 100,测算出中国和韩国的分值。有些研究报告认为,日本综合水平 100,韩国 88,而我国是 62。总的来说,中国造船技术和日韩存在很大距离。

(2) 生产效率低下[8]:以船舶制造为例,根据有关日、韩、中生产效率与效能的数据对比,发现我国造船效率与效能差距明显。中国每座船坞的年度造船数和造船劳动生

产率分别约为日本的1/5和1/10。中国造船企业平均每1万美元产值耗电量是日本的10倍。

(3) 工资福利待遇差[9]：以船舶制造业为例，中、日、韩三国造船企业员工2002年的月工资水平比较(见表1.1)，当时中国造船人拿的工资仅为别人的十几分之一。

表1.1　2002年日、韩、中造船企业员工月工资水平比较

工资对比(单位：美元)

岗位	日本	韩国	中国	中国/日本	中国/韩国
工人	2 518	1 243	207	1/12	1/6
中层管理	5 027	1 980	789	1/6	1/2.5

(4) 制造成本高：以船舶制造业为例，根据上海科学技术情报研究所资料显示，中国造船单位劳动成本为3 880.8美元/人·年，而日本是中国的9.33倍，韩国是中国的4.3倍。另据统计，在船舶钢材方面，中国船用钢板价格平均在400美元/吨左右，从2005年起国内供应充足，日本比中国稍高，平均每吨高出120美元；韩国是船用钢材最大的消耗国，平均每吨价格比中国高出220美元。中国造船人力与材料成本不高，但总成本却没有优势。近年来，在我国造船生产效率与国外差距没有明显缩小的情况下，造船成本却在持续上升，其根本原因是效率差、效能低。

(5) 信息化应用不深入：制造业发达国家的企业都使用计算机集成系统，建立了一整套设计标准、生产标准和管理标准。近年来，中国制造业企业推进信息化建设虽然取得了显著成效，计算机三维设计在缩短制造周期、提高产品质量方面发挥了显著作用，但关注的重点往往是软硬件的引进与配置，而对数据管理、流程改造、管理革新差距明显，信息化只注重了表面，所以同样的系统，运行起来却没有美、德、日、韩等国企业高效。

和制造业先进国家相比，我们管理创新、体制创新和机制创新明显不足。另外，我国制造业的规模、能力、产品品种、高端产品、质量、交货期、核心设备配套方面还需加强。

面对我国制造业在国际上的竞争形势，党的十六大明确，中国新世纪头20年经济建设的主要任务之一，是基本实现工业化，走出一条科技含量高、经济效益好、资源消耗低、环境污染少、人力资源优势得到充分发挥的新型工业化路子。国务院提出了引导制造业企业加快建立现代企业制度，深化内部改革，推进管理信息化，全面提高科学决策和管理水平，加快建立现代制造模式，推进数字化制造。目前在中国要实现制造业跨越式发展，必须以信息技术为基础。世界制造业从CAX开始，逐步由实施ERP/CIMS、应用敏捷制造技术向数字化制造、"虚拟企业"方向发展，形成制造产品开发、设计、制造、验收、使用、维护于一体的制造产品全生命周期的数字化支持系统。实现制造设计全数字化、制造精益化和敏捷化、制造管理精细化、装备制造自动化和智能化，从而大幅度提高生产效率和降低成本。

1.6 制造业信息化技术发展的特点与趋势

1.6.1 制造业信息化技术发展的特点

制造业是巨大而复杂的系统,涉及数以万计的零件和数以千计的配套设备,包含数十个功能各异的子系统,通过装配集成组合成一个有机的整体。制造过程,既要加工制造大量的零部件,又要进行复杂的逐级装配,涉及经营、物资、设计、计划、成本、制造、质量、安全等各个方面。未来制造业发展趋势基于数字化、虚拟化方向发展。

(1) 信息化集成平台。以数字化、网络化和数据库技术为手段,以信息化系统为核心,建立企业共享信息平台,促进设计、生产、经营管理一体化。确立现代制造模式工作的顺序;装备制造总装化、管理精细化、信息集成化是现代制造模式的主要实现形式。

(2) 制造行业的企业间分布协同。由于各企业本身无法单独响应与满足市场需求。为了迎接市场挑战,以最低的成本组合,实现资源的优化配置,网络环境下,制造企业的分布协同成为必然。围绕新产品开发、利用不同地域的现有资源、不同的企业和不同地点的制造企业,各个制造企业节点在合作多赢的局面下,通过信息实时互换,结合成动态的企业联盟。

(3) 大规模供应链集成。将多样的、全球分散的设计者和制造团队整合成一个高度复杂和严密的系统,装备制造设计模块化和标准化技术也将会更加深入地逐步推广应用,这必将带来制造过程和模式的快速演变。可以预期,制造业间协同的速度响应能力需要更高要求,而制造行业企业间的实时互通也需要强有力的信息化平台支持。

1.6.2 国外制造业信息化发展状况

国际先进制造业通过实施数字化来实现"设计、生产、管理一体化",通过信息技术手段提高信息资源集成应用的能力。数字化制造是在应用 CIMS/ERP 基础上,融合当今制造实践和信息技术,以数字化方式反映建造进度、人力投入、物流管理与成本构成的过程。国外许多制造企业很早已大力投资研究与实施信息化系统应用于整个生产过程的管控。如美、日、韩造船企业信息化建设已经国际领先,为了更牢固地垄断国际造船市场,仍然又投入巨资,加快造船生产数字化方面的开发和应用,发展数字化造船。下面以日、韩、欧盟造船企业为例介绍其信息化的应用发展历程。

日本:日本造船企业于 20 世纪 80 年代真正开始研究发展数字化技术。日本运输省于 1988 年成立造船高技术调研会,与日本造船研究协会一起联合造船企业共同研究 CIMS。20 世纪 90 年代中期,日本大型船厂 CIMS 技术已经实用化,其结果是节省人工 50%,缩短工期 20%。1996 年起实施了船舶 CALS 研究计划。该计划由日本七大造船企业及相关机构组成联合研究委员会进行研究,其重点是通过构建共同的网络系统,实现企业之间的信息共享,促进造船生产、材料设备采购和船舶运营支持信息的综合集成,最终达到提高全国船舶工业整体生产效率。2002 年 3 月,石川岛播磨(IHI)由达索公司和 IBM 产品生命周期管理部共同研发和实施造船业 3DPLM 项目。2004 年初,日本众多大型企业陆续实施 CIMS,

并向虚拟企业(VE)连续采办与全生命周期支援系统(CALS)、三维产品全生命周期管理(3DPLM)方向发展。目前,日本一些先进船厂都已采用 CIMS 系统,实现数字化造船。

韩国:自 1995 年起,韩国造船业重点加强信息化实施投入,通过研究应用 CIMS/ERP 技术,全面实施现代造船体制,有效推动了韩国造船工业的发展。如韩国大宇船厂于 1991 年实施 CIMS 后,其造船销售量增长 3 倍,年造船工时缩短约 500 万工时,建造周期缩短约 3.5 个月,实现年利润 2.2 亿美元。韩国汉拿造船公司 1995 年开始实施 CIMS,在大的硬件未投入的前提下,销售量增加到原来的 3 倍,建造周期缩短 6 个月,实现年利润 2.7 亿美元。2001 年 12 月,韩国三星重工正式启动"数字化造船系统(DSS)"计划,耗资 60 亿韩元建成数字化造船系统,可在虚拟环境下模拟从开工到下水的整个造船过程。实现了在船舶建造前对实际造船过程进行虚拟验证、人力负荷、建造方法、建造工艺、物流及自动化应用等建造过程的模拟和优化,从而大幅度减少设计返工率。2003 年,三星重工安装了互联网支持的三维计算器辅助设计系统,使船厂的生产力提高了 50%。从 2003 年开始,韩国大宇、现代和三星等世界顶级造船企业实施"PI(流程革新)+SAP/oracle-ERP"。大宇造船提出数字化制造系统,通过模拟造船技术实现生产资源的优化分配。现代造船打造基于 WiBro(无线互联网)的数字化船厂,可通过语言、视频、数据、工作任务信息的实时交换,进行船厂运营。三星造船使流程自动化率达到全球最高得 65%,提出了 Digital Dream Bay(数字梦工厂),采用 RFID+条形码+无线 GPS,使整个制造物流得到实时监控跟踪。韩国造船企业已经把数字化造船、虚拟仿真和优化技术作为其国际市场上保持最强的竞争力。韩国各大造船企业为确保造船业的主导地位,正在转向计算机互联网和机器人等高新技术发展。

欧盟:1995 年 2 月欧盟委员会在七国集团"G-7"会议上,推出"全球信息社会"的研究计划,提出了 11 个重点项目,其中包括与海事业有关的 MARIS(海事信息社会),与造船有关的分项目称为 MARVEL,其主要目标就是进一步促进信息与网络技术在造船与海事领域的应用,通过建立企业间的网络信息化联系,推动造船虚拟企业理念的实施。欧盟各主要造船国家也各自在进行以 CALS 概念为重点的造船产业信息系统的研究开发工作,如德国的 ITIS 计划,是造船行业内首次实现大规模的电子信息交互网络,其范围涵盖了造船活动有关的各类公司和研究机构,包括船厂、船模试验水池、船级社、独立设计所和各类分包商等,还有英国的 RIGHTSHIP 计划等。这些都是通过政府、研究单位、船舶制造企业的共同努力,应用信息技术、实施数字化造船,提高造船的效率、效益。

1.6.3 我国制造业信息化发展程度

1981 年沈阳第一机床厂从德国工程师协会引进了第一套 MRPII(Manufacturing Resource Planning,制造资源规划)软件,MRPII/ERP 在我国的应用与推广已 30 多年,但在 ERP 实施中,按时、按预算成功实施并实现系统集成的仅有 10%~20%,部分集成的占 30%~40%,失败比率超过 50%。以 4CP(CAD/CAPP/CAE/CAM/PDM)为代表的软件系统在企业应用中反映良好,而以 ERP 为代表的管理系统软件的应用效果不佳,真正达到预期目标的不足 20%[10]。我国在 20 世纪 80 年代中期就制定了 CIMS 发展计划,CIMS 已被列为高科技发展计划——"863 计划"的主题之一。"八五"、"九五"和"十五"期间,科技部联合相关部委、地方科技管理部门组织实施了 CAD/CIMS 应用工程、制造业信息化工程及其他相关科技计划,取得了显著成果。

以船舶制造业为例,我国造船业从 1970 年开始采用造船 CAM 技术,20 世纪 80 年代后期,船舶工业统一组织开发了 CASIS、CADIS 和 Mis 等造船造机系统。20 世纪 90 年代中后期,国际先进的造船软件如 TRIBON、CADDSS 系统开始引进应用,骨干船厂应用三维建模技术建立产品电子信息模型。从 20 世纪 90 年代末开始,国内计算机应用基础较好的船舶企业如沪东中华、广船国际开始进行 CIMS/ERP 系统应用的探索和研究,走引进技术与自行开发相结合的道路,软件系统开发也由单个系统走向系统集成,开发的软件涉及船舶设计、制造和管理等各方面。CIMS/ERP 的应用实现了制造信息共享和企业制造资源优化,提高了企业运行效率。进入 21 世纪,沪东中华已把"数字造船、绿色造船"作为企业发展的基本方针,江南正在建设"e 江南",外高桥造船公司引进了体现先进造船观念和模式的韩国 HANA-CIMS,并正在推进应用。我国造船企业近年来在产品品种、质量、技术水平等方面取得快速发展,企业技术开发手段与工具基本实现信息化,而多数企业在最核心的生产、物流、成本控制等管理领域还处在简单的人工管理阶段,还主要采用现场调度的生产管理方式,生产管理的信息化仍处于初级阶段。中国船舶重工集团公司有 2 家企业分别引进了 BAAN 和 FOURTH SHIFT 公司的软件产品均没有成功应用。国内最先进的某造船企业投资引进了汉拿管理软件,主要实施了四大模块(生产管理模块、设计管理及 ADES、物资管理、质量管理),整个实施相对成功,大大促进其生产效率提高,经济效益的增强。而大多数造船企业的生产管理信息化应用研究比较薄弱。船舶制造企业生产过程需通过信息化管理进行准确的数据处理,对下达的生产任务进行一定程度上的优化调度,最大程度地减少生产过程中的准备时间,实现加工生产的高效率、高柔性和高可靠性。

我国制造业近年来虽然有很大的发展,但与国际制造业强国相比,无论在质量还是在制造技术上差距甚大,生产效率低,利润微薄,信息化水平落后是直接原因。而要想成为制造业强国,实现跨越式的发展,就必须以信息技术为基础,加快制造业企业的信息化建设。

1.7 我国制造业信息化实施存在的问题

我国制造业近年来信息化应用取得了很大进展,但与国际先进制造业强国相比,还存在差距,如集成化设计系统与生产进程联系不紧密、部件标准化程度低、信息采集手段落后、物资/物流管理系统信息不同步、生产日程计划安排手段落后、成本管理工作缺乏系统性、数字化应用未有效的促进体制和管理创新等问题的存在,导致了我国制造业参与国际竞争的综合能力不高。一些制造业企业投入了大量资金,却没能收到预期效果,动辄上千万的 MRPII/ERP 软件,其实施成功率一般只有 10%~20%,不仅造成巨大浪费,也挫伤了其信息化信心,企业深受 IT 黑洞等问题的困扰。我国制造业信息化实施投资不少,总的来讲效果却不理想,有些甚至失败弃之不用,作者归结为以下原因。

(1) 系统提供商能力欠佳:软件系统供应商缺乏完善的服务体系、提供的 ERP 软件自身具有局限性,常出现的技术问题包括软件中的 bug、与原有系统的接口问题等。系统提商在系统实施过程中有时只关心"钱"和"快",一些软件系统提供商没有相关行业实施经验,对业务背景也不是很熟,没有细心、扎实地调研学习,没有和系统应用方一起花时间、下力气提出可行的实施方案,面对制造业这么庞大、复杂的信息系统,其实施效果可想而知。

(2) 系统应用方的管理层认识偏差:企业对人员培训,尤其是高层领导和部门领导的培训重视不够,造成领导层对信息系统理论缺乏深入的理解,不能对系统实施提出明确的意见并指导系统实施。信息资源建设重"硬"轻"软"现象严重。ERP不仅是一套信息系统,还蕴含了以现代资源管理为基础的企业管理集成化思想及新管理理论。企业信息化实施不是把当前的业务流程简单地搬进系统,而是通过信息化实施,梳理整顿优化这个管理体系,融合了先进的管理理念和信息技术。它是一个系统工程,涉及企业架构重组,功能重新划分等复杂工作。领导不做判断拍板,信息系统在实施过程就会避重就轻,不能彻底改造制造流程。"一把手工程"的含义是要从总裁延伸到各级部门主管,并注重和坚持"一把手"领导下的分工负责制。而当前我国制造业高层管理者没有认识到信息系统实施所引发的深刻的组织变革,对整个变革的过程未能给予足够的、积极的、全程及全方位的支持和投入。在实施信息化过程中,缺乏信息化整体科学的需求分析和可行性研究,信息技术的应用没有与业务流程优化组合。有些企业把ERP当作如同AutoCAD之类的软件一样,认为是一套纯粹的软件,以为只要把软件硬件买回来安装调试完就已经实施成功了。一些系统实施大多缺乏充分的论证和规范的流程,甚至立项的直接原因有时就出于盲目跟风、追求政绩、相互攀比等不良动机。需通过建立定量的评价和评估手段,对信息系统实施可行性的关键因素进行科学度量。信息化系统只有在成功变革企业生产经营过程中诸多不合理环节才能发挥作用。

(3) 信息系统应用部门行动不力:一些系统应用部门在数据准备的时候,不积极主动,懒散敷衍,不动脑子思考,没有提出提高效率的系统需求,甚至对系统实施有排斥心理。ERP系统的最终目标是通过流程重组和企业资源整合,达到企业信息速化、资源配置合理化。需要不断地对工厂进行检讨和改进流程、资源重置,需要企业与此有关的所有员工共同努力。所以企业与此有关的每一位员工都对信息系统实施成功均负有一定的责任,只是责任大小不同而已。

(4) 系统应用方的信息技术部门指导不够:ERP项目组能力不足,对系统的实施指导不够全面深入,没有起到指导督查作用。总的来说,制造业企业未借助信息化实施过程,没有详细认真地分析生产流程,然后进行优化改造,未能彻底规范管理标准,从而提高生产决策的效率和水平。业务部门和IT部门各自为政,没有形成合力,IT与业务的融合问题亟须解决。

(5) 基础管理薄弱:在实施信息化管理中,基础管理薄弱的问题非常突出。① 编码不规范、标准不统一。无统一的信息编码标准以及规范的命名等规则,使数据采集造成更多无效的信息冗赘。制造业企业零部件数量众多,目前国内制造业行业在零部件标准化方面不仅行业内部缺乏统一的零部件编码,多数制造业企业内部零部件编码也不统一。整个企业的人员、设备、岗位、物料编码不统一。部分生产订单在设计部门的编码与生产部门不一样,甚至没有编码,造成混乱,查找使用很不方便。多个子系统并存,不同部门使用其独有的管理代码,不利于生成规范统一的信息,限制了信息的交流和共享。信息的分类、代码、编码不健全,影响信息的储存、检索、交换与传递。相关数据库有待建立与充实,制定编码规则既要考虑各业务部门的要求,也要考虑企业未来的发展需要。② 数据缺乏、信息混乱。企业往往愿意投入巨额资金和大量人力、物力去搭建信息化的软硬件平台,却不重视系统运行所需的基础信息的准确性。由于信息化水平低,数据收集手段比较简单,使得数据的收集和分析难度较大。没有基础数据的支持,信息系统如同无米之炊,成为一个空壳。缺乏大量、及时、准确的基础数据,或者滞后、不正确的数据降低了信息系统的可信性。必须切实做好基础数据的积累和整理工作,不断完善,逐步精确。只有准确的数据,才能通过信息系统获得精确的结果,才能实现精细化的管理。③ 实施方法缺乏规范化。信息化过程缺乏规范化和标准化的实施步骤和方法。软件开发商提出的实施方法倾向于软件的要求,适应不同企业管理模式的柔性不够,而且缺少相应的项目流程规范和监理标准。企业处于不同的发展阶段,所关注的问题是不同的。处于不同阶段的企业管理活动需要应用与之相适应的管理信息系统,只有这样才能发挥信息系统的推动作用。④ 职能不清、流程混乱。Wenhong Luo 和 Strong D. M.[11]认为,企业上信息化项目之前应该进行自我评价,确认自己有能力设计、执行新的流程,并且能协调和管理好大范围的流程改动。制造业在信息化实施过程中,机制的转化与生产经营模式的转变落后于企业信息化的要求,未实现全面科学的组织结构变革、业务流程重组、管理理念转变和决策机制的优化等,企业对装备制造涉及的流程没有优化再造与简约,无意义的审核繁多,造成资源浪费。穿新鞋,走老路,使信息化难收全效。⑤ 各自为政、集成度低。我国大部分制造企业信息化是分阶段一个个孤立建设和实施,不同的系统或模块由不同厂商分别提供,缺乏总体规划与设计,对系统架构的整体考虑不足,协同能力和柔性应对能力差,导致大多数应用系统处于"信息孤岛"状态。产品设计、制造、管理信息一体化的集成度较低,数字化设计、制造、管理生产线各主线尚未贯通,产品的初步设计阶段不能及时提供足够的加工信息,导致详细设计与生产工艺、生产过程之间信息不能实时共享,信息化效能远未发挥。⑥ 信息资源利用率偏低。企业信息环境落后,网络化管理程度较低。信息资源开发重复,信息渠道不畅,共享程度低。

另外,制造业信息化实施还存在其他一些问题,如缺乏具有自主知识产权的、能促进企业快速发展的、有一定规模的设计与制造软件、管理软件与优化软件,及其集成应用平台。目前,管理咨询公司水平良莠不齐,服务能力也十分有限,国内制造业在实施信息系统时,对管理咨询的重要性和巨大价值并未认识到;适合我国信息系统实施工程的监理还未形成体系和规模,对监理必要性的认同和监理理论与方法的系统化水平都严重滞后于制造业信息化发展的需要。

1.8 我国制造业信息化实施成功的关键因素

1.8.1 制造业信息化实施步骤

（1）教育培训先行：针对企业领导、不同层面的管理人员和普通员工,提前进行不同内容的系统培训,保证信息系统顺利实施和后期上线成功运行。引入专业的优秀咨询公司,对先进的制造理念和方法、IT技术、软件系统的融合应用进行深入系统的培训,为系统实施打好理论知识基础,并统一思想认识,形成共识。多参观行业的领袖企业,积极引入国内外先进管理思想,学习他们信息化实施的先进经验,从而少走弯路,节省成本,提高效力。

（2）整体规划、分步实施：制造业信息化系统的建立要以现代制造理念来指导总体规划,根据制造企业现有情况有步骤分阶段地实施。应坚持"效益驱动、总体布局、分步实施、抓住关键、重点突破、保证质量"的设计思想,做好系统设计的规划和资金的合理安排,在资金紧张和技术不成熟的情况下,先重点解决关键环节,待条件成熟后再启动其他项目。项目范围与实施方法的决定、实施投入资源和达到的目标的确立,决不可在没有公司或者信息技术部的规划指导下,各自为政,遍地开花,随意上马。系统需少而精,要管用,否则违规"搭建",迟早都是"拆迁"对象。企业领导层在推进信息化实施方面必须做到"战略规划、资源保障、关键决策、坚定信念"。注重当前实施效果,关注企业长远信息化发展,用户需全程深入参与。用户参与系统的规划和实施,并且与实施人员之间充分互动和启发,有效避免在功能、易用性等方面的重大缺陷。强调用户（业务方、信息技术系统推进方）、系统提供商、咨询、监理多方共同头脑风暴式的讨论、分析、沟通与协调,在实施过程中集合大家的智慧,最终拿出最优的方案与方法。

（3）实施过程科学管控：① 建立强有力的系统实施推进委员会。由一名富有经验的或专业背景很强的公司领导带头,保障资源,挑选有激情、富于创新、有经验的团队成员,搭建项目结构与组织体系,形成内外部的大力协同,并有激励措施。② 遴选系统供应商。寻找在制造行业有ERP实施成功经验的软件系统解决方案提供商投标,对各自的方案进行分析讨论,组织专家答辩,从而找到适合本企业的优秀供应商共同实施。③ 按步骤有节奏推进。开始全面系统分析、优化、变革、创新。组织结构重构、岗位重组固化、业务流程优化、人力资源配置、数据完善准备、软件系统开发与测试和上线应用。对现有企业流程分析、企业流程与信息化系统功能符合度分析并优化,即合理的流程应该形成固化→优化→再固化的过程。信息化实施过程中"三分技术、七分管理、十分流程、十二分数据",数据管理不仅工作量非常大,而且其质量的好坏直接决定实施成败,需做好基础数据的收集和整理工作。扎实做好物料清单（BOM）、工艺路线、托盘、各工序/组立/分段系统生产能力、工程分解的任务包、派工单划分的合理性与精准性、工时物量等基础信息的完整性。建立内部标准（WBS结构/船舶标准、标准项目结构和活动、标准工时和生产周期）。④ 强调阶段检查、控制及改进。对全程实施质量跟踪检查,对每阶段实施进度和效果进行检查,合理安排和控制实施进度,及时改进不足,寻求最优。

（4）管理优化+IT：信息系统实施的目的是优化公司的管理体系,提高管理水平,从而提高效率、降低成本、增强效益、提升整体竞争力,管理优化和信息系统实施必须紧密结合,形成管理优化+IT的企业文化。对引进或自主开发的管理软件,要结合造船企业的实际情况,不断完善、创新,随着公司的发展而不断改进升级。

现将制造业企业信息化系统实施主要分4个步骤,具体如下图所示：

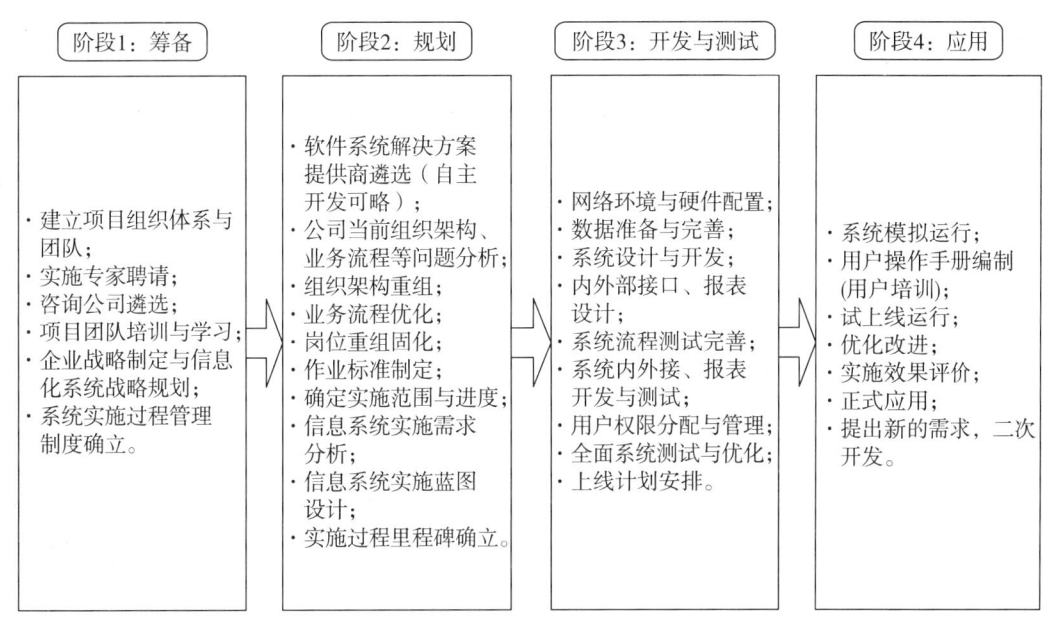

图 1.1　制造企业信息化实施步骤

1.8.2　我国制造业信息化实施成功指标模型

实践表明,决定制造业企业信息化实施成败的关键是其管理与信息系统是否能够完美结合。我国制造企业信息化实施成功指标模型从几个主要业务及技术方面分析如下:

(1) 设计数字化并贯通于生产制造:建立一体化设计管理系统,并与 CAX、PDM、生产管控系统有效集成,使设计数据等可快速传递到生产现场。制造的生产信息和数据的生成源主要集中在设计的上游,设计可自动完整提供 WBS、工艺指导、物料清单、资源需求等关键建造和管理信息,使生产执行部门根据设计数据、图纸快速派工。

(2) 计划调度自动化:装备制造的生产计划(大日程计划)、生产小日程计划/日作业调度为基于有限资源安排的自动排程。生产管理部门根据自身生产资源及相关约束最优组织外协和自制,然后合理下单给各制造部门,从而平衡各制造部门生产任务。根据自身资源约束选择性生产分段/工件,外协瓶颈产能的分段/工件,在满足交货期的同时,使产能得以最大限度发挥。各制造部门根据设备负荷、生产任务相关约束、劳动力的产能情况,组织最优排产,实现连续、均衡、有节拍的准流水生产,在能力负荷范围内避免脱期及无故等待时间,对计划变更能做出快速响应,缩短制造周期,提高交货率等。

(3) 畅通高效的物资物流:物资管理依靠生产计划驱动、物资/物流管理与信息同步,实现在时间、位置及数量上对物资采购、仓储、集配进行有效控制。按生产设计提供的物料需求信息,结合有效库存量进行计算,生成精确的物资采购计划。在生产过程中,实现将正确的零部件产品在正确的时间,按照正确的数量、正确的质量和正确的状态送到正确的地点。对物资采购、仓储、配送的时间、位置及数量进行有效控制,实现物资、物流与物流管理系统的信息同步一致。

(4) 精准的成本管理:配备集成化、精细化的成本信息管理,覆盖产品经营、设计、制造、质量管理、售后服务等环节。对生产过程中的工时、材料消耗、动能源消耗等成本根据模型规则计算，形成贯串整个制造业务过程的预测、计划、精细化预算、目标成本的下达、控制、实时成本的反馈、完工成本的核算和分析的成本管理系统。也可根据以往的积累数据进行准确而及时的建造成本的预估，形成合理的目标成本分解和落实机制，使得目标成本控制达到预期水平。实现对制造成本的实时跟踪管理，实现系统性、全面性的成本管理，为考核与评价提供数据支持。

(5) 无缝集成：目前的设计软件仅仅解决了大部分甩图板的工作，其生产设计图纸不能充分及时反映物量及制造信息。要实现高效制造，就必须实现设计、生产、管理各领域各专业的信息互通，各系统无缝连接集成，使设计、建造、管理一体化，实现数字化制造，即实现设计应用程序的统一，设计系统和 PDM 间的集成，设计系统和采购、生产的集成。设计数据与生产进程紧密相连，设计基础数据完善，图纸中有工程物量及工艺信息，设计信息可自动地形成加工的数据信息供车间施工用等。通过集成，使流程得以疏通，效率得以提高，内部的各项管理控制程序（如生产计划与控制、成本预算与控制、质量计划与控制、资源计划与控制等）得以真正贯彻。

第 2 章　制造业生产组织模式优化

2.1　引　　言

　　现代化的制造业把生产管控作为管理工作最重要的一环。基于设备、场地、劳动力等有限资源的负荷,借助信息化和优化技术给出生产资源科学安排、生产任务合理分配与作业排程优化,从而缩短制造周期,提高生产制造总体效率与效益。在生产过程中,需根据生产作业任务需求和生产资源限制,优化配置资源,合理安排生产计划,科学下达任务,避免任务过多引起堵塞,过少造成巨大空闲,实现产能负荷均衡生产。制定生产计划时,将各中间产品具体的工时和物量消耗进行负荷累计计算,确定瓶颈产能的时间和工序,精准实时掌握生产资源的产能,包括设备负荷(各种加工设备、吊装等)、人工负荷(各工种)、场地负荷等,为生产计划制定提供数据支持。掌握了生产资源动态产能,生产任务下达仿真模拟时,出现工艺阶段的工时量或物量超过生产资源能力上限,则需通过计算外协瓶颈工序,使之适应建造工时物量平衡的负荷计划,保证生产计划的可行性和合理性。

　　大型装备复杂产品制造周期长,涉及复合工种多,加之生产过程的不确定性因素,产能瓶颈是移动的,使得动态产能核算尤为困难。本章基于生产资源动态产能约束限制,在满足制造过程中间产品完工期的前提下,给出合理的生产任务分配方案和生产资源安排方法,使生产任务均衡合理下达及外协安排,确保生产任务按时交货、生产系统均衡运作,一方面满足装配、安装需求,另一方面自制任务下达合适,未超过动态负荷而引起拖期,也未负荷不够导致生产资源闲置。压缩无效时间和提前期,保持均衡生产。保证连续生产,同时又能满足产品需求的节奏,让生产处于有节奏的状态当中,基于生产资源产能满负荷运作,实现组织均衡生产(Level Production),充分发挥生产潜能。本章提出的产能负荷平衡技术为制造业生产计划管控的优化、计划制定的信息化实施提供理论支持,下面基于当前制造业装配及生产运营实际特点,深入全面研究整个运作体系,并提出改进模式,优化其流程,提出制造业产能负荷平衡技术。

2.2　制造业产品事业部装配调度分析

2.2.1　产品事业部下单模式及存在问题

　　当前的大部分制造业实行事业部的组织架构,其在很大程度上促进了企业的发展。当前各产品事业部始终追求自己的利益最大化,很少兼顾下游制造加工部门/机加工的生产组织情况,也无法查询下游零件加工所处的状态,加之自己装配没有标准化,产品事业部下达生产订单时存在很大问题,导致对下游生产组织冲击较大。产品事业部装配的具体问题主要分析如下:

(1) 装配不够标准化。

产品事业部装配 BOM 不是很清楚,也没按时间轴划分阶段装配所需零件,或者划分不详细、不科学,常常出现"先达楼顶,后下楼底"的现象;甚至订单交期是"楼顶靠前,楼底靠后"。以盖楼房为例:

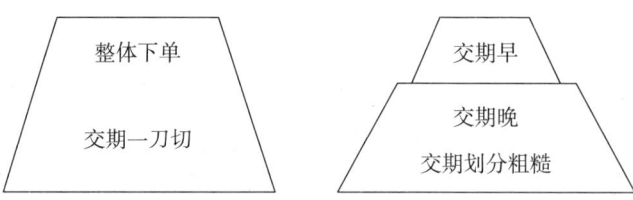

图 2.1 零件交期类型

类似上面的下达模式或者零件交期的设计,导致下游机加工事业部有时忙于生产不紧急的"楼顶"零件,生产好后不装配,只好进入仓库而占用了资金,而紧急需要的零件匆忙下单,然后产生许多急单,导致许多脱期,严重冲击生产组织系统。

(2) 上游产品事业部"糖葫芦式"下单。

上游按照各自 BOM 的"提前期"下单,造成下游机加严重堵塞与空档,没有灵活性的被动挨打式生产。SAP 关于 BOM 的"提前期"使用存在问题,按照 BOM 的"提前期"下单,意思是最少按照提前期下单,而非就按照提前期下单。各自产品 BOM 的"提前期"都是根据经验和机加工协商而定,实际上存在很大偏差,其实产品提前期应该根据产能及订单量的多少动态变化。

例1:6 月 1 日销售部下单工件 A 给机加上游(成型、深加、热工、陶瓷工程、灵海、石材、配件),交期是 6 月 30 日。上游部门安装需要 1 天,在机加工部门需要 10 天(提前期 10 天),如何下单?

按照正常逻辑,最好是 6 月 1 日下单,交期还是 6 月 30 日,给下游机加工可以有充分的时间组织生产,但 SAP 的 ERP 是 6 月 20 日下单,交期 6 月 30 日,甚至还有些是不符合提前期下单,这样导致机加工组织生产的被动。若 6 月 20 日下单,当成型、深加、石材 6 月 1 日各接到 1 个工件,在机加事业部加工各需要 10 天(提前期 10 天),安装需 1 天。现在制造业 SAP 的 ERP 系统按照各自 BOM 的"提前期"下单的,系统都是在 20 日下单,那么机加工只能有三种应对方法,造成下游机加严重堵塞与空档,如下图:

生产加工部门面临的组织生产方式主要有如下:

现在制造业大部分实施了 SAP 的 ERP 系统,其按照各自 BOM 的"提前期"6 月 20 号下单,那么生产加工部门的机加工只能有三种主要应对方法。其一:6 月 20 日到 6 月 30 日加工 1 单,其他 2 单外协,赶 6 月 30 日交付 3 单,这样一方面造成 6 月 1 日到 6 月 20 日的严重空档,并且自己只加工了 1 单,缩小了利润空间;其二:6 月 20 日到 6 月 30 日加工 1 单,外协 1 单,7 月 1 日到 7 月 10 日加工 1 单,赶 6 月 30 日交付 2 单,脱期 10 天即 7 月 10 日交付

1单,这种组织方式一方面造成6月1日到6月20日的严重空档,自己只加工了2单,缩小了利润空间,而且造成脱期1单;其三:6月20日到6月30日加工1单,7月1日到7月20日加工2单,赶6月30日交付1单,脱期20天即7月20日交付2单,这种组织方式一方面造成6月1日到6月20日的严重空档,造成脱期2单,严重影响装配。所以,按照各自BOM的"提前期"下单,会造成下游机加严重堵塞与空档。

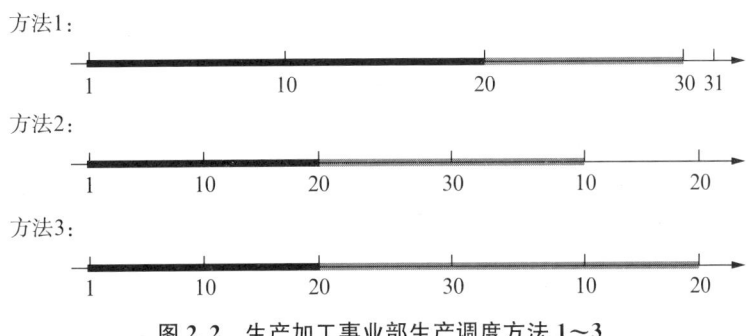

图2.2 生产加工事业部生产调度方法1～3

(3) 上游变更订单无约束。

制造业的产品事业部订单变更太频繁,变更订单对生产造成的冲击比插单还严重! 由于变更订单没有成本付出,他们就容易轻率地做出变更订单的决定,错了又变回去,频繁折腾。故采取的措施是对频繁变更订单的责任人应该有适当的惩罚与警戒。

2.2.2 产品事业部改进的下单模式

针对制造业产品事业部装配及加工订单下达存在的问题,作者建议改进其组织模式,优化其流程,具体方法如下。

(1) 鱼骨图式装配及交期:制造业作为装备制造型企业,其产品结构可以用类似于"树"的方式进行表述,其最终的产品一定是由固定个数的部件或者零件组成,这些关系明确并且固定。

图2.3中,横坐标表示时间,纵坐标表示订单号。鱼骨图中的小线段表示零件,其落入的时间段左边表示下单时间,右边表示订单交期,点击线段就可以查询该线段代表的零件属性,如代码、在制状态、数量等。已经装配好的线段显示为灰色,已经加工好而未交货的显示为绿色,已经下单但还正在加工的显示为紫色,没下单的零件显示为黑色,这些机加工及各产品事业部都能看到或者查询,为其装配及生产加工提供决策参考。

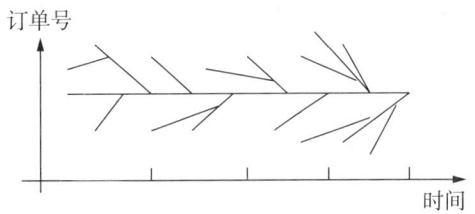

图2.3 产品事业部装配及订单下达模式

(2) 分层下单,按鱼骨图所需交货:制造业产品事业部按照鱼骨图装配,按装配所需大的时间段先后下单,但订单交期根据鱼骨图上的确定时间分别交付,这样将减少严重的空档或堵塞。同样以例1为例,若制造业的ERP系统不按照所谓的"提前期"下单,系统在6月1

日下单,那么机加工理论上有无数种生产组织方法应对,可以减少空档与严重的堵塞,主要策略如下图:

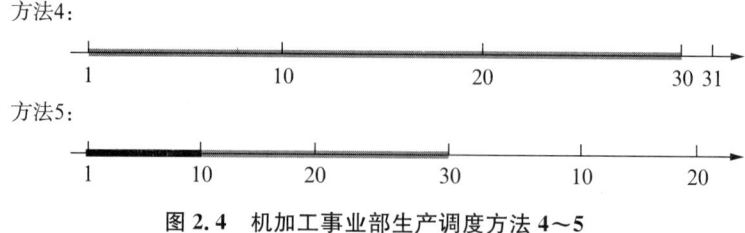

图 2.4 机加工事业部生产调度方法 4~5

对于例1,当6月1号下单时,机加工除了以上两种生产组织方法以外,还有包括图2.4在内的三种方法。其实,机加工可以在6月1日到6月20日之间任何时候选择开始加工,因此理论上讲机加工存在无数种组织方法。方法四与五可能造成一定的库存,机加工可以权衡库存、脱期及加工利润之间的利弊,最优组织生产。

2.3 制造业当前生产组织模式问题分析

经调查研究,发现许多制造型企业虽然用了ERP,但几乎都缺少关键的生产制造模块。ERP的制造模式都是建立在无限生产能力的基础之上,而实际上生产能力及资源是有限的,因此它不能真正指导实际生产。众多制造型企业用ERP系统的时候缺少生产制造模块,其主要原因有:

(1) 认识、重视不够。企业中、高层管理问题用ERP系统解决提高了效率,至于低层生产管理更需要生产组织模块支持,上层对此不是很了解,也就不重视。

(2) 投资大。生产制造模块的关键是排产,排产的核心技术是算法,优化功能强大的一个排产软件如APS(Advanced Planning and Scheduling,高级计划排产)价格甚至比一个普通的ERP系统都贵,如果生产模块开发不好就会投入产出不成比例。

(3) 生产模块个性化强。离散行业不同企业的设备、人力、原料、市场变化等不同,因此生产模块的差异比较大,个性化强,IT公司需要和用户企业共同开发,而一般的用户企业缺乏这样的能力。

(4) 技术难度大。生产组织调度优化涉及数学、计算机、管理工程、系统工程等学科知识,特别是算法技术难度很大,开发速度快且优化效果好的生产调度执行模块技术难度更大,需投资更多人力物力,因此好多上ERP的IT公司绕开生产组织模块,系统仅仅只管理到基于无限产能的订单下达,基层的组织生产选择逃避。ERP系统中生产制造模块(MES)缺失。由于缺少生产管理系统软件或生产制造模块,生产组织部门很难起到"防洪抗旱"作用。

生产组织部门接到成千上万的订单只能凭经验分开转递外协生产或者自制。如目前一般的生产组织模式如下:

这种主要靠人工经验组织生产的模式主要矛盾突出表现为生产部门很难动态地掌握各工作中心的产能(订单随机来临,各工作中心的在制状态没有反馈,前期也没排序预测),因

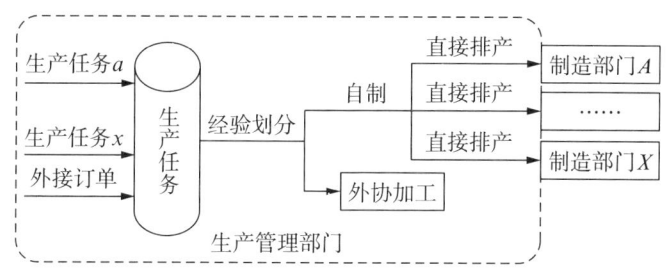

图 2.5　制造型企业生产订单下达模式

此无法最优处理自制与外协的关系,具体来讲造成下列问题:

(1) 生产组织管理部门层面:① 非理性接单,在某个时间段我们的产能不清楚,因此被动接单(给我就要,不给很少会积极主动地要)。② 非理性外协,外协订单是在经验的基础上,没有合理推算,导致可能外协的并不是我们瓶颈工序的订单。外协了现在该生产的工件,而加工未来的工件,造成淡旺季之分及较大库存。③ 非理性下单,各零件的交货期设置没有建立在推算的基础上,而是根据发机时间大概估计的,订单下达顺序可能不合理。

(2) 车间层面(制造执行层面):各车间拿到生产订单没有组织最优排产,没有在推算的基础上派单,而是根据工件交货期和经验分配任务。在不同时刻,各机床的在制状态是不一样的,应组织最优排产。其实调度问题非常复杂,人脑根本找不到最优的排产策略,必须根据模型、算法设计程序,借助计算机寻找最优或者次优排产策略。

这两大问题导致严重后果:① 对生产不能有效控制。因为整个生产过程采用经验主义,而不是建立在理性的推算基础上,脱期工件、瓶颈工序都无法预测。② 造成淡旺季之分,产能不能得到真正发挥。因为没有组织理性、最优计划生产,好多产能用于生产不是急需交货的工件,当需要交货的工件快到期时,手忙脚乱发外协,甚至怕脱期,拿到部分订单直接发外协,即先生产交期晚的工件,急需的工件外协,于是后面没得吃,转入淡季。先生产交期晚的工件(或工序),生产出来入库转储,这也是库存资金占用偏高的一个原因。其实车间生产调度的一个目标就是减少等待时间(包括工件的等待时间和机器的等待时间),车间没有实行最优排产,则无须的工件等待时间显而易见;机器等待则最为明显,就是一会儿大家忙得热火朝天,一会儿到淡季就集体休眠。③ 拖期问题严重。产品生产周期不能满足客户订单要求的交货期,零部件的制造周期不能满足装配要求的零部件交付期,其实所有脱期件最后都变成了急件,严重影响正常生产过程。④ 库存积压严重,资金占用量大。仓库摆放大量零部件和半成品,可装配现场仍频繁缺件,库存的零部件不是产品装配所需的零部件。⑤ 设备能力不均衡。部分设备能力不能满足生产需求,成为加工的瓶颈,工作班组轮流加班;部分设备能力富余,需要部分封存保养或停工待料,工作班组轮流休息。⑥ 物料管理不准确。缺乏物料跟踪管理,不能有效提供物料实际加工的状态信息,要解决在制品情况只能靠车间调度员去工作现场实地察看,并且根据这些临时了解的信息进行调度,缺乏统筹考虑,从而影响车间的计划制订,不能跟踪订单的实际进度情况,以及订单的完成情况,不能为客户提供准确的交货时间。⑦ 生产数据人工管理。工作繁重,工作效率低,在生产过程中现场工人需要记录各种实时的生产信息,由于笔误经常造成数据的不准确、不可靠,并且在手工翻阅成分、工艺规程等生产文件时,既影响生产的步调,也造成很大的不便。

分析其根本原因可以发现，首先，在制造管理过程中，缺少科学完善的生产计划与调度作业管理工具（排程系统软件），缺乏高效的计划体系和车间运作系统，特别是精准计划制订、有力执行和及时跟踪反馈控制系统。没有排程工具，无法根据产能在推算的基础上，形成严密高效的计划、调度及控制体系。计划与调度人员凭经验办事，从而整天陷入无序的"救火"状态，很难甚至根本无法做到对生产过程的实时监控和全程跟踪。其次，因为没有软件协助，生产未能在必要的需求预测的基础上有效地制订各个时期的生产、库存及产能水平，以此保证生产效率的极大发挥。最后，因为没有排出详细精准的计划与调度方案，工序之间没有确切的转运时间节点，造成工序之间转运责任不明确，形成无故等待严重浪费。

生产计划与调度是生产控制的关键，它的科学性及优化程度，直接影响生产效率。现在，一般中等规模制造型企业的生产管理部常常接到成千上万生产订单（生产零件），凭经验分开转递外协生产或者自制，如图2.5。这种主要靠经验由人工组织生产的模式，未能根据生产资源约束而最优处理自制与外协的关系。作者提出改进的生产组织模式，建立在理性的推算基础上，摈弃整个生产过程中的经验主义，将瓶颈工序外协制造，扩大产能。

2.4 制造业生产组织模式优化

本书提出制造业生产组织优化模式，核心思想是生产组织部门的计划科学，起到了真正的"防洪疏浚"的作用，其最关键的技术是经过科学计算后再判断，然后分流订单到外协加工。一般情况下有两种模式方法：

（1）直接倒序优化排产到工作中心。

该模式是生产部接到订单后，将其分类为必须外协件、必须自制件和可外协可自制件。剔除掉必须外协件外，将必须自制件和可自制可外协件全部直接倒排至各工作中心，其排法有许多种，然后用优化算法计算出在现有生产资源的约束下，能产出最多工时或者产值的排法，剩下的订单和必须外协件全部外协，当有必须自制件没被排进工作中心加工时，则该计划方案为非法或者不合格解。倒序排产至工作中心的模式，采用的是倒序画GATT图的方法，即从工件加工序列的最后一个工件的最后一道工序到第一个工件的第一道工序依次倒序画GATT图，当从最后一个工件倒序推到前面某个工件时，若该工件的第一道工序加工开始时间是负数，则选择策略就是此序列中该工件以后的所有工件（不包括第一道工序开始加工时间是负数的工件）自制。

用数学方法描述倒序画GATT图的方法，为了建模方便，不妨给出以下假设：$C(i,j_k)$、$S(i,j_k)$分别为工件j的第k道工序在机器i上的加工完成时间和开始时间；工件j的第k道工序在机器i上完成时间小于等于它后一道工序$k+1$的开始时间$S_{(k+1)j}$与它后面某工件j'在该机器上的加工工序的开始时间$S_{ij'}$（机器i上若加工的是工件j的最后一道工序，那么工件j在机器i上的完成时间小于等于它的交货期d_j与它后面某工件j'在该机器上的加工工序的开始时间$S_{kj'}$）。工件j的第k道工序在机器i上开始时间等于它的结束时间减去工件j的第k道工序加工需要的时间T_{kj}，其模型如下：

$$C_{ij_k} = \min\{S_{ij_{k+1}}(d_j), S_{ij'_k}\}$$
$$S_{ij_k} = C_{ij_k} - T_{kj} \qquad ,j,j' = (n, n-1, \cdots, n')$$
$$i = O_{kj}$$

其中 $i = O_{kj}$ 是指在工序矩阵 O_{ij} 中,工件 j 第 k 道工序上的机器。

根据以上假设及倒序画 GATT 图的方法,于是有:

$$C(O_{mn}, n_m) = d_n, S(O_{mn}, n_m) = C(O_{mn}, n_m) - T_{nm};$$
$$C(O_{mj}, j_m) = \min\{d_j, S(O_{mj}, j')\}, S(O_{mj}, j_m) = C(O_{mj}, j') - T_{mj};$$
$$C(O_{kj}, j_k) = \min\{S(O_{(k+1)j}, j_k), S(O_{kj}, j')\}, S(O_{kj}, j_k) = C(O_{kj}, j_k) - T_{kj};$$

其中 $j = n, n-1, \cdots, n'$,表示选择的加工工件的调度顺序,$k = m, m-1, \cdots, 1$ 是工件的加工工序;选择加工工件的开始时间可表示为:

$$S_{\min} = S(O_{mi'_m}, n').$$

根据以上直接优化排产到工作中心的模式,其详细步骤为:

① 导入产品事业部订单、外接订单及属性,明确待加工的零件种类及其数量。
② 从工艺模块中加载待排序零件的工艺信息。
③ 刷新、采集当前或者一个时间段的设备信息。
④ 选择排序的优化算法或者排序优化的规则,及其所要优化的目标。每个优化目标有不同的算法,根据实际需要选择合适的算法。
⑤ 点击排产按钮,开始排序运算。

对于调度人员及操作人员来说,调度结果的显示要求简单明了、方便查询。排序结果用 GATT 图的形式进行显示。以机床为纵坐标,以加工时间为横坐标,图中每个任务条表示一道工序,显示每台机床上不同任务的加工顺序,并且各个工件和设备用不同的颜色区分,可以一目了然地了解加工情况。当某道工序的加工时间为负时,其左边的工序全部外协加工。该模式类似静态调度,生产部直接排产到了工作中心,其优点为生产部对生产过程监控比较可靠,计划调整比较便利;缺点是对车间管得过多过死,车间调度调整不方便,由于问题规模太大,因此对算法的性能要求很高,优化到的解可能不理想,并且应对突发事件不灵活,从而导致生产计划和生产实际的偏差较大。

(2) 拣选后直接下达到工作中心。

该模式采用两步优化的办法:首先生产部接到订单后,将其分为必须外协件、必须自制件和可外协可自制件三类。然后用算法将必须自制件和可自制可外协件约束于各工作中心的产能,进行匹配选择,基本符合产能的订单用于自制,超出产能的订单和必须外协件外协加工。然后,将下达到各车间或者工作中心的工件进行优化排产,以 GATT 图形式显示。

拣选后直接下达到工作中心的模式,生产部优化拣选的详细步骤为:

① 导入产品事业部及外接的订单属性,明确待加工的零件种类及其数量;
② 从设备以及工艺模块中加载待排序零件的工艺信息;
③ 刷新、采集当前或者一个时间段的各工序产能;

④ 选择基于目前产能的优化目标,根据以往数据分析的经验,选择当前下单溢出产能的系数;

⑤ 选择排序的优化算法或者排序优化的规则,每个优化目标有不同的算法,根据实际需要选择合适的算法;

⑥ 点击选择按钮,开始选择运算。

在车间层,各车间组织最优生产调度,其详细步骤如下:

① 导入生产部下达的订单及属性,明确待加工的零件种类及其数量;

② 从设备以及工艺模块中加载待排序零件的工艺信息;

③ 刷新,采集当前或者一个时间段各工作中心的设备信息;

④ 选择排序的优化算法或者排序优化的规则,每个优化目标有不同的算法,根据实际需要选择合适的算法;

⑤ 点击排产按钮,开始调度排产运算。

该模式是两阶段优化,优点是将复杂问题进行了分解,对算法的要求相对较低,优化效果也较好,并且车间管理的灵活度较大,可以积极应对各种突发事件,校正计划的偏差;其缺点是生产部的大计划变更不方便,对车间的生产情况监控比较弱。

对于小型制造业,建议采用直接倒序优化排产到工作中心的模式,对于大型制造业,特别是船舶制造业建议采用拣选后直接下达到工作中心的模式,如图 2.6 所示。该模式最关键的技术是经过科学计算后再判断,然后分流订单到外协加工。该模式采用两步优化的办法:首先生产部接到订单后,将其分为必须外协件、必须自制件和可外协可自制件三类。然后用算法将必须自制件和可自制可外协件约束于各工作中心的产能,进行匹配选择,基本符合产能的订单用于自制,超出产能的订单和必须外协件外协加工。然后,将下达到各车间或者工作中心的工件进行优化排产,以 GATT 图形式显示。改进后的下单模式能起到"防洪抗旱"作用,均衡任务。

备注:如图 2.6 虚线叠加部分所示,"软件系统优化排程"的动作可以是生产管理部或生产制造执行部门做,但必须根据实时动态产能等资源优化排产。

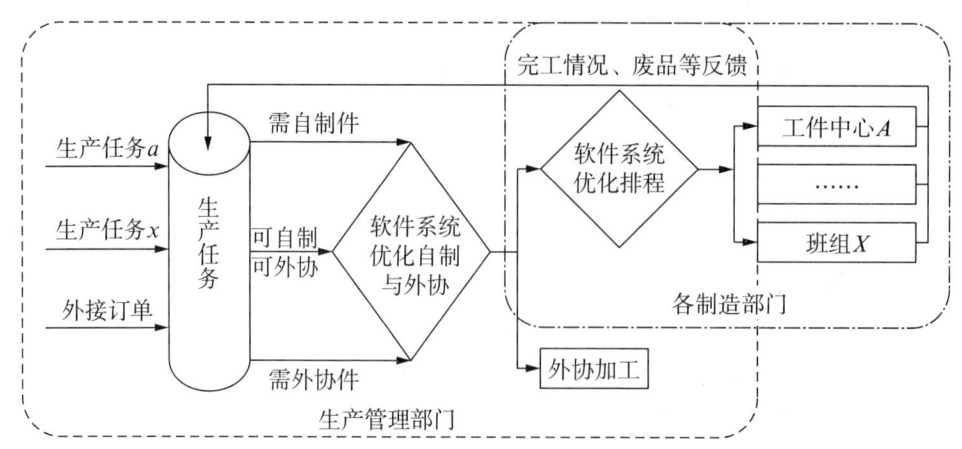

图 2.6 改进型制造企业生产订单下达模式

改进的生产主计划制定流程如图 2.7 所示。

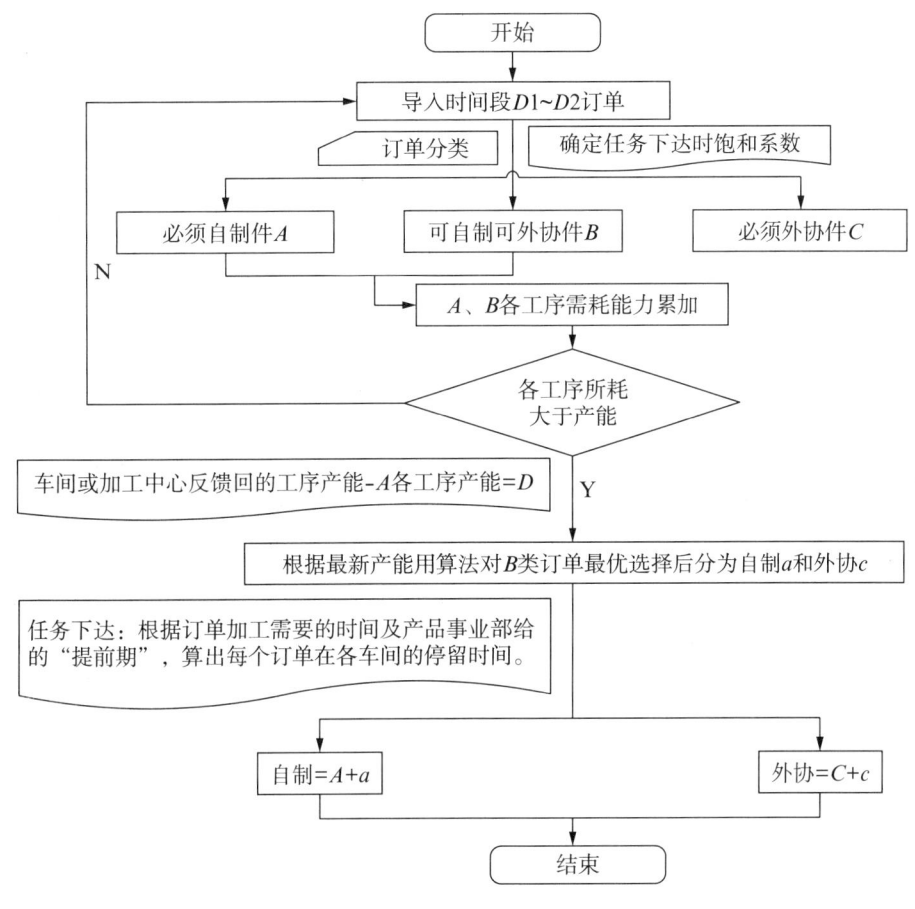

图 2.7 生产主计划制定流程

2.5 制造业产能负荷平衡模型

制造业传统调度式生产计划的编制是孤立的,没有负荷计划和资源配置计划作依托,对动态产能的掌握不够精准,计划制定时下达任务不合理,计划的可控性不强,造成下游生产有淡旺季之分,实际产能未真正发挥。作业日程计划是某个时间段要完成的生产作业任务;负荷计划是生产任务对生产资源的需求;资源配置计划是根据生产日程计划安排的生产资源配置计划。要制定均衡能力负荷的生产计划,需将作业日程计划、资源配置计划和负荷计划三者有机地连接起来,即做到以下几点:

(1) 精准实时掌握产能:生产管理部需通过 MES 终端时刻采集所有工序加工时间、辅助时间、各种作业类型负荷(钢材切割、加工等)、设备负荷(各种加工设备、吊装、平板车等)、人工负荷(各工种)、场地负荷(工位、胎位等)等,从各种维度统计资源产能。以中间产品、部门(工作中心、班组)、作业类型、工序类型、工种等为单位,对各工艺阶段的工时和物量进行负荷核算,形成各种分析数据,为生产计划制定提供支持。如对船体的钢材加工能力、装配总装能力等进行核算,以反约束中日程的切割加工计划等。

(2) 建立生产资源负荷平衡计划:计划管理建立在对实际数据统计分析的基础上,是修正偏差不断优化的滚动式计划,需要及时得到生产资源的准确数据并进行生产计划的综合平衡。根据生产任务对设备、场地、劳动力工时的需求,以及现有可分配的生产资源进行增减或加班等进行生产资源负荷平衡工作。在平衡过程中若某个工种或特殊设备的需求量超出在考虑加班等情况下的能力上限,调整一专多能的复合工种或可加工多种作业类型的设备,然后再次进行平衡计算。如果还是出现工艺阶段的工时量或物量超过能力上限,则需调整建造方针,外协瓶颈工序,使之适应建造工时物量平衡的负荷计划,保证生产计划的可行性和合理性。制定好企业生产能力与生产任务/工作量(负荷)的初平衡计划后,编制各工艺段的工时和物量负荷计划,更加详细地作出船体、舾装、涂装各分阶段的各工种具体的工时和物量,并进行负荷累计计算,确定瓶颈产能的时间和工序,然后制定拓展瓶颈产能的小日程计划,以保证作业任务的圆满完成。

(3) 制定符合产能负荷的生产计划:根据生产作业任务需求和生产资源限制,优化配置资源,合理安排生产计划;科学下达任务,避免任务过多引起堵塞,过少造成巨大空闲,实现产能负荷均衡生产。基于粗能力满负荷制定生产计划,各制造执行部门计算生产任务所需要的生产资源和工时数据,根据生产任务生成详细劳动力、设备、场地需求计划,再统计现场生产资源的使用情况,制定详细的拓展瓶颈产能的小日程计划,并在此基础上得出工费成本的预算数据,保证连续生产,同时又能满足产品需求的节奏,让生产处于有节奏的状态当中,实现组织均衡生产(Level Production)。

生产计划与产能负荷平衡关系如图2.8所示:

制造业生产管控业务过程比较复杂,生产环境相关的各种因素经常发生变化,各种不确定性的事件经常发生等,也使得生产部计划不确定,导致车间生产调度问题更加复杂。作者根据生产任务下达的改进模式,把订单下达至车间或者生产中心,具体排产调度由车间自己用算法根据生产现场实际再优化,提出下面产能负荷平衡模型。

为了说明方便,使用部分假设条件。设车间当前序的产能为 $N=[A_1,A_2,\cdots,A_m]$,m 为工作中心或设备数目;有 n 种订单需要加工,其交货期几乎相同,订单 j 的工序需要在机器 i 上加工,如矩阵 S_{ij} 描述,列为工件,行为机器/序,工件 j 有 c_j 个;工件 j 的工序在机器 i 上加工需要的时间如矩阵 T_{ij} 描述,详细如下:

$$S_{ij}=\begin{pmatrix} M_{11} & M_{12} & \cdots & M_{1n} \\ M_{21} & M_{22} & \cdots & M_{2n} \\ \vdots & \vdots & \ddots & \vdots \\ M_{m1} & M_{m2} & \cdots & M_{mn} \end{pmatrix}, T_{ij}=\begin{pmatrix} t_{11} & t_{12} & \cdots & t_{1n} \\ t_{21} & t_{22} & \cdots & t_{2n} \\ \vdots & \vdots & \ddots & \vdots \\ t_{m1} & t_{m2} & \cdots & t_{mn} \end{pmatrix}.$$

为了使所选自制的订单工序尽量符合自己的产能,作者提出下面策略。设所选自制订单数组为 $[a_1,a_2,\cdots,a_n]$,其中 $a_j(j=1,2,\cdots,n)$ 为0或者1,当为1时表示该订单自制,为0时外协。建立模型如下:

$$\min \sum_{i=1}^{m} \mid \sum_{j=1}^{n} c_j a_j M_{ij} t_{ij} - A_i \mid \tag{2.1}$$

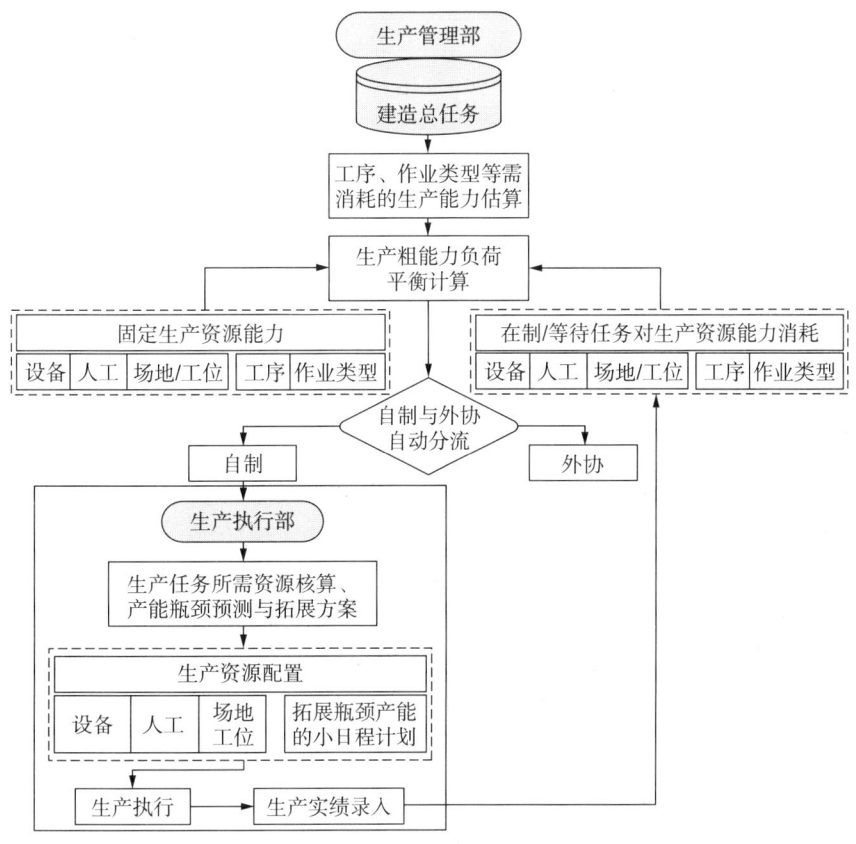

图 2.8 制造生产计划与产能负荷平衡关系

模型(2.1)核心是所选订单工序加工耗时间尽量接近自制的工序产能。该模型的约束满足交货期,它适合某一个时间窗口交货期的订单选制及主计划制定。可用作者提出的新型学习算法优化模型(2.1)。该技术方法可嵌入生产管控系统,科学精准下达生产任务,实现制造业产能与负荷平衡。

2.6 新型学习算法优化制造业产能负荷平衡

2.6.1 传统学习算法

自然界的生物在残酷的优胜劣汰法则下不断完善自己以适应环境,这就是生物的学习能力。通过学习,生物不断调整自身的状态来适应环境,并通过继承的积累使好的信息传递到后代,众多迭代进化算法都是基于该思想建立起了推理机制。强化学习是一种有效的机器学习方法,通过与环境的交互,经过试探与评价,实现从环境到动作的映射的学习方法,目标是使长期奖励信号最大。强化学习算法虽具有强大的应用范围,由于外部环境提供信息较少,强化学习的学习效率通常较低,仍有其局限性。

Q-学习算法由 Watkins 于 1989 年提出的,类似于动态规划算法的一种强化学习方法,通过与环境交互,学习最优行动策略[12]。Q-学习是一种无须环境模型的强化学习,可以看作是马尔可夫决策过程的一种变化形式。Q-学习的目标是学习在动态环境下如何根据外部评价信号来选择较优动作或者最优动作,本质是一个动态决策的学习过程。Q-学习中,每个 $Q(s,a)$ 对应一个相应的 Q 值,在学习过程中根据 Q 值选择动作。Q 值的定义是如果执行当前相关的动作并且按照某一个策略执行下去,将得到的回报的总和。最优 Q 值可表示为 Q^*,其定义是执行相关的动作并按照最优策略执行下去,将得到的回报的总和,其定义如下:

$$Q^*(s,a) = \gamma \sum T(s,a,s') \max Q^*(s',a') + r(s,a)$$

其中:s 表示状态集,$T(s,a,s')$ 表示在状态 s 下执行动作 a,转换到状态 s' 的概率,$r(s,a)$ 表示在状态 s 下执行动作 a 将得到的回报,γ 表示折扣因子,决定时间的远近对回报的影响程度。

关于 Q-学习算法的研究成果较多,但将学习算法应用于解决离散型生产调度问题的报道较少,特别应用于制造业制造过程生产管控的报道甚少。本章针对制造业生产实际,提出新的学习算法,并将其应用于装备制造的产能负荷平衡、生产作业排程。所谓学习算法,它的核心思想是基于哲学上的"近朱者赤,近墨者黑"的思想,也就是让潜在解不断地向较优解学习,学习过程中吸取后者的优良基因,从而不断改善解。本章提出的整数编码新型学习算法,其模型、操作算子与传统的学习算法、遗传算法模型有根本区别,下面将详细介绍。

2.6.2 新型学习算法递推方程

作者借鉴 GA、强化学习算法和 PSO 算法的部分原理,基于"近朱者赤,近墨者黑"的哲学思想,提出一种新型学习算法。该学习算法也是一种基于迭代的优化工具,系统初始化为一组随机解,通过迭代搜寻最优值。在学习算法中,我们将潜在解称为学子,它相当于 GA 的染色体,PSO 算法的学子。学子在解空间追随最优的学子进行搜索。学习方式有三种:① 向优秀的同僚学习;② 向自己学习(检讨,反思,总结等);③ 向一般的同僚学习(三人行,必有我师。学习过程可以吸取异端学子的优良因子)。必须注意的是在学习过程中不能抛弃向优秀同事学习这一种重要方式,这种优秀学子的知识(历史最优解)信息代代相传,自然地形成了全局最优解的轨迹,对这些全局最优解进行模式抽取,即可得到全局最优模式。而全局最优模式是迭代搜索所需的极其有用的知识信息,利用全局最优模式可以对学子集体空间的进一步求解提供有效指导,从而加快算法的收敛速度。

学习算法若采用整数编码,学习其实就是与具有优良信息的学子(GA 的染色体交叉)交互信息。具有优良信息的学子相当于 PSO 算法中的当前个体历史最优、当前全局最优、前几次运行(过去运行获得的)个体历史最优、前几次运行获得的全局最优、当前种群最优、前几次运行种群最优。为了表达方便,不妨假设在一个 D 维的目标搜索空间中,由 m 个学子组成一个群,其中第 i 个学子表示为一个 D 维向量 $X_i = (x_{i1}, x_{i2}, \cdots, x_{iD})$,$i=1,2,\cdots,m$,即第 i 个学子在 D 维的搜索空间中的知识是 X_i,那么,具有优良信息的学子如下:

(1) 当前学子个体历史最优 $I^c_{ibest} = (i^c_{i1}, i^c_{i2}, \cdots, i^c_{iD})$:它是当前第 i 个学子迄今为止学习到的历史最优知识 $cpbest$;

(2) 当前学习获得的全局最优 $G_{gbest}^c=(g_1^c,g_2^c,\cdots,g_D^c)$：它是整个学子集体当前迄今为止学习到的最优知识 $cgbest$；

(3) 以前 t 次运行时学子个体历史最优 $I_{ibest}^{bt}=(i_{i1}^{bt},i_{i2}^{bt},\cdots,i_{iD}^{bt})$：它是过去 t 次运行第 i 个学子学习到的历史最优知识 $bpbest$；

(4) 以前 t 次运行时学习获得的全局最优 $G_{gbest}^b=(g_1^b,g_2^b,\cdots,g_D^b)$：它是过去 t 次运行整个学子集体学习到的最优知识 $bgbest$；

(5) 当前代学子集体的局部最优 $L_{lbest}^c=(l_{l1}^c,l_{l2}^c,\cdots,l_{lD}^c)$：它是当前代学子集体获得的局部最优知识 $clbest$；

(6) 以前 t 次运行时学子集体的局部最优 $L_{lbest}^{bt}=(l_{l1}^{bt},l_{l2}^{bt},\cdots,l_{lD}^{bt})$：它是过去 t 次运行学子集体获得的局部最优知识 $blbest$。

另外，不妨假设学习算法优化某问题时，共运行 N 次，一般取之为 10 或者 20，学子集体规模为 PS，每次运行学习的总代数为 $Maxiter$。根据学习方式及具有优良信息学子集体的构成，参照泛学 PSO 算法模型，设计以下几种新型学习算法。

2.6.3 cIcGbG~LA

在整数编码的新型学习算法中，若学子们向当前学子个体历史最优 I_{ibest}^c、当前学习获得的全局最优 G_{gbest}^c、以前 t 次运行时学习获得的全局最优 G_{gbest}^b 学习时，称该学习算法为 cIcGbG~Learning Algorithm，简称"cIcGbG~LA"。下面详细介绍 cIcGbG~LA 学习方式，且根据以前 t 次运行时学习获得的全局最优 $G_{gbest}^b=(g_1^b,g_2^b,\cdots,g_D^b)$ 的构成方式不同，有不同的递推方程。

2.6.3.1 仅向优 cIcGbG 学型~LA 递推方程

仅向优 cIcGbG 学型~LA 是学子们仅向当前学子个体历史最优、当前学习获得的全局最优、以前 t 次运行时学习获得的全局最优学习。它根据以前 t 次运行时学习获得的全局最优构成方式不同，分为两类。

(1) 以前全局最优 $G_{gbest}^b=(g_1^b,g_2^b,\cdots,g_D^b)$ 由前 $t-1$ 次 Maxiter 代全局最优构成：

$$X_i^{cI}(k)=X_i(k)\oplus I_{ibest}^c(k) \tag{2.2}$$

$$X_i^{cG}(k)=X_i(k)\oplus G_{gbest}^c(k) \tag{2.3}$$

$$X_i^{bG}(k)=X_i(k)\oplus G_{gbest}^{bt} \tag{2.4}$$

$$X_i(k+1)=X_i^{cI}(k)\cap X_i^{cG}(k)\cap X_i^{tG}(k) \tag{2.5}$$

$$G_{gbest}^{bt}=G_{gbest}^{b(t-1)} \tag{2.6}$$

在(2.2)~(2.6)式中，k 为学习(迭代)代数；$X_i^{cI}(k)$ 是学子群 $X_i(k)$ 向当前个体历史优秀集体 $I_{ibest}^c(k)$ 学习后的学子集体；$X_i^{cG}(k)$ 是学子集体 $X_i(k)$ 向当前整体全局优秀学子 $G_{gbest}^c(k)$ 学习后的学子集体；$X_i^{bG}(k)$ 是学子集体 $X_i(k)$ 向以前 t 次运行时学习获得的全局最优 G_{gbest}^{bt} 学习后的学子集体。通过 $\oplus$ 的学习，其学子集体规模扩大一倍，则 $X_i^{cI}(k)$、$X_i^{cG}(k)$、$X_i^{bG}(k)$ 的构成方式各有 3 类，不妨先说明 $X_i^{cI}(k)$ 的构成方式：① 将 $X_i(k)$ 和 $I_{ibest}^c(k)$ 学习后形成的

$2*Ps$ 个学子组成一个矩阵,根据适应值从优到次排序,选出前 Ps 个学子作为 $X_i^d(k)$;② 将 $X_i(k)$ 和 $I_{ibest}^c(k)$ 学习后形成的学子"两两"一一比较,选出其中优良的作为 $X_i^d(k)$ 集体的一个学子,共"两两"比较 Ps 次,便形成 $X_i^d(k)$;③ 将 $X_i(k)$ 和 $I_{ibest}^c(k)$ "两两"交互学习后形成的两个学子中,任意选择其一作为 $X_i^d(k)$ 集体的一个学子,共"两两"交互学习 Ps 次,便形成 $X_i^d(k)$。$X_i^{cG}(k)$ 和 $X_i^{bG}(k)$ 的构成方式类似。该算法可用符号或自然数编码,学子 $X_i(k)$ 的知识 $(x_{i1}(k), x_{i2}(k), \cdots, x_{iD}(k))$ 是符号或者自然数,其他类似;$\oplus$ 是学习方法符号(或者说是交叉算子符号),代表两个学子或者学子集体进行学习操作(交叉操作),其具体的学习方法后面介绍;$\cap$ 是学子集体选优符号,具体有以下 3 种选优方法:① 用 $X_i^d(k)$,$X_i^{cG}(k)$,$X_i^{bG}(k)$ 中所有学子组成一个 $3*Ps$ 行的矩阵,根据适应值从优到次排序,选出前 Ps 个学子作为下一代 $X_i(k+1)$;② 将 $X_i^d(k)$,$X_i^{cG}(k)$,$X_i^{bG}(k)$ "三三"一一比较,选出其中最优的作为学子集体下一代的一个学子,共"三三"比较 Ps 次,选出下一代学子集体 $X_i(k+1)$;③ 将 $X_i^d(k)$,$X_i^{cG}(k)$,$X_i^{bG}(k)$ 中的学子,分别以比例 τ_{cl},τ_{cG},τ_{bG} 随机选择,构成下一代学子集体 $X_i(k+1)$,其中 $\tau_{cl} + \tau_{cG} + \tau_{bG} = 1$。另外,当运行第一次时 G_{gbest}^{b1} 是不存在的,则令 G_{gbest}^{b1} 随机产生,或者放弃向它学习,只向 $I_{ibest}^c(k)$ 和 $G_{gbest}^c(k)$ 学习。迭代终止条件根据具体问题一般选为最大学习代数或(和)学子集体迄今为止学习到的最优知识满足预定最小适应阈值。

(2) 以前全局最优 $G_{gbest}^b = (g_1^b, g_2^b, \cdots, g_D^b)$ 由前 $t-1$ 次 Maxiter 代全局最优按照百分比 λ_t 合并构成:

$$X_i^{cl}(k) = X_i(k) \oplus I_{ibest}^c(k) \tag{2.7}$$

$$X_i^{cG}(k) = X_i(k) \oplus G_{gbest}^c(k) \tag{2.8}$$

$$X_i^{bG}(k) = X_i(k) \oplus G_{gbest}^{bt} \tag{2.9}$$

$$X_i(k+1) = X_i^{cl}(k) \cap X_i^{cG}(k) \cap X_i^{tG}(k) \tag{2.10}$$

$$G_{gbest}^{bt} = G_{gbest}^{b1} \cup G_{gbest}^{b2} \cup \cdots \cup G_{gbest}^{b(t-1)} \tag{2.11}$$

构成以前全局最优的百分比 λ_t 有多种选择,可深入研究其对算法学习效率的影响。本书分别设其为 $\frac{1}{N}, \frac{1}{N}, \cdots, 1 - \sum_{1}^{t-1} \frac{1}{N}$,即算法运行到第 t 次时,以前全局最优的构成中第 $t-1$ 次全局最优占 Ps 百分之 $\left(1 - \sum_{1}^{t-1} \frac{1}{N}\right)$,其他的各占 Ps 百分之 $\frac{1}{N}$。在(2.7)~(2.11)式中,其相关参数、学习模式、不同学子集体代表的意义和(2.2)~(2.6)式中的相同。(2.10)式优选下一代的学子集体的方法也有 3 种。

2.6.3.2 泛学 cIcGbG 型~LA 递推方程

泛学 cIcGbG 型~LA 是学子们不但向当前学子个体历史最优、当前学习获得的全局最优、以前 t 次运行时学习获得的全局最优学习,而且适度的自学并不断地引入系统外的新知识。它根据以前 t 次运行时学习获得的全局最优构成方式不同,也分为两类。

(1) 以前全局最优 $G_{gbest}^b = (g_1^b, g_2^b, \cdots, g_D^b)$ 由前 $t-1$ 次 Maxiter 代全局最优构成:

$$X_i^{cl}(k) = X_i(k) \oplus I_{ibest}^c(k) \tag{2.12}$$

$$X_i^{cG}(k) = X_i(k) \bigoplus G_{gbest}^c(k) \tag{2.13}$$

$$X_i^{tG}(k) = X_i(k) \bigoplus G_{gbest}^{bt} \tag{2.14}$$

$$X_i^*(k+1) = X_i^{cI}(k) \bigcap X_i^{cG}(k) \bigcap X_i^{bG}(k) \tag{2.15}$$

$$X_i(k+1) = S_\delta(X_i^*(k+1)) \bigcup N_\phi(X) \bigcup X_i^*(k+1) \tag{2.16}$$

$$G_{gbest}^{bt} = G_{gbest}^{b(t-1)} \tag{2.17}$$

(2.16)式中$\bigcup$表示学子集体的学子相并组成新的学子集体。(2.16)式中$S_\delta(X_i^*(k+1))$表示$X_i^*(k+1)$中学子的百分之δ通过自学形成的新学子集体,具体自学的模式后面详细介绍。关于自学对象有两种选择:① 将$X_i^*(k+1)$中学子从优到次排序,让后$Ps*\delta$个差学子自学;② 在$X_i^*(k+1)$中随机选择$Ps*\delta$个学子自学。$N_\phi(X)$表示引入奇异学子或者随机产生百分之ϕ个新的学子。然后再补上$X_i^*(k+1)$中$Ps-Ps*(\delta+\phi)$个学子,构成新一代学子集体$X_i(k+1)$。关于补充$Ps-Ps*(\delta+\phi)$个学子有两种方法:① 将$X_i^*(k+1)$中所有学子根据适应值从优到次排序,选出前$Ps-Ps*(\delta+\phi)$个优良的补充。② 在$X_i^*(k+1)$学子中,随机选择$Ps-Ps*(\delta+\phi)$个补充。自学与引入新学子的百分比δ和ϕ需深入研究,作者认为$\delta+\phi<20\%$,具体各取多少,需要大量仿真实验选择。该算法的相关参数、学习模式、不同学子集体代表的意义和(2.2)~(2.6)式中的相同。

(2) 以前全局最优$G_{gbest}^b = (g_1^b, g_2^b, \cdots, g_D^b)$由前$t-1$次Maxiter代全局最优按照百分比$\lambda_t$合并构成:

$$X_i^{cI}(k) = X_i(k) \bigoplus I_{ibest}^c(k) \tag{2.18}$$

$$X_i^{cG}(k) = X_i(k) \bigoplus G_{gbest}^c(k) \tag{2.19}$$

$$X_i^{tG}(k) = X_i(k) \bigoplus G_{gbest}^{bt} \tag{2.20}$$

$$X_i^*(k+1) = X_i^{cI}(k) \bigcap X_i^{cG}(k) \bigcap X_i^{bG}(k) \tag{2.21}$$

$$X_i(k+1) = S_\delta(X_i^*(k+1)) \bigcup N_\phi(X) \bigcup X_i^*(k+1) \tag{2.22}$$

$$G_{gbest}^{bt} = G_{gbest}^{b1} \bigcup G_{gbest}^{b2} \bigcup \cdots \bigcup G_{gbest}^{b(t-1)} \tag{2.23}$$

(2.23)式中以前全局最优G_{gbest}^b构成方式和(2.11)相同。其他各式表达的意思和(2.12)~(2.16)相同。

2.6.4　cIcGbI～LA

在整数编码的新型学习算法中,若学子们向当前学子个体历史最优I_{ibest}^c、当前学习获得的全局最优G_{gbest}^c、以前t次运行时学子个体历史最优I_{ibest}^{bt}学习时,称该学习算法为cIcGbI～Learning Algorithm,简称"cIcGbI～LA"。它有仅向优cIcGbI学型～LA,泛学cIcGbG型～LA。cIcGbI型～LA的最大特点是向以前t次运行时学习获得的个体历史最优学习,其构成方式分为两类。其一:$I_{ibest}^{bt} = I_{ibest}^{b(t-1)}$,即以前个体历史最优$I_{ibest}^{bt}$由前$t-1$次Maxiter代个体历史最优构成;其二:$I_{ibest}^{bt} = I_{ibest}^{b1} \bigcup I_{ibest}^{b2} \bigcup \cdots \bigcup I_{ibest}^{b(t-1)}$,即以前学子个体历史最优$I_{ibest}^{bt}$由前$t$次Maxiter代个体历史最优按照百分比$\mu_t$随机选择构成。本书分别设其为$\frac{1}{t}$,即算法运行到第$t$次时,以前个体历史最优$I_{ibest}^{bt}$的构成中,每次的个体历史最优随机选择且均占学子集

体规模 Ps 的百分之 $\frac{1}{t}$,也可选择其他值。它的主要学习模式、参数、各学子集体代表的含义和 cIcGbG～LA 类似。

2.6.5 cIcGbIbG～LA

在整数编码的新型学习算法中,若学子们向当前学子个体历史最优 I^c_{ibest}、当前学习获得的全局最优 G^c_{gbest}、以前 t 次运行时学子个体历史最优 I^{bt}_{ibest}、以前 t 次运行时学习获得的全局最优 G^b_{gbest} 学习时,称该学习算法为 cIcGbIbG～Learning Algorithm,简称"cIcGbIbG～LA"。下面详细介绍 cIcGbIbG～LA 学习方式,且根据以前 t 次运行时学习获得的全局最优 G^c_{gbest}、以前 t 次运行时学子个体历史最优 I^{bt}_{ibest} 的构成方式不同,其递推方程如下。

2.6.5.1 仅向优 cIcGbIbG 学型～LA 递推方程

仅向优 cIcGbIbG 学型～LA 是学子们仅向当前学子个体历史最优、当前学习获得的全局最优、以前 t 次运行时学子个体历史最优、以前 t 次运行时学习获得的全局最优学习。它根据以前 t 次运行时学子个体历史最优 I^{bt}_{ibest}、以前 t 次运行时学习获得的全局最优 G^b_{gbest} 构成方式不同,组合的递推方程有:

(1) 以前学子个体历史最优 $I^{bt}_{ibest}=(i^{bt}_{i1},i^{bt}_{i2},\cdots,i^{bt}_{iD})$ 由前 $t-1$ 次 Maxiter 代个体历史最优构成;以前全局最优 $G^b_{gbest}=(g^b_1,g^b_2,\cdots,g^b_D)$ 由前 $t-1$ 次 Maxiter 代个体历史最优构成:

$$X^{cI}_i(k) = X_i(k) \oplus I^c_{ibest}(k) \qquad (2.24)$$

$$X^{cG}_i(k) = X_i(k) \oplus G^c_{gbest}(k) \qquad (2.25)$$

$$X^{bI}_i(k) = X_i(k) \oplus I^{bt}_{ibest} \qquad (2.26)$$

$$X^{bG}_i(k) = X_i(k) \oplus G^{bt}_{gbest} \qquad (2.27)$$

$$X_i(k+1) = X^{cI}_i(k) \cap X^{cG}_i(k) \cap X^{bI}_i(k) \cap X^{bG}_i(k) \qquad (2.28)$$

$$I^{bt}_{ibest} = I^{b(t-1)}_{ibest} \qquad (2.29)$$

$$G^{bt}_{gbest} = G^{b(t-1)}_{gbest} \qquad (2.30)$$

在(2.26)中,X^{bI}_i 的构成方式和(2.4)、(2.24)类似。在(2.28)中,$\cap$ 是学子集体选优符号,类似(2.5)也具有以下 3 种选优方法:① 用 $X^{cI}_i(k)$,$X^{cG}_i(k)$,$X^{bI}_i(k)$,$X^{bG}_i(k)$ 中所有学子组成一个 $4*Ps$ 行的矩阵,根据适应值从优到次排序,选出前 Ps 个学子作为下一代 $X_i(k+1)$;② 将 $X^{cI}_i(k)$,$X^{cG}_i(k)$,$X^{bI}_i(k)$,$X^{bG}_i(k)$ "四四"一一比较,选出其中最优的作为学子集体下一代的一个学子,共"四四"比较 Ps 次,选出下一代学子集体 $X_i(k+1)$;③ 将 $X^{cI}_i(k)$,$X^{cG}_i(k)$,$X^{bI}_i(k)$,$X^{bG}_i(k)$ 中的学子,分别以比例 τ_{cI},τ_{cG},τ_{bI},τ_{bG} 随机选择,构成下一代学子集体 $X_i(k+1)$,其中 $\tau_{cI}+\tau_{cG}+\tau_{bI}+\tau_{bG}=1$,且一般情况下 $\tau_{cI}+\tau_{cG}>\tau_{bI}+\tau_{bG}$。

(2) 以前学子个体历史最优 $I^{bt}_{ibest}=(i^{bt}_{i1},i^{bt}_{i2},\cdots,i^{bt}_{iD})$ 由前 $t-1$ 次 Maxiter 代个体历史最优构成;以前全局最优 $G^b_{gbest}=(g^b_1,g^b_2,\cdots,g^b_D)$ 由前 $t-1$ 次 Maxiter 代全局最优按照百分比 λ_t 合并构成。该算法的递推方程中,以前学子个体历史最优构成为 $I^{bt}_{ibest}=I^{b(t-1)}_{ibest}$;以前全局最优构成为 $G^{bt}_{gbest}=G^{b1}_{gbest}\cup G^{b2}_{gbest}\cup\cdots\cup G^{b(t-1)}_{gbest}$,其他学习及选优方法策略、递推方程和(2.24)

~(2.28)一样。

根据以前学子个体历史最优构成、以前全局最优构成的不同,也有其他两种递推方程,原理类似。

2.6.5.2 泛学 cIcGbIbG 型~LA 递推方程

泛学 cIcGbIbG 型~LA 是学子们不但向当前学子个体历史最优、当前学习获得的全局最优、以前 t 次运行时学子个体历史最优、以前 t 次运行时学习获得的全局最优学习,而且适度的自学和引入系统外新知识。向 cI、cG、bI、bG 学习和自学的递推方程如下:

$$X_i^{cI}(k) = X_i(k) \oplus I_{ibest}^c(k) \tag{2.31}$$

$$X_i^{cG}(k) = X_i(k) \oplus G_{gbest}^c(k) \tag{2.32}$$

$$X_i^{bI}(k) = X_i(k) \oplus I_{ibest}^{bt} \tag{2.33}$$

$$X_i^{bG}(k) = X_i(k) \oplus G_{gbest}^{bt} \tag{2.34}$$

$$X_i^*(k+1) = X_i^{cI}(k) \cap X_i^{cG}(k) \cap X_i^{bI}(k) \cap X_i^{bG}(k) \tag{2.35}$$

$$X_i(k+1) = S_\delta(X_i^*(k+1)) \cup N_\phi(X) \cup X_i^*(k+1) \tag{2.36}$$

(2.35)式中的 $\cap$ 是学子集体选优符号,也具有 3 种选优方法,类似(2.28)。(2.36)和(2.22)类似。同样,根据以前 t 次运行时学子个体历史最优 I_{ibest}^{bt}、以前 t 次运行时学习获得的全局最优 G_{gbest}^b 构成方式不同,它们和(2.31)~(2.36)共同组成 4 种不同的递推方程。其他式的含义和该算法的相关参数、学习模式、不同学子集体代表的意义类似(2.24)~(2.28)。

2.6.6 cIcGcLbL~LA

在整数编码的新型学习算法中,若学子们向当前学子个体历史最优 I_{ibest}^c、当前学习获得的全局最优 G_{gbest}^c、本次运行学子集体局部最优 L_{lbest}^c、以前 t 次运行时学子集体局部最优 L_{lbest}^{bt} 学习时,称该学习算法为 cIcGcLbL ~ Learning Algorithm,简称"cIcGcLbL~LA"。cIcGcLbL~LA 也主要分为仅向优 cIcGcLbL 学型~LA,泛学 cIcGcLbL~LA。每种算法根据本次运行学子集体局部最优 L_{lbest}^c、以前 t 次运行时学子集体局部最优 L_{lbest}^{bt} 构成不同,各可组成 4 种递推方程。

本次运行学子集体局部最优 L_{lbest}^c 的构成方式有两类:① 本代学子集体局部最优全部由前一代学子集体局部最优构成,即 $L_{lbest}^c(k) = L_{lbest}^c(k-1)$;② 本代学子集体局部最优由前 $k-1$ 代学子集体局部最优按照比例构成。为了简单起见,即随机选择 $L_{lbest}^c(k-2)$ 百分之 φ 个学子,用 $k-1$ 代的局部最优替代,形成新的 $L_{lbest}^c(k)$。以前运行学子集体局部最优 L_{lbest}^{bt} 的构成方式有 3 类:① 以前运行学子集体局部最优由前一次 Maxiter 代学子集体局部最优构成,即 $L_{lbest}^{bt} = L_{lbest}^{b(t-1)}$;② 以前运行学子集体局部最优由前 $t-1$ 次 Maxiter 代学子集体最优按照比例 v_t 随机构成,即 $L_{lbest}^{bt} = \underset{v_1}{L_{lbest}^{b1}} \cup \underset{v_2}{L_{lbest}^{b2}} \cup \cdots \cup \underset{v_{t-1}}{L_{lbest}^{b(t-1)}}$,其中 $v_1 + v_2 + \cdots + v_{t-1} = 1$。本书采用的比例为 $v_1 = v_2 = \cdots = v_{k-1} = \dfrac{1}{t-1}$。该学习型算法递推方程的含义、相关参数、学习模式等类似 cIcGbIbG~LA。

2.6.7　cIcGbIbGcLbL～LA

在整数编码的新型学习算法中,若学子们向当前学子个体历史最优 I_{ibest}^c、当前学习获得的全局最优 G_{gbest}^c、以前 t 次运行时学子个体历史最优 I_{ibest}^{bt}、以前 t 次运行时学习获得的全局最优 G_{gbest}^b、本次运行学子集体局部最优 L_{lbest}^c、以前 t 次运行时学子集体局部最优 L_{lbest}^{bt} 学习时,称该学习算法为 cIcGbIbGcLbL～Learning Algorithm,简称"cIcGbIbGcLbL～LA"。下面详细介绍 cIcGbIbGcLbL～LA 学习方式,且根据以前 t 次运行时学子个体历史最优 I_{ibest}^{bt}、以前 t 次运行时学习获得的全局最优 G_{gbest}^c、本次运行学子集体局部最优 L_{lbest}^c、以前 t 次运行时学子集体局部最优 L_{lbest}^{bt} 的构成方式不同,其递推方程如下。

2.6.7.1　仅向优 cIcGbIbGcLbL 学型～LA 递推方程

仅向优 cIcGbIbGcLbL 学型～LA 是学子们仅向当前学子个体历史最优、当前学习获得的全局最优、以前 t 次运行时学子个体历史最优、以前 t 次运行时学习获得的全局最优、本次运行学子集体局部最优、以前 t 次运行时学子集体局部最优学习。它根据以前 t 次运行时学子个体历史最优、以前 t 次运行时学习获得的全局最优、本次运行学子集体局部最优、以前 t 次运行时学子集体局部最优构成方式不同,组合的递推方程有:

(1) 以前学子个体历史最优由前 $t-1$ 次 Maxiter 代个体历史最优构成;以前全局最优由前 $t-1$ 次 Maxiter 代个体历史最优构成;本代学子集体局部最优全部由前一代学子集体局部最优构成;以前运行学子集体局部最优由前一次 Maxiter 代学子集体局部最优构成:

$$X_i^{cI}(k) = X_i(k) \bigoplus I_{ibest}^c(k) \quad (2.37)$$

$$X_i^{cG}(k) = X_i(k) \bigoplus G_{gbest}^c(k) \quad (2.38)$$

$$X_i^{bI}(k) = X_i(k) \bigoplus I_{ibest}^{bt} \quad (2.39)$$

$$X_i^{tG}(k) = X_i(k) \bigoplus G_{gbest}^{bt} \quad (2.40)$$

$$X_i^{cL}(k) = X_i(k) \bigoplus L_{lbest}^c(k) \quad (2.41)$$

$$X_i^{bL}(k) = X_i(k) \bigoplus L_{lbest}^{bt} \quad (2.42)$$

$$X_i(k+1) = X_i^{cI}(k) \bigcap X_i^{cG}(k) \bigcap X_i^{bI}(k) \bigcap X_i^{tG}(k) \bigcap X_i^{cL}(k) \bigcap X_i^{bL}(k) \quad (2.43)$$

$$I_{ibest}^{bt} = I_{ibest}^{b(t-1)} \quad (2.44)$$

$$G_{gbest}^{bt} = G_{gbest}^{b(t-1)} \quad (2.45)$$

$$L_{lbest}^c(k) = L_{lbest}^c(k-1) \quad (2.46)$$

$$L_{lbest}^{bt} = L_{lbest}^{b(t-1)} \quad (2.47)$$

在(2.43)中,$\bigcap$ 是学子集体选优符号,它具有以下 3 种选优方法:① 用 $X_i^{cI}(k)$、$X_i^{cG}(k)$、$X_i^{bI}(k)$、$X_i^{tG}(k)$、$X_i^{cL}(k)$、$X_i^{bL}(k)$ 中所有学子组成一个 $6*Ps$ 行的矩阵,根据适应值从优到次排序,选出前 Ps 个学子作为下一代 $X_i(k+1)$;② 将 $X_i^{cI}(k)$、$X_i^{cG}(k)$、$X_i^{bI}(k)$、$X_i^{tG}(k)$、$X_i^{cL}(k)$、$X_i^{bL}(k)$ "六六"一一比较,选出其中最优的作为学子集体下一代的一个学子,共"六六"比较 Ps 次,选出下一代学子集体 $X_i(k+1)$;③ 将 $X_i^{cI}(k)$、$X_i^{cG}(k)$、$X_i^{bI}(k)$、$X_i^{bG}(k)$、$X_i^{cL}(k)$、$X_i^{bL}(k)$ 中的学子,分别以比例 τ_{cI}、τ_{cG}、τ_{bI}、τ_{bG}、τ_{cL}、τ_{bL} 随机选择,构成下一代学子集体 $X_i(k+$

1),其中 $\tau_{cI}+\tau_{cG}+\tau_{bI}+\tau_{tG}+\tau_{cL}+\tau_{bL}=1$,且一般情况下 $\tau_{cI}+\tau_{cG}+\tau_{cL}>\tau_{bI}+\tau_{tG}+\tau_{bL}$。

(2) 以前学子个体历史最优 I_{ibest}^{bt} 由前 t 次 Maxiter 代个体历史最优按照百分比 μ_t 随机选择构成,即 $I_{ibest}^{bt}=I_{ibest}^{b1}\bigcup I_{ibest}^{b2}\bigcup\cdots\bigcup I_{ibest}^{b(t-1)}$;以前全局最优 G_{gbest}^{b} 由前 $t-1$ 次 Maxiter 代全局最优按照百分比 λ_t 合并构成;即 $G_{gbest}^{bt}=G_{gbest}^{b1}\bigcup G_{gbest}^{b2}\bigcup\cdots\bigcup G_{gbest}^{b(t-1)}$;本代学子集体局部最优 $L_{lbest}^{c}(k)$ 由前 $k-1$ 代学子集体局部最优按照比例构成,即 $L_{lbest}^{c}=L_{lbest}^{1}(1)\bigcup L_{lbest}^{2}(2)\bigcup\cdots\bigcup L_{lbest}^{c}(k-1)$;以前运行学子集体局部最优 L_{lbest}^{bt} 由前 $t-1$ 次 Maxiter 代学子集体局部最优按照比例 v_t 构成,即 $L_{lbest}^{bt}=L_{lbest}^{b1}\underset{v_1}{\bigcup}L_{lbest}^{b2}\underset{v_2}{\bigcup}\cdots\underset{v_{t-1}}{\bigcup}L_{lbest}^{b(t-1)}$。那么根据学习对象各自构成方式不同,可组成其他 12 种递推方程。

2.6.7.2 泛学 cIcGbIbGcLbL 型~LA 递推方程

泛学 cIcGbIbGcLbL 型~LA 是学子们不但向当前学子个体历史最优、当前学习获得的全局最优、以前 t 次运行时学子个体历史最优、以前 t 次运行时学习获得的全局最优、本次运行学子集体局部最优、以前 t 次运行时学子集体局部最优学习,而且适度的自学和引入系统外新知识。向 cI、cG、bI、bG、cL、bL 各自学习和自学的递推方程如下:

$$X_i^{cI}(k) = X_i(k) \oplus I_{ibest}^{c}(k) \tag{2.48}$$

$$X_i^{cG}(k) = X_i(k) \oplus G_{gbest}^{c}(k) \tag{2.49}$$

$$X_i^{bI}(k) = X_i(k) \oplus I_{ibest}^{bt} \tag{2.50}$$

$$X_i^{tG}(k) = X_i(k) \oplus G_{gbest}^{bt} \tag{2.51}$$

$$X_i^{cL}(k) = X_i(k) \oplus L_{lbest}^{c}(k) \tag{2.52}$$

$$X_i^{bL}(k) = X_i(k) \oplus L_{lbest}^{bt} \tag{2.53}$$

$$X_i(k+1) = X_i^{cI}(k) \bigcap X_i^{cG}(k) \bigcap X_i^{bI}(k) \bigcap X_i^{tG}(k) \bigcap X_i^{cL}(k) \bigcap X_i^{bL}(k) \tag{2.54}$$

$$X_i(k+1) = S_\delta(X_i^*(k+1)) \bigcup N_\phi(X) \bigcup X_i^*(k+1) \tag{2.55}$$

同样,根据以前 t 次运行时学子个体历史最优 I_{ibest}^{bt}、以前 t 次运行时学习获得的全局最优 G_{gbest}^{b}、本代学子集体局部最优 $L_{lbest}^{c}(k)$;以前 t 次运行学子集体局部最优 L_{lbest}^{bt} 构成方式不同,它们和(2.48)~(2.55)共同组成 16 种不同的泛学 cIcGbIbGcLbL 型~LA 递推方程。

2.6.8 cIcG~LA

在学习算法中,学子们向当前学子个体历史最优 I_{ibest}^{c}、当前学习获得的全局最优 G_{gbest}^{c} 学习,该算法简称为 cIcG~LA,其递推方程如下:

$$X_i^{cI}(k) = X_i(k) \oplus I_{ibest}^{c}(k) \tag{2.56}$$

$$X_i^{cG}(k) = X_i(k) \oplus G_{gbest}^{c}(k) \tag{2.57}$$

$$X_i(k+1) = X_i^{cI}(k) \bigcap X_i^{cG}(k) \tag{2.58}$$

在(2.56)、(2.57)和(2.58)式中,$\bigcap$ 是学子群选优符号,即两两相比,选出其中的最优作为学子群下一代的知识。迭代终止条件根据具体问题一般选为最大迭代次数或(和)学子群迄今为止搜索到的最优知识满足预定最小适应阈值。

2.6.9 其他型 LA

cIcG～LA 演化的泛学型算法作者在文献[13]中做了详细介绍。在文献[13]中介绍的接受"异端型"其实是泛学型的一个学习对象,本书将自学和接受异端型同时纳入一个递推方程中,其学习更具多样性,搜索效率更高。

除了本书及文献[13]论述的新型学习算法外,还有以下几种:① 向当前学子个体历史最优 I_{ibest}^c、当前学习获得的全局最优 G_{gbest}^c,以前 t 次运行时学子集体局部最优 L_{gbest}^{bt} 学习的 cIcGbL～LA;② 向当前学子个体历史最优 I_{ibest}^c、当前学习获得的全局最优 G_{gbest}^c,本次运行学子集体局部最优 L_{ibest}^c、以前 t 次运行时学子个体历史最优 I_{ibest}^{bt} 学习的 cIcGcLbI～LA;③ 向当前学子个体历史最优 I_{ibest}^c、当前学习获得的全局最优 G_{gbest}^c,以前 t 次运行时学习获得的全局最优 G_{gbest}^b,本次运行学子集体局部最优 L_{ibest}^c 学习的 cIcGcLbG～LA;还有如 ④ cIcGbLbI～LA;⑤ cIcGbLbG～LA;⑥ cIcGcLbIbG～LA;⑦ cIcGbLbIbG～LA;⑧ cIcGcLbLbI～LA;⑨ cIcGcLbLbG～LA。特别要说明的是,在整个学习过程中,每代都要向 cI 和 cG 学习。若向 cI 或 cG 其中之一,再结合向 cL,bL,bI,bG 中的某些学习,其效率大打折扣。应该是同时向 cI 和 cG,再结合向 cL,bL,bI,bG 中的某些或者全部学习,其学习效率更明显。在以上各种类型的学习算法中,其具体结合方式、递推方程原理、相关参数设置等类似已经详细描述的学习算法,可参考运用。另外,构成各学习对象的百分比对算法的效率有很大影响,需更进一步深入研究。

2.6.10 新型 LA 的 0—1 编码

为了优化制造业产能负荷平衡问题,本书提出了一种应用于新型 LA 的 0—1 编码。就是其编码只能是由 0、1 组成。其应用于如解决背包问题、生产任务分配问题时用 0—1 编码。

0—1 编码:以 N 个生产订单需要加工为例。首先将 N 个生产订单分为必需自制 $N1$、可自制可外协 $N2$、必需外协 $N3$ 三类。随机产生下面序列[13]:

$$se(sequence) = [\underbrace{1,0,\cdots,0,1,0}_{N2}] \quad (2.59)$$

在(2.59)的序列中,数字 0、1 出现的位置表示生产订单序号,0、1 分别表示该生产订单外协或自制。

本书提出的各种 LA 递推方程也适合应用其他如自然数编码、字符编码、混合编码等其他形式,关于自然数编码下章详细介绍。

2.6.11 新型 LA 学习策略

新型学习算法递推过程中,主要应用了互学、自学两种策略。它们解决的实际问题不同,则编码方法不同,其互学、自学策略方法不同。它们应用于优化 FSSP、JSSP 时,具体学习策略下章详细介绍。关于泛学中引入系统外新知识的方法是,重新随机产生一个新学子或者少量引入异端,即引入适应值较差的学子,使其促进避免算法快速陷入局部最优。模型(2.1)核心是所选订单工序加工耗时间尽量接近自制的工序产能。该模型的约束主要是满足交货期,它适合某一个时间窗口交货期的订单选制,主计划制定。本书提出 0—1 编码、针对新编码的学习算子及用 LAOE~IG 优化该模型,针对优化制造业产能负荷平衡问题时,本书提出详细互学、自学策略、操作步骤,下面以 12 种订单为例,介绍互相学习及自学习的具体操作。

(1) 互相学习算子操作

一、二段学习(H1、H2):随机选择两个小于订单数 n 的学习点,将学长①学习点内的工件对应复制到半学弟,然后将学长②对应学习点外的订单复制,和半学弟一起构成新学弟。其学习操作分别如图 2.9(a)、图 2.9(b)所示,学习段是画线的订单。多段互学习操作类似,在此不再赘言。

(2) 自学习算子操作

一、二段移动插入学习(Z1、Z2):随机选择两/四个小于订单数 n 的移动学习点及一/两个插入点,将学长学习段内的工件移动插入到自身插入点后,即完成了自学习过程。其学习

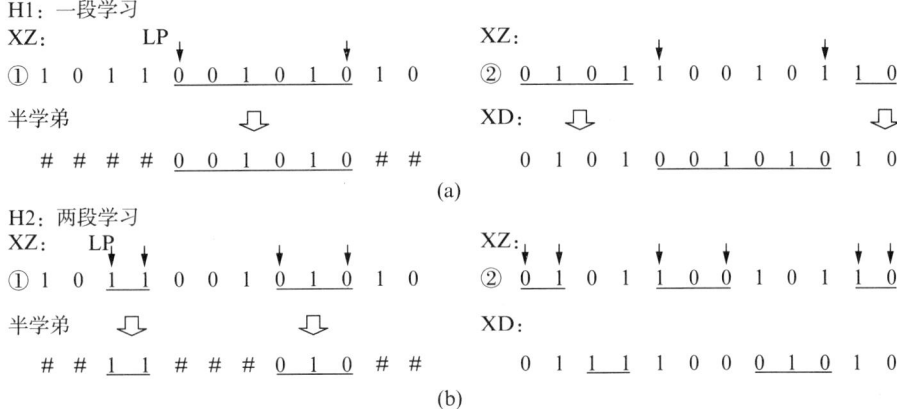

图 2.9 LA 优化拣选订单互相学习操作

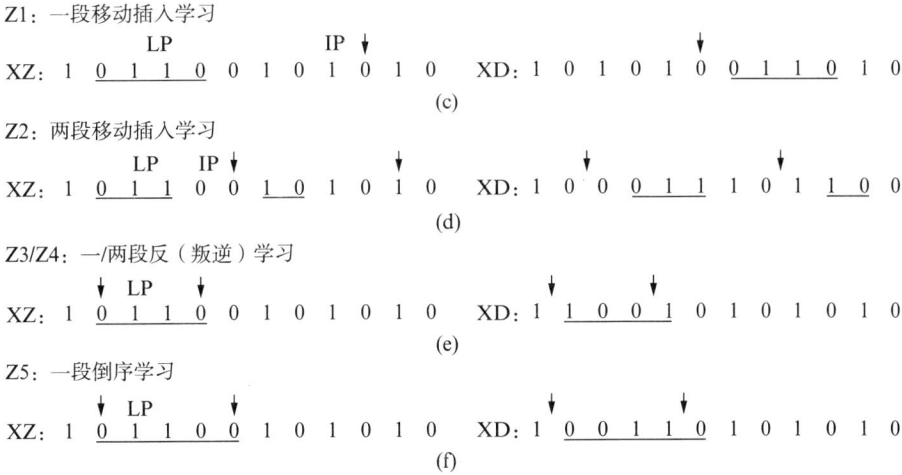

图 2.10 LA 优化拣选订单自学习操作

注:在图 2.9、图 2.10 中,XZ、XD、LP 分别代表学长、学弟和学习段,2.9 中 IP 表示自学习插入点。

操作分别如图 2.10(c)所示,学习段是画线的订单。

一/二段反(叛逆)学习(Z3、Z4):随机选择两/四个小于订单数 n 的叛逆学习点(学习段),将学长学习段内的订单相反选择,即 0 变为 1,1 变为 0,即完成了自学习过程,其学习操作分别如图 2.10(d)、图 2.10(e)所示,学习段是画线的订单。

一段倒序学习(Z5):随机选择两个小于订单数 n 的倒序学习点(学习段),将学长学习段内的订单倒排即完成了自学习过程,其学习操作分别如图 2.10(f)所示,学习段是画线的订单。

在上面自学习过程中,多段移动插入、多段反学习、多段倒序学习的算子操作类似一、二段的,在此不再赘言。

2.6.12 新型 LA 伪代码

新型学习算法除了传递和共享当前学子个体历史最优信息、当前学习获得的全局最优外,还传递共享以前 t 次运行时学子个体历史最优、以前 t 次运行时学习获得的全局最优等信息。下面以仅向优 cIcGbG 学型~LA 算法更新粒子 i 知识为例,介绍新型学习算法学子学习过程的伪代码:

FOR 运行次数从 1 到 t(t 一般是 10)
 Step 1:设置相关参数。如学子集体规模:SCS;最大学习代数:MLG
 Step 2:初始化
  ◆ 随机产生初始学子集体 $X(1)$
  ◆ 计算学子集体中每位学子的适应值
  ◆ 随机产生初始个体最好学子集体 $I_{ibest}^{c}(1)$
  ◆ 用初始学子集体 $X(1)$ 中最好的学子初始化全局最好学子集体 $G_{gbest}^{c}(1)$
  ◆ $k:=0$
 Step 3:新型学习算法学子学习过程
  WHILE(当前迭代代数 k 小于算法运行停止代数 MLG)
  {
   ◆ $k:=k+1$
   ◆ 用方程(2.2)~(2.5)或(2.12)~(2.16)产生下一代学子集体 $X(k)$
   ◆ 更新各学子集体知识
    {◇ 计算学子集体中每个学子的适应值
    ◇ 通过比较 $I_{ibest}^{c}(k-1)$ 和 $I_{ibest}^{c}(k)$ 的适应值,更新 $I_{ibest}^{c}(k)$
    ◇ 通过比较 $G_{gbest}^{c}(k-1)$ 和 $G_{gbest}^{c}(k)$ 的适应值,更新 $G_{gbest}^{c}(k)$}
  }
  $t:=t+1$
 Step 4:用(2.6)或(2.11)更新前次学子集体全局最优 G_{gbest}^{bt}
END
 输出全局最优学子及其适应值

2.6.13　cIcG～LA 在制造业中产能负荷平衡的应用测试

生产计划制定时,可以使用前面提供的方法,将订单直接倒序试排至设备或者工作中心。但这种方法对算法要求非常高,并且对生产现场的变化相应速度较慢。实际的车间业务过程比较复杂,生产环境相关的各种因素经常发生变化,各种不确定性的事件经常发生等,使得生产部计划不确定,导致车间生产调度问题更加复杂。前面已经分析了制造业生产组织模式存在的问题,作者提出基于产能的计划制定模式,把订单下达至车间或者生产中心,具体排产调度由车间自己用算法根据生产现场实际再优化,该方法称为拣选后直接下达到工作中心的计划模拟给出了优化模式,其关键技术是经过科学计算,然后对生产任务进行自制与外协加工分流。核心是生产组织部门的计划科学,起到真正的"防洪抗旱"的作用。为了图示直观和介绍方便,下面用实际例子进行仿真,以说明新型学习算法优化产能负荷平衡模型(2.1)的可靠性与可行性。

例 2.1:有 30 种订单,每个订单需要加工 1 个,各订单有 5 道序,它们处于同一个交期窗口;自制各工序的产能为 $N=[563,457,382,580,377]$,工件 j 的工序在机器 i 上加工需要的时间为 T_{ij},详细如下:
{138,102,104,76,169,149,102,41,49,83,80,49,162,32,124,40,155,32,110,140,88,91,41,55,81,123,28,137,88,121};{131,86,85,160,24,132,64,97,63,102,104,108,116,76,155,92,118,148,30,53,52,151,25,34,158,45,127,26,104,124};{97,68,143,120,107,62,70,48,31,147,59,21,41,71,145,100,133,74,178,29,101,112,76,99,115,134,140,129,23,117};{143,117,85,69,127,122,45,93,61,12,151,64,98,68,139,52,107,69,113,156,26,143,135,45,59,99,170,21,45,156};{117,81,100,137,106,31,35,148,135,153,100,92,151,133,140,119,59,148,34,24,51,53,28,69,107,71,124,82,75,87}。

根据以上要求,如何制定外协与自制策略,使自己的产能负荷尽量大(即工时产出)最大?

用前文提出的 cIcG～LA 对例(2.1)进行仿真,用算法优化最优外协与自制分配过程的收敛图如下:

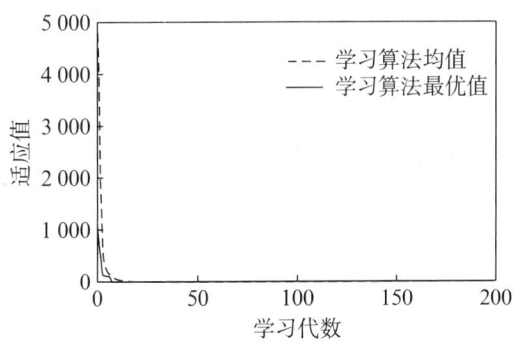

图 2.11　LA 优化例 3.2 最优外协与自制分配收敛图

根据算法运行结果,自制外协分配数组为[0 0 1 0 0 1 0 0 1 0 0 0 0 0 0 0 0 0 0 1 0 0 0 0 0 0 0 0 0 1],即自制订单 3,6,9,20,30,其他的全部外协。该自制外协分配正好满足自制产能,即模型(2.1)的解为0。从图2.11中可以发现,cIcG～LA 用于优化拣选后直接下达到工作中心计划模型是可行有效的,并且收敛速度也比较快。

2.7 加工订单在各生产执行部门停留时间分解模型

生产部通过利用新型学习算法优化模型(2.1),对加工订单自制与外协优化拣选后直接下达到工作中心或车间,工作中心或车间可以灵活调度生产,从而实现生产资源优化使用。为了使生产计划更有执行力及可操作性,作者提出生产部下达订单的工序在各车间时间详细分解技术,给出订单在各车间的转运时间节点(交期),从而生产管理实现精准化。为了建模方便,相关假设如下:

订单的工序加工时间:工件在加工设备上的装卸时间、刀具调整时间与工件的加工时间之和,记为 t_{ij},i 为订单,$j(j=1,2,\cdots,s)$ 为工序,不妨设有 s 道工序;

订单的生产总流通时间:生产部从下单的时刻开始,到计划交期的时间段,即订单下达时间——计划交期,记为 T_i,i 为订单;

订单的车间相互转运耗时:订单从一个车间的工作中心转运至下一个车间的工作中心时所耗费时间。为了计算方便和实际需要,车间内的转运耗时不计;

订单在各车间停留总时间:不妨记为 C_{ik},i 为订单,k 为车间,加工订单在各车间转运交期模型(各车间停留时间分解)如下:

$$C_{ik} = O + T_i * \frac{t_{ij}}{\sum_{j=1}^{s} t_{ij}} + Y \tag{2.60}$$

在模型(2.60)中,O 表示当前时刻。若车间只白班转运,当工件完工时刻是在0～8时,或者20～24时,可以设定在该车间呆的时间再延长1日,若转出的接收时刻是节假日或礼拜天,则顺势延长到假期结束后再转运(特殊情况例外),即 Y 表示转运延迟时间。上道工序停留延长了多长时间,下道则压缩多长时间。

例2.2:假设K公司有三个车间,在某月10日10时接到2个生产订单,其加工顺序、加工需要时间及工序处理所在车间分别如表2.1所示。该公司是24小时加工及转运。那么生产部下达订单后,要求各车间在什么时间流转,才能做到科学合理,化解订单拖期和各车间相互推诿扯皮?

表 2.1 加工订单的 BOM 属性及交期

订单	车间 A		车间 B					车间 C		交期
	下料	铆焊	车	铣	刨	镗	钻	磨	漆	
$d1$	1,20	2,50	3,80		5,40	6,30	4,20	7,50	8,60	12号10时
$d2$		1,40	2,70	4,80	3,45	5,90		6,65		14号12时

注:在表2.1中,数字 n,m 分别表示各订单第 n 道工序及该工序加工所需要的时间(单位为分钟);表格内为空的表示不加工该工序。

采用本书提出的生产订单在车间停留时间分解模型(1),计算各订单转运时间如下:

$$T_i * \frac{t_{ij}}{\sum_{j=1}^{s} t_{ij}} = (12-10)*24*60*\frac{20+50}{20+50+80+40+30+20+50+60} = 2880*\frac{70}{350} = 576,$$

$C_{1铆}=10$ 号 10 时 $+576/60$ 时 $=10$ 号 19 时 36 分。

故,车间 A 必须在 10 号 19 时 36 分将工件 $d1$ 转运后工序的车间 B,否则属于拖期。同理可以计算出各工件在各车间的转运时刻,在此不再累赘计算。

为了说明方便,上例问题设计较简单,其实生产实际中在某一时刻接收到的订单成百上千,有的工件需几十道工序,则必须依靠软件系统自动化科学设置转运时间,并迅速查出拖期订单。

第3章 制造业的生产计划控制

3.1 引　　言

大型装备产品的制造是典型的多品种、少批量制造,其巨大的工程量和复杂的产品结构使得建造过程需要消耗和整合大量的制造资源,整个管控体系错综复杂,这便导致了一般的项目进度计划方法很难适应复杂制造。在制造业范畴,生产调度问题是与计划问题密切相关的。工艺计划是为实现某些生产目标,在满足一系列领域约束的前提下,对活动集合进行选择和排序,以实现上述生产目标的过程。要使制造业的小日程计划即生产调度准确,前提是大日程生产计划合理,下达的生产任务符合产能。有建立在产能负荷平衡基础上的计划,调度优化才是可行的,由基于有限生产资源的生产计划控制拉动整个生产组织体系,使其按质、按期均衡生产与交货。

3.2 制造业生产计划控制过程

制造业生产过程非常复杂,科学管控存在很大难度。目前,中国大部分制造业的生产组织模式基于经验,优化技术真正应用于生产实际的较少。为了基于有限资源的约束,更好地利用计算机技术编制生产计划与调度优化,使计划编制更准确、更科学有效,本书提出制造业的生产计划控制过程如下:

上图说明生产主计划的制定,基于有限生产资源的生产任务自制与外协分配,优化排程是制造业生产过程科学管控的关键,也是难点。本章将逐一分析其流程,并给出各自的实现策略和优化方法。

3.3 制造业生产计划制定模型

3.3.1 生产计划制定分析

公司的管理计划一般分为三年滚动计划、年度计划、各产品大日程计划、双月滚动计划。生产执行计划一般分为部门月度生产计划、周生产计划和班组作业计划(MES中制定)。具体如下:

(1) 三年滚动计划:快速汇总和生成公司最高级别的生产策划和计划,该计划由企划部/生产管理部基于公司的核心制造资源、营销合同、公司总体经营计划安排等编制,是年度工作计划和开展相应工作的基础。

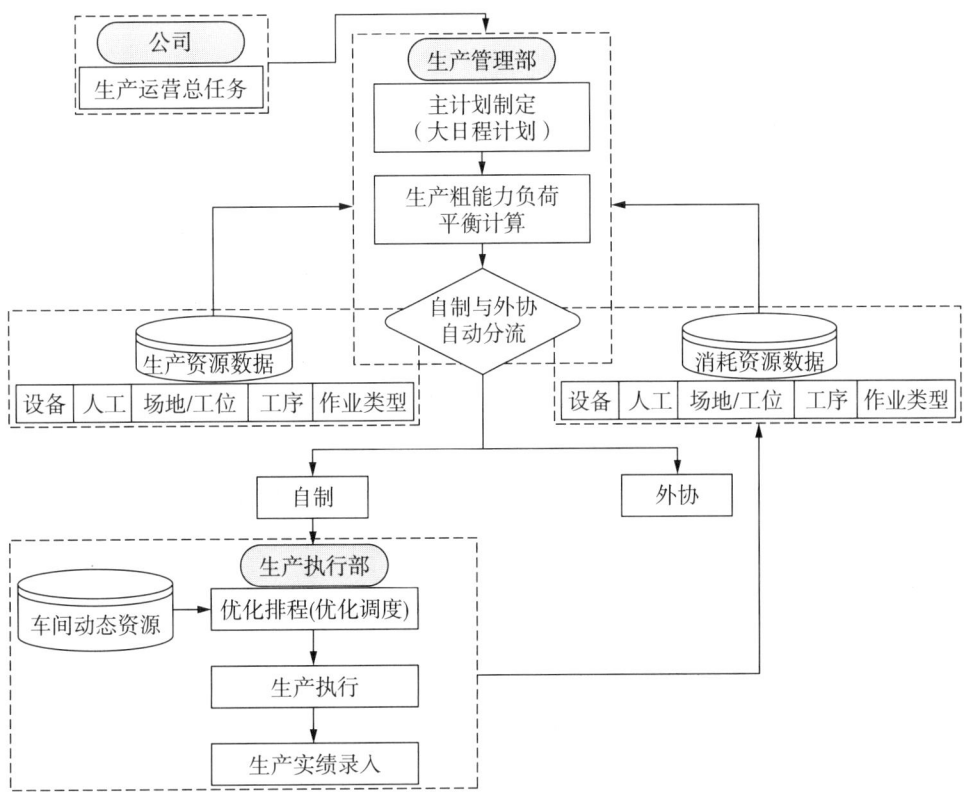

图 3.1 制造业的生产计划控制过程

(2) 年度生产计划：生产管理部基于装备制造企业三年生产经营计划,分解出本年度的生产任务,再依据各生产部门的主要生产资源及其负荷,进行统一协调平衡后制定年度生产计划。

(3) 总组集成网络计划：总组集成网络计划(装配成品主计划)是整个装备制造企业计划中最核心的计划之一,它拉动整个生产组织体系。科学有效的总组集成网络计划能有效提高制造资源的利用率,缩短建造周期,降低成本。总组集成网络的时间要素和资源之间本身存在相互制约和影响的关系,根据人工网络、场地安排可推算出所需人工设备数量及班次安排;根据人工设备数量及班次安排,可推算出总组集成核心场地占用时间,即网络可逆向推算出资源;可灵活地正/反向推算总组集成网络,可以某时间节点开始,正向计算出结束时间;同时,可以某时间节点结束,反向计算出必须开始时间,并自动给出总组集成的关键路径。关于总组集成网络计划制定的相关内容,后文将详细分析介绍。

(4) 各产品大中日程计划：包括批量划分、节点安排、下料加工、零件单元加工的计划安排等。生产管理部对同期产品平衡与协调,由总组集成倒推,编制出各中间产品完工计划与需求计划,即中间产品的中日程计划。设备纳期要求按照总体设备及材料、OEM 的设备等分类,明确其进厂时间(交期),并简要标注设备安装工序时机等。

(5) 双月滚动计划：根据年度生产计划节点、产品中日程计划分解的生产任务、企业内外当前的生产状况如车间资源的配置信息、设备状态信息和在制负荷等信息编制。双月滚动计划以 WP/WO 的形式滚动下发至执行部门,它是各制造、设计及生产部门开展具体工作的依据。

作为离散型制造典型代表的船舶建造,我国大部分造船厂目前在生产计划控制方面特别在总组集成网络计划中实施的是强制时间进度管理,即凭经验规定一些大、中节点后,强制要求项目的活动任务何时开工、何时完工,各活动任务之间没有基于制造资源的约束通过科学计算来表达他们之间逻辑关系与进度安排,很少定义资源的使用情况。这种计划管理因未通过计算机模拟计算,不可能优化计划,计划执行效果不佳。为了保证大的生产节点,造成不计成本的补救、加班加点,使得造船时而空闲,时而堵塞,效率低下,效益微薄。本书提出制造业总组集成网络自动化制定方案,即将总组集成工艺、工时、资源、经验参数等输入总组集成网络信息化系统,计算机快速制定出科学的总组集成网络计划,从而指导生产实际。

生产主计划制定非常关键,一方面需要满足产品事业部的装配需求,另一方面要求自制任务下达合适,不能严重超过负荷而引起拖期,也不能负荷不够导致设备与工人大量空闲。生产部主计划制定流程如图 3.2 所示。

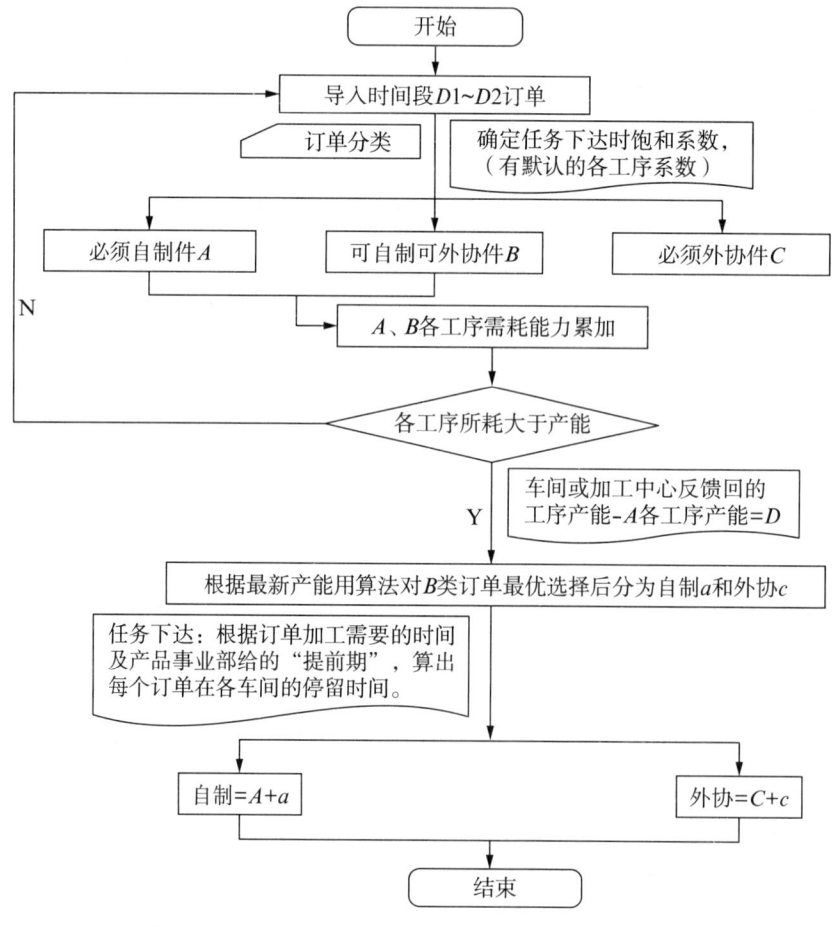

图 3.2　MES 生产主计划制定流程

3.3.2 总组集成计划网络自动化制定原理分析

3.3.2.1 中间件总组计划工期计算模型

总组集成时的前后顺序是工艺要求的,装配集成前基本确定了制作好的每个中间件的吊装时间以及吊装顺序,除非特殊情况下,不能改变工艺从而改变总组集成顺序。总组集成计划工期计算是基于资源约束、工艺确定的情况下,计算出主要设备、中间件总组集成计划和辅助件装配计划工期持续时间。本书针对生产实际的资源输入限制,提出按"场地限时"总组集成和按"设备&人"安排总组集成,每种总组集成方式分为正向计算和反向计算。为了表述方便,不妨将相关参数假设为:中间件 $B_i(i=1,2,\cdots,n)$ 总组需要消耗的总工时为 MH_i 小时,场地限时为 T_i(场地提供总组中间件 B_i 的时间)小时,总组中间件 B_i 每日安排的班次为 S_i 次($1 \leqslant S_i \leqslant 3$,每班 8 小时,每天最多三班次,最少 1 班次);总组中间件 B_i 每班安排人数为 p_i 人(这里为了方便,姑且认为工人为复合工种,都拥有总组所需技能,即绝大部分活儿都能干);总组中间件 B_i 计划工期(持续日期)为 D_i 天。那么,总组计划工期计算模型如下:

1) 按场地限时总组:因为生产场地现场的限制,某个中间件在某个区域总组用时 T_i 小时已知,每日安排的班次 S_i 次也确定,为了按工期完成总组任务,那么中间件总组计划工期需要的时间 D_i 天,每个班应该安排的人力 P_i 人计算模型如下(这里假设人力和设备数量等同,即有多少人力就有多少设备)。

① 中间件总组计划工期:

$$D_i = T_i/(S_i \times 8) \quad (i = 1,2,\cdots,n) \tag{3.1}$$

② 每班需要人数:

$$P_i = MH_i/T_i \quad (i = 1,2,\cdots,n) \tag{3.2}$$

2) 按设备&人总组:因为总组设备和人力的限制(这里假设人力和设备数量等同,即有多少人力就有多少设备),每个班安排的人力设备 P_i 人已知,每日安排的班次 S_i 次也确定,那么中间件总组计划工期需要的时间 D_i 天计算模型如下。

中间件总组计划工期:

$$D_i = MH_i/(S_i \times 8 \times P_i)(天) \quad (i = 1,2,\cdots,n) \tag{3.3}$$

$$D_i = MH_i/P_i(时) \quad (i = 1,2,\cdots,n) \tag{3.4}$$

本书提供了两种总组方式,生产制造部门可根据生产实际选择任何一种方式总组。按场地限时总组,可推算出按期总组完成所需要的人力设备资源数量;按设备和人总组,可计算出按照该资源总组,所要花费的工期。下面根据总组中间件工期计算的结果,推算总组集成计划网络。

3.3.2.2 总组集成网络计划时间计算模型

总组集成网络计划是以网络的形式,反映组成装备制造工程项目和作业的各项活动的先后顺序和相互关系。通过相应的计算,找出影响装备制造全局的关键活动和路线(流程),并利用时差和资源配置,不断改善网络计划,求得工期、资源等的最佳方案。本书提出正向与反向的方法推算总组集成网络计划。为了表述方便,不妨将相关参数假设为:中间件 $B_i(i=1,2,\cdots,n)$ 总组集成最早开始时间为 ES_i、最早结束时间为 EF_i、最晚开始时间为 LS_i、最晚结束时间为 LF_i;总时差为 TF_i、自由时差为 FF_i;B_i 的紧前中间件为 $B_j(j=1,2,\cdots,u)$,紧后中间件为 $B_k(k=1,2,\cdots,v)$,那么中间件 B_i 的总组集成计划时间计算模型如下。

1) 正向总组集成计划网络:输入整个总组集成开始时间,根据任务的最早开始时间,自前向后,正向(顺推出)所有任务的最早开始时间和最早结束时间,计算出整个总组集成网络的计划结束时间,推算出最早网络与最晚网络。

① B_i 中间件总组最早开始时间:

$$ES_i = \max(EF_j) \quad (i=1,2,\cdots,n, j=1,2,\cdots,u) \tag{3.5}$$

② B_i 中间件总组最早结束时间:

$$EF_i = ES_i + D_i \quad (i=1,2,\cdots,n) \tag{3.6}$$

2) 反向总组集成计划网络:输入整个总组集成结束时间,根据任务之间的相互关系,由后向前,逆推出所有任务的最晚开始时间和最晚结束时间,计算出整个网络的计划开始时间,推算出最早网络与最晚网络:

① B_i 中间件总组最晚结束时间:

$$LF_i = \min(LS_k) \quad (i=1,2,\cdots,n, k=1,2,\cdots,v) \tag{3.7}$$

② B_i 中间件总组最晚开始时间:

$$LS_i = LF_i - D_i \quad (i=1,2,\cdots,n) \tag{3.8}$$

3) 总组集成总时差:在不影响总组集成网络最终计划工期的前提下,B_i 中间件总组存在的机动时间:

$$TF_i = LS_i - ES_i \text{ 或 } TF_i = LF_i - EF_i \quad (i=1,2,\cdots,n) \tag{3.9}$$

4) 总组集成自由时差:在不影响紧后中间件总组最早开始时间的前提下,B_i 中间件总组存在的机动时间:

$$FF_i = \min(ES_k) - EF_i \quad (i=1,2,\cdots,n, k=1,2,\cdots,v) \tag{3.10}$$

5) 关键路径查询:在总组集成计划网络中,所花时间最长的线路称为关键线路,至少有一条。位于关键线路上的中间件称为关键中间件,当未规定要求完成工期时,且计划总工期等于计算总工期,则关键中间件判断条件为:

$$TF_i = 0 \quad (i=1,2,\cdots,n) \tag{3.11}$$

正向网络的开始总组集成时间是用户输入的,正向推算出最早网络,获得整个总组的结束时间,由计算得出的"后墙"逆推算出反向最晚网络;反向网络的结束总组时间是用户输入的,反向推算出最晚网络,获得整个总组的开始时间,然后顺推算出正向最早网络。上面给出了有多个紧前、紧后中间件的 B_i 网络计划推算方法,其他中间件同理可得。

在总组集成执行现场,若碰到不确定因素,影响了大节点完工的时间要求,可以启动总组工期压缩机制,所谓压缩工期是指对某些总组任务的工期进行压缩以保证整体能按期完成。影响整体工期的是关键路径,故只有对关键路径上的任务进行压缩,才能达到压缩工期的目的。任务工期的压缩需要投入相应的资源,比如某任务的压缩要求单位时间内投入更多的人力与设备。

3.3.2.3 总组集成计划网络推算伪代码

下面详细介绍按场地限时正向总组集成计划网络的算法实现伪代码。

Step 1:输入:总组中间件任务集合$\{B_i\}$的总工时 MH_i,场地限时 T_i,每日安排的班次为 S_i,各中间件的紧前中间件,不妨设中间件总数为 BN,开始总组集成时间为 SH;

Step 2:开始计算总组集成最早网络,即各中间件总组最早开始时间、最早结束时间;

```
n=1;
While(n<BN)
    i=1;
    For i=1:BN
        If B_i 是起始中间件
            ES_i=SH,EF_i=ES_i+D_i;
            n=n+1;
        Else if B_i 的所有紧前中间件 B_j 的最早开始时间已经计算出
            ES_i=max(EF_j)(j=1,2,…,u),EF_i=ES_i+D_i;
            n=n+1;
        Else
            i=i+1;
        End
    End
End
```

Step 3:输出最早网络,即各中间件总组的最早开始时间,最早结束时间;获得网络计算的结束时间 ET。$ET=\max(EF_i)(i=1,2,…,n)$;

Step 4:开始计算总组集成最晚网络,即各中间件总组最晚开始时间、最晚结束时间;

```
n=1;
While(n<BN)
    i=1;
    For i=1:BN
        If B_i 是总组的最后一个中间件
```

$LF_i = ET, LS_i = LF_i - D_i;$

$n = n+1;$

Else if B_i 的所有紧后中间件 B_k 的最晚结束时间已经计算出

$LF_i = \min(LS_k)(k=1,2,\cdots,v), LS_i = LF_i - D_i;$

$n = n+1;$

Else

$i = i+1;$

End

End

End

Step 5：输出最晚网络，即各中间件总组的最晚开始时间、最晚结束时间；

Step 6：开始计算各中间件总组总时差 TF_i、自由时差 FF_i；

Step 7：计算找出总组集成关键路径、关键中间件；

Step 8：输出按场地限时总组集成的正向最早网络、最晚网络、总时差、自由时差，关键路径及关键中间件。

总组中间件 B_i 每班安排人数 p_i 通过(3.2)计算可得；按场地限时总组反向网络、按设备 & 人正向、反向总组集成网络同理可得。

在制造业信息化实施过程中，可基于以上提出的总组集成网络计划制定模型原理，设计开发信息系统(ERP 计划模块)，实现其生产计划的自动化制定。

3.4 最大化加工工件数目具有交货期约束的计划安排

3.4.1 最大化加工工件数目具有不同交货期约束的 FSSP(MJNRDDFSSP)

3.4.1.1 MJNRDDFSSP 的描述及其数学模型

在现实生产中，受设备与工人数量、原料供应、周转资金、缓存容量和产品交货期等的限制，企业的生产能力是有限的。在实际制造业加工中，当每种单个工件带来的利润相同时，制造商将会在资源、交货期等约束下，尽量多地加工工件，从而获得较高的利润。下面将探讨该类可选择订单的生产调度问题，主要涉及约束于共同与不同交货期两类。该类选择性的调度问题要求交货不能拖期，若拖期将被视为不可行排序，调度目标是根据加工能力与交货期等的约束，尽可能多地加工工件数量。该类调度问题的模型能使机器尽量满负荷地运作，创造出最大的价值。优化该调度问题的数学模型比较复杂，本章将使用泛粒子群插入粒子的粒子群算法，并通过实例仿真实验，探讨新算法的效率。

最大化加工工件数目具有不同交货期约束的 Flow-Shop (Maximizing Job Number Restriction from Different Due-dates Flow-Shop Scheduling Problem)，为了叙述方便，简称

为MJNRDDFSSP。该问题的数学描述和MJNRCDFSSP基本相同,主要区别是前者约束于不同交货期,而后者约束于共同交货期。在其数学描述中不妨设工件j的交货期为d_j。MJNRDDFSSP同样可以用双重混合算法进行优化,但算法的复杂度相当高,消耗计算资源也比较多。

根据这种无拖期可选择工件的生产调度实际,本书提出MJNRDDFSSP的倒序画GATT图的方法,即从工件加工序列的最后一个工件的最后一道工序到第一个工件的第一道工序依次倒序画GATT图。当从最后一个工件倒序推到前面某个工件时,若该工件的第一道工序加工开始时间是负数,则选择策略就是此序列中该工件以后的所有工件(不包括第一道工序开始加工时间是负数的工件)。

为了建模方便,不妨给出以下假设:

$C(i,j)$、$S(i,j)$分别为工件j在机器i上的加工完成时间和开始时间。

MJNRDDFSSP的倒序画GATT图的方法用数学描述为:机器i上工件j的完成时间小于等于该工件前一道工序$i+1$的开始时间$S_{(i+1)j}$与该机器上后面工件$j+1$的开始时间$S_{i(j+1)}$(若工序i是工件j的最后一道工序,那么机器i上工件j的完成时间小于等于它的交货期d_j与该机器上工件$j+1$加工开始时间$S_{i(j+1)}$)。工件j在机器i上的开始时间等于它的结束时间减去在该机器上加工需要的时间T_{ij},其模型如下:

$$\begin{cases} C_{ij} = \min\{S_{(i+1)j}(d_j), S_{i(j+1)}\} \\ S_{ij} = C_{ij} - T_{ij} \end{cases}, j = (n, n-1, \cdots, n') \quad (3.12)$$

根据以上假设及MJNRDDFSSP的倒序画GATT图的方法,于是有:

$C(m,n) = d_n, S(m,n) = d_j - T_{mn}$;

$C(i,n) = S(i+1,n), S(i,n) = C(i,n) - T_{in}$,其中$i = 2, \cdots, m$;

$C(m,j) = \min\{d_j, S(m, j+1)\}, S(m,j) = C(m,j) - T_{mj}$,其中$j = n, n-1, \cdots, n'$表示工件的调度顺序;

$$C(i,j) = \min\{S(i+1,j), S(i, j+1)\},\text{其中}j = 2, \cdots, n'; i = 2, \cdots, m. \quad (3.13)$$

选择加工工件的开始时间可表示为:

$$S_{\min} = S(1, n'). \quad (3.14)$$

建立MJNRDDFSSP的数学模型如下:

$$\max(n - n')$$
$$s.t \begin{cases} C(i,j) \leqslant d_j, (j = n, n-1, \cdots, n'-1) \\ S(i,j) \geqslant 0, (j = n, n-1, \cdots, n'-1) \\ S(i, n') < 0 \end{cases} \quad (3.15)$$

基于倒序画GATT图的方法,下面提出插入粒子的粒子群算法(IPPSO),将其用来优化MJNRDDFSSP,同样也可以用来优化另一种可选择工件的调度问题(MJNRCDFSSP)。

3.4.1.2 优化 MJNRDDFSSP 的 IPPSO 算法编码

下面提出的插入粒子的粒子群算法(IPPSO),根据问题特点采用实数编码,再转化成字符编码,具体操作参照第四章 LGCPSO 算法用于优化 FSSP 和 JSSP 时的 SPV 转化方法。下面的 IPPSO 算法将要用于优化 MJNRDDFSSP 问题,先采用实数编码,然后类似优化 FSSP 问题的编码转化方法,转化为自然数编码。

3.4.1.3 优化 MJNRDDFSSP 的 IPPSO 算法递推方程

原始粒子群算法(Original Particle Swarm Optimization,OPSO)是一种比较有效的优化工具,它收敛速度快,但缺点是优化大规模的或者特殊的问题时容易陷入局部最优解。本书提出插入粒子的粒子群算法(Particle Swarm Optimization of Inserting Particles),简称为 IPPSO 算法,将用于优化 MJNRDDFSSP 及其他调度问题。算法假设如下:

假设在一个 D 维的目标搜索空间中,有 m 个粒子组成一个种群,其中第 i 个粒子表示为一个 D 维的向量 $\vec{X}_i=(x_{i1},x_{i2},\cdots,x_{iD}),i=1,2,\cdots,m$,即第 i 个粒子在 D 维的搜索空间中的位置是 $\vec{X}_i$。$\vec{V}_i=(v_{i1},v_{i2},\cdots,v_{iD})$ 是第 i 个粒子的飞行速度,$\vec{P}_i=(p_{i1},p_{i2},\cdots,p_{iD})$ 是第 i 个粒子迄今为止搜索到的最优位置 $pbest$,$\vec{P}_g=(p_{g1},p_{g2},\cdots,p_{gD})$ 是整个粒子群迄今为止搜索到的最优位置 $gbest$。

IPPSO 算法递推方程如下:

$$v_{id}(k+1) = wv_{id}(k) + c_1 r_1 (p_{id}(k) - x_{id}(k)) + c_2 r_2 (p_{gd}(k) - x_{id}(k)) \quad (3.16)$$

$$x_{id}(k+1) = x_{id}(k) + v_{id}(k+1), (i=1,2,\cdots,m; d=1,2,\cdots,D) \quad (3.17)$$

$$(X_{r_1}, X_{r_2}, \cdots, X_{r_N})(k+1) = D(X_{r_1}, X_{r_2}, \cdots, X_{r_N}) \quad (3.18)$$

在(3.18)式中,$r_N(1 \leqslant r_N \leqslant psize)$ 是一个随机整数,代表将要被替换的粒子。$D(X_r)$ 指用随机产生的粒子、局部最优粒子或者全局最优粒子插入替换随机粒子 X_r,N 是被替换粒子的总数。其他参数与 OPSO 算法相同,在此不再累赘叙述。

IPPSO 算法在 OPSO 算法基础上添加了插入粒子的策略。对于不容易陷入局部最优的问题如大部分的小规模问题,为了让其尽快收敛,就插入局部、全局最好粒子而代替种群中随机的粒子;对于容易陷入局部最优的问题,则采用随机产生的新粒子插入而替换种群中的部分粒子,这样增加了粒子的多样性,有利于跳出局部最优,从而趋向全局最优。

3.4.1.4 优化 MJNRDDFSSP 的 IPPSO 算法伪代码

步骤 1:给相关参数赋值,包括种群规模 PS、算法结束代数 G、需要替换的粒子总数 N 等。

步骤 2:产生初始种群(初始速度为 0)X_i,计算初始种群每个粒子的适应值;再复制为个体历史最优粒子 X_{pbest};用初始种群中最优粒子构成初始全局最优粒子;

current_gen=0;

While(结束代数 G 没有到达)

{

 current_gen：= current_gen+1;

 用递推方程(6-10),(6-11)和(6-12)产生下一代粒子群；

 { 计算该代粒子群中各粒子的适应值；

 通过比较找出该代新的全局最优粒子 X_{gbest} 和个体历史最优粒子 X_{pbest}；

 更新全局最优粒子 X_{gbest} 和个体历史最优粒子 X_{pbest}，在该代新粒子种群中随机找出 N 个粒子，然后用随机产生的粒子或者 $X_{lbest}(k)$ 或者 X_{gbest} 替换；}

}

步骤 3：输出最优粒子极其适应值。

3.4.1.5 IPPSO 算法与 OPSO 算法及 GA 优化 MJNRDDFSSP 的仿真实验

针对 MJNRDDFSSP 的特点，前面提出了 IPPSO 算法用于优化它的最优值。下面用一个随机产生的 MJNRDDFSSP 实例进行仿真实验，找出 IPPSO 算法优化 MJNRDDFSSP 时的最优参数，并分析该算法的效率。

MJNRDDFSSP 实例如下：50 个可选工件在 5 台机器上加工；工件 $j(j=1,2,\cdots,50)$ 在机器 $i(i=1,2,\cdots,5)$ 上的加工固定时间为 $T_{ij}=$

$$\begin{pmatrix}
4 & 100 & 82 & 88 & 70 & 22 & 30 & 36 & 86 & 16 & 54 & 2 & 40 & 46 & 48 & 6 & 56 \\
10 & 60 & 92 & 48 & 28 & 94 & 72 & 84 & 36 & 6 & 96 & 86 & 52 & 56 & 62 & 2 & 98 \\
20 & 72 & 28 & 44 & 12 & 34 & 78 & 62 & 82 & 58 & 98 & 74 & 6 & 94 & 60 & 32 & 96 \\
74 & 18 & 58 & 12 & 44 & 96 & 82 & 92 & 26 & 24 & 2 & 64 & 10 & 100 & 62 & 46 & 4 \\
60 & 2 & 44 & 78 & 72 & 40 & 26 & 100 & 70 & 52 & 48 & 98 & 14 & 42 & 22 & 84 & 74 \\
80 & 68 & 64 & 32 & 60 & 90 & 26 & 58 & 18 & 42 & 28 & 50 & 38 & 84 & 94 & 44 & 72 \\
44 & 22 & 66 & 100 & 64 & 90 & 4 & 60 & 68 & 12 & 8 & 34 & 70 & 88 & 24 & 82 \\
66 & 100 & 30 & 50 & 40 & 68 & 88 & 8 & 64 & 86 & 90 & 84 & 18 & 4 & 10 & 76 & 24 \\
14 & 60 & 56 & 94 & 38 & 54 & 16 & 34 & 6 & 48 & 86 & 72 & 52 & 76 & 20 & 84 & 28 \\
10 & 80 & 8 & 66 & 88 & 32 & 38 & 34 & 56 & 24 & 86 & 50 & 30 & 46 & 62 & 96 & 90 \\
78 & 62 & 20 & 8 & 66 & 10 & 76 & 92 & 52 & 14 & 24 & 12 & 34 & 98 & 74 & 96 \\
58 & 14 & 42 & 20 & 18 & 76 & 78 & 26 & 80 & 54 & 38 & 74 & 32 & 30 & 46 & 16 \\
70 & 52 & 80 & 56 & 26 & 48 & 22 & 14 & 36 & 38 & 46 & 2 & 92 & 54 & 16 & 42 \\
90 & 50 & 8 & 22 & 68 & 30 & 40 & 42 & 66 & 36 & 88 & 70 & 98 & 80 & 32 \\
18 & 4 & 94 & 54 & 58 & 20 & 28 & 36 & 68 & 6 & 12 & 76 & 70 & 64 & 92 & 82
\end{pmatrix}.$$

工件 $j(j=1,2,\cdots,50)$ 的交货期为 $d_j=$

$$\begin{bmatrix}
480 & 595 & 470 & 595 & 315 & 305 & 690 & 110 & 465 & 295 & 305 & 335 & 650 & 375 & 595 \\
665 & 420 & 345 & 655 & 525 & 345 & 300 & 175 & 290 & 530 & 530 & 445 & 10 & 275 & 450 & 310 \\
465 & 535 & 360 & 305 & 555 & 130 & 720 & 425 & 625 & 430 & 260 & 275 & 300 & 160 & 670 & 500
\end{bmatrix}$$

605 470 235］．

下面将 IPPSO 与 OPSO 算法及 GA 优化 MJNRDDFSSP 的结果进行比较分析，检测它们的效率区别，其中 GA 算法采用第 4 章仿真实验选出的效率较好的变异操作 M2，M3，M6，M8，M9 和交叉操作 C1，C2 组成。本章的实验环境为：CPU 1.70 GHz，内存 256 MB，C++程序设计。在仿真实验过程中，为了实验结果科学和更具说服力，IPPSO、OPSO 算法和 GA 优化该例子时各运行 20 次，用它们 20 次结果各自的最优值（优化的最大工件数上界，Max）、平均值（Mean）、最差值（下界，Min）、运行 20 次达到上界的次数（Times）及运行时间（Time）综合分析它们的效率差别。IPPSO、OPSO 算法与 GA 优化上面例子结果的比较如下表 3.1，表中的值分别取小数点一位。在表 3.1 中，IPPSO、OPSO 算法与 GA 优化 MJNRDDFSSP 得到的各自最优值用黑体显示。

表 3.1 插入粒子的粒子群算法、初始粒子群算法与遗传算法优化 MJNRDDFSSP 的比较结果

算法（种群规模：100，终止迭代代数 400）

Max/Min/Mean/Times/Time

w	IPPSO（插入局部最优粒子替换）			IPPSO（插入全局最优粒子替换）		
	$N=psize/8$	$N=psize/12$	$N=psize/16$	$N=psize/10$	$N=psize/15$	$N=psize/20$
.1	13/10/11.7/ 2/2.8	13/10/11.5/ 1/2.8	13/10/11.4/ 1/2.8	13/10/11.2/ 1/2.8	13/10/11.7/ 1/2.8	13/10/11.4/ 1/2.8
.2	13/11/11.7/ 3/2.8	13/11/11.8/ 2/2.8	13/10/11.7/ 3/2.9	13/10/11.5/ 1/2.9	13/10/ 11.5/2/3	13/10/ 11.8/6/2.8
.3	13/10/11.7/ 1/3.3	13/10/11.6/ 2/2.8	13/10/11.7/ 3/3	13/9/11.6/ 3/2.8	13/10/12/ 5/2.8	13/11/11.7/ 1/2.8
.4	13/11/11.7/ 2/2.8	13/10/11.7/ 1/2.8	13/11/11.9/ 3/3	14/11/11.7/ 1/2.8	13/11/11.5/ 2/2.8	13/10/11.4/ 2/2.8
.5	13/10/11.5/ 3/2.9	13/10/11.7/ 2/2.8	13/10/11.8/ 2/2.8	13/11/11.8/ 2/2.8	13/10/11.6/ 2/2.8	13/10/11.5/ 1/2.8
.6	13/10/11.3/ 1/2.8	12/10/11/ 4/2.8	13/10/11.2/ 1/4.6	12/10/11.4/ 8/2.8	13/10/ 11.3/2.8	12/10/11.3/ 7/2.8
.7	12/10/11.2/ 6/2.8	12/10/11.1/ 3/2.8	12/10/11.1/ 5/2.9	12/9/10.6/ 1/2.8	11/9/10.3/ 7/2.8	11/9/10.3/ 7/2.8
.8	12/10/11.3/ 7/2.8	12/10/11.2/ 4/2.8	12/10/10.7/ 2/2.8	11/8/9.4/ 2/2.8	12/8/9.4/ 2/3.4	11/9/9.6/ 2/2.7
.9	12/10/11/ 3/2.8	12/10/11.1/ 5/2.8	12/10/11/ 4/2.9	10/8/8.8/ 3/2.8	10/8/8.7/ 3/2.8	11/8/8.9/ 1/2.8

(续表)

w	IPPSO(插入随机粒子替换)			OPSO	GA	
	N=psize/10	N=psize/14	N=psize/18	12/10/11.4/ 10/2.8	C1,M2	9/7/7.9/ 7/0.9
.1	12/9/10.7/ 3/2.8	12/10/11/ 3/2.8	12/9/10.8/ 3/3		C1,M3	9/7/8.1/ 6/0.9
.2	12/10/11.1/ 6/2.8	12/9/11.1/ 7/2.9	13/10/11.4/ 2/2.8	13/10/11.4/ 1/2.8	C1,M6	10/6/7.6/ 1/0.8
.3	13/10/11.5/ 1/2.8	12/10/11.2/ 7/2.8	13/10/11.2/ 2/2.9	13/10/11.6/ 1/2.8	C1,M8	10/6/7.8/ 1/0.9
.4	12/10/11/ 6/2.8	13/9/11.4/ 2/3.2	13/10/11.3/ 1/2.8	13/10/11.7/ 3/3.9	C1,M9	10/6/7.7/ 1/0.9
.5	12/10/10.9/ 3/2.8	12/10/11.1/ 7/2.8	12/10/11.3/ 7/2.8	13/11/11.5/ 3/2.8	C2,M2	11/7/8.1/ 1/0.9
.6	12/9/10.6/ 2/2.8	12/10/10.7/ 2/2.8	12/10/10.8/ 3/2.8	13/10/11.3/ 2/2.8	C2,M3	10/7/7.9/ 1/0.9
.7	12/9/10.5/ 1/3.3	12/9/9.8/ 1/2.9	11/9/10.1/ 6/2.8	12/9/10.4/ 1/3	C2,M6	10/6/7.9/ 2/0.9
.8	11/8/9.45/ 3/2.8	12/8/9.3/ 1/2.8	11/8/9.2/ 2/2.8	11/8/9.2/ 2/2.8	C2,M8	9/6/7.7/ 2/0.9
.9	11/8/9/ 1/2.8	11/8/8.8/ 1/2.8	10/8/8.8/ 5/2.9	10/8/8.7/ 1/2.7	C2,M9	9/7/7.9/ 4/0.9

从对上面小规模 MJNRDDFSSP 的仿真结果来观察,IPPSO 算法插入全局最优粒子替换种群中部分随机的粒子效果最好,它优化所得到的最优上界、下界相比其他优化的结果都大;其次是 IPPSO 算法插入局部最优粒子替换种群中部分随机的粒子;再次是 OPSO 算法,GA 优化 MJNRDDFSSP 效率最差。IPPSO 算法插入随机产生的新粒子替换种群中部分随机的粒子的效果仅比 GA 算法好,还不如 OPSO 的效率高。IPPSO 及 OPSO 算法优化 MJNRDDFSSP 时,其惯性系数为 0.1 到 0.5 之间效率比较高,因此优化不同规模的 MJNRDDFSSP 时,惯性系数的取值范围选择在 0.1 到 0.5 之内比较好。插入的粒子个数 N 不能太多,否则很容易陷入局部最优,也不能太少,太少体现不出该算法的优越性,其取值在种群规模的 1/10 与 1/15 之间比较合适。OPSO 算法与 IPPSO 算法用局部、全局最优粒子或者随机产生的新粒子代替上代种群中部分随机粒子优化 MJNRDDFSSP 时,它们耗用时间几乎差不多,因此检测它们解决实际调度问题的效率时,可以不考虑该评价指标。OPSO 算法和 IPPSO 算法优化 MJNRDDFSSP 时消耗时间相比 GA 优化 MJNRDDFSSP 消耗时间多些,原因是编码从实数转化为整数过程消耗时间造成的。

对于上面 MJNRDDFSSP 优化的最优选择生产策略及调度排序为：1,10,44,16,30, 26,25,46,36,40,15,2,13,38 共 14 个工件。IPPSO 算法优化上面 MJNRDDFSSP 例子得到的最优选择策略及生产排序的 GATT 图如图 3.3 所示：

IPPSO、OPSO 算法与 GA 各自在最优参数或者算子操作下优化前面 MJNRDDFSSP 例子的收敛曲线比较如图 3.4 所示。

从上面 IPPSO、OPSO 算法与 GA 优化前面 MJNRDDFSSP 小规模例子得到的仿真数据和收敛速度发现，它们优化 MJNRDDFSSP 都是可行的，但 IPPSO 算法插入全局最优粒子替换种群中部分随机的粒子效果优势比较明显，它的收敛速度更快，并且得到的最优值比其他算法获得的更优。鉴于 IPPSO 算法的效率比较好，它可以被修改移植到解决其他类似的离散优化问题。

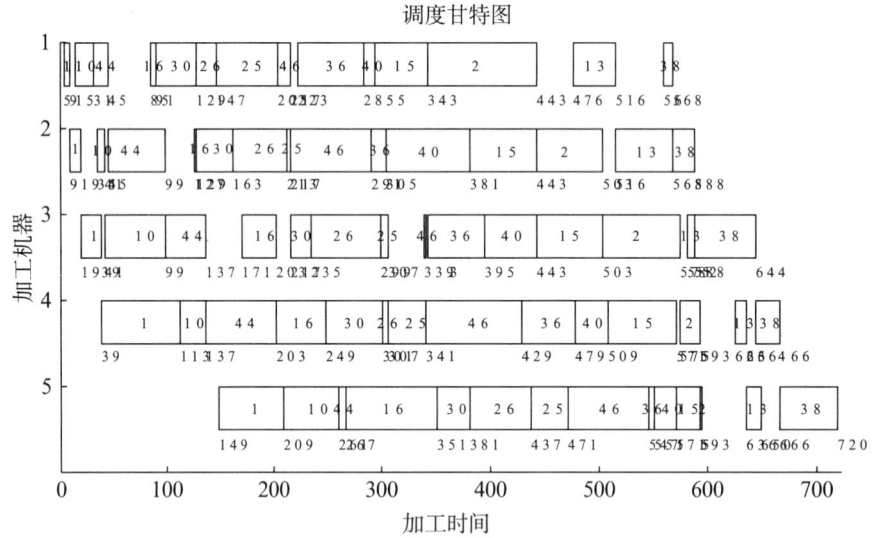

图 3.3 MJNRDDFSSP 的最优选择及调度 GATT 图

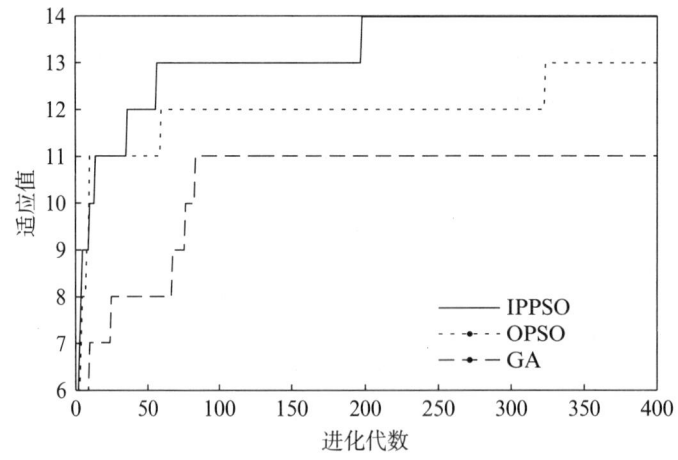

图 3.4 IPPSO、OPSO 算法及 GA 优化 MJNRDDFSSP 的收敛曲线图

3.4.2 最大化加工工件数目具有不同交货期约束的 JSSP(MJNRDDJSSP)

3.4.2.1 MJNRDDJSSP 的描述及其数学模型

在生产调度实际中,类似于 MJNRDDFSSP,有另一种选择性的加工工件情况,加工具体假设及约束的数学描述如下:

生产商可以在 n 个工件中选择一些在 m 台机器上加工,剩下的工件不做考虑(剩下的其他工件可以由生产商或者订货商转交其他生产商生产)。每个工件有其特定的加工工序,每道工序要求不同的机器,如工件 j 经过 m 道工序操作完成,并且必须按照给定的工序序列 $O_{ij}(i=1,2,\cdots,m;j=1,2,\cdots,n)$ 加工,其表示工件 j 的第 i 道工序在机器 O_{ij} 上加工;每道工序加工时间已知,工件 j 的第 i 道工序加工固定时间为 $T_{ij}(i=1,2,\cdots,m;j=1,2,\cdots,n)$,工件没有先后次序的限制;工件 j 的交货期为 d_j。并有以下假设:不同工件的工序之间没有顺序约束;每个工件在同一时刻只能在一个机器上进行加工;工件的各个工序加工时间始终为大于等于 0 的定值(若加工时间等于 0,实际上表示该道工序不加工),不因操作人员的不同而不同;每台机器在同一时刻只能加工一个工件;每个工件在每台机器上最多只能加工一次;机器不发生故障,各种影响生产的意外不作考虑,并且不考虑机器的准备时间(事实上可以把加工准备时间包含在加工时间中)。根据交货期限制,生产商选择加工哪些工件,如何排产使得能够加工更多工件,从而带来更大的经济效益?

该类问题本书称为最大化加工工件数目具有不同交货期约束的 Job-Shop 调度问题 (Maximizing Job Number Restriction for Different Due-dates Job-Shop Scheduling Problem),为了叙述方便,简称为 MJNRDDJSSP。同样根据这种无拖期可选择工件的生产调度实际,本书提出 MJNRDDJSSP 的倒序画 GATT 图的方法,即从最后一个工件的最后一道工序开始,到第一个工件的第一道工序依次倒序画 GATT 图。当从最后一个工件倒序推到前面某个工件时,若该工件第一道工序的加工开始时间是负数,则选择策略就是此序列中该工件以后的所有工件(不包括开始加工时间是负数的工件)。

为了建模方便,不妨给出以下假设:

$C(i,j_k)$、$S(i,j_k)$ 分别为工件 j 的第 k 道工序在机器 i 上的加工完成时间和开始时间。

MJNRDDJSSP 的倒序画 GATT 图的方法用数学描述为:工件 j 的第 k 道工序在机器 i 上完成时间小于等于它后一道工序 $k+1$ 的开始时间 $S_{(k+1)j}$ 与它后面某工件 j' 在该机器上的加工工序的开始时间 $S_{ij'}$(机器 i 上若加工的是工件 j 的最后一道工序,那么工件 j 在机器 i 上的完成时间小于等于它的交货期 d_j 与它后面某工件 j' 在该机器上的加工工序的开始时间 $S_{kj'}$)。工件 j 的第 k 道工序在机器 i 上开始时间等于它的结束时间减去工件 j 的第 k 道工序加工需要的时间 T_{kj},其模型如下:

$$
\begin{aligned}
&C_{ij_k} = \min\{S_{ij_{k+1}}(d_j), S_{ij'_k}\} \\
&S_{ij_k} = C_{ij_k} - T_{kj}, \qquad j,j' = (n, n-1, \cdots, n') \\
&i = O_{kj}
\end{aligned}
\qquad (3.19)
$$

其中 $i=O_{kj}$ 是指在工序矩阵 O_{ij} 中,工件 j 第 k 道工序上的机器。

根据以上假设及 MJNRDDJSSP 的倒序画 GATT 图的方法,于是有:

$$C(O_{mn},n_m)=d_n, S(O_{mn},n_m)=C(O_{mn},n_m)-T_{mn};$$
$$C(O_{mj},j_m)=\min\{d_j,S(O_{mj},j')\}, S(O_{mj},j_m)=C(O_{mj},j')-T_{mj};$$
$$C(O_{kj},j_k)=\min\{S(O_{(k+1)j},j_k),S(O_{kj},j')\}, S(O_{kj},j_k)=C(O_{kj},j_k)-T_{kj}; \qquad (3.20)$$

其中 $j=n,n-1,\cdots,n'$,表示选择的加工工件的调度顺序,$k=m,m-1,\cdots,1$ 是工件的加工工序;

选择加工工件的开始时间可表示为:

$$S_{\min}=S(O_{mn'_m},n'). \qquad (3.21)$$

建立 MJNRDDJSSP 的数学模型如下:

$$\max(n-n')$$
$$s.t \begin{cases} C(O_{mj},j_m) \leqslant d_j, (j=n,n-1,\cdots,n'-1) \\ S(O_{mj},j_m) \geqslant 0, (j=n,n-1,\cdots,n'-1) \\ S(O_{mj},n'_m) < 0 \end{cases} \qquad (3.22)$$

3.4.2.2 基于优化 MJNRDDJSSP 的改进型插入粒子的粒子群算法(IIPPSO)

前面提出了 IPPSO 算法,结合利用倒序画 MJNRDDFSSP 的 GATT 图方法,将其成功应用于优化 MJNRDDJSSP,并通过仿真实验说明了该算法用于优化 MJNRDDJSSP 是可行和有效的。上面 IPPSO 算法优化 MJNRDDJSSP 的实验显示,当 IPPSO 算法插入随机产生的新粒子替换种群中部分随机的粒子的效果不是非常优良,而插入局部或者全局最优粒子替换种群中部分随机粒子时效果比较好,于是下面根据 MJNRDDJSSP 的特点,再结合其倒序画 MJNRDDJSSP 甘特图的方法,提出改进型的 IPPSO 算法(Improved Particle Swarm Optimization of Inserting Particles,简写为 IIPPSO),并将其应用于优化 MJNRCDFSSP。IIPPSO 算法的递推方程与 IPPSO 的一样,只是 $D(X_r)$ 指随机地选择用局部最优粒子、全局最优粒子或者随机产生的粒子插入替换种群中随机的粒子 X_r,其他参数与 IPPSO 算法相同,在此不再赘述。

IIPPSO 算法不像 IPPSO 算法仅插入局部或者全局最优粒子优化种群,而是随机插入局部、全局或者随机产生的新粒子代替种群中的部分粒子,不但提高了收敛速度,而且在一定程度上避免了过早陷入局部最优。对于需要优化的不同问题,使得选择局部、全局和随机产生新粒子的概率不同,这样更能显示出 IIPPSO 算法相对 IPPSO 算法的灵活优越。对于不容易陷入局部最优的问题,为了让其尽快收敛,设定插入局部、全局最好粒子代替种群粒子的概率大些;对于容易陷入局部最优的问题,则设定采用随机产生的新粒子插入而替换种群中的部分粒子的概率相对较大,这可以使算法搜索最优值时表现得更加灵活、有效。

3.4.2.3 IPPSO 算法与 OPSO 算法及 GA 优化 MJNRDDJSSP 的仿真实验

前面的实验证明,交叉操作 C1 与不同的变异操作组成的 GA 算法相比 C2 等其他操作组成的算法优化 MJNRDDFSSP 效率更优。于是下面用 IPPSO 算法与 OPSO 算法及由交叉操作 C1 和不同变异组成的 GA 优化 MJNRDDJSSP,对它们优化的结果及相关评价指标进行分析比较,研究各算法的效率差别。

随机产生的 MJNRDDJSSP 实例如下:可选的 20 个工件在 5 台机器上加工;工件 $j(j=1,2,\cdots,20)$ 的交货期为 d_j:

$d_j = [450,500,400,500,250,400,450,500,450,500,350,500,400,350,450,400,500,450,350,200]$;工件 $j(j=1,2,\cdots,10)$ 的第 $i(i=1,2,\cdots,5)$ 道工序上的机器和加工的固定时间分别为 O_{ij} 和 T_{ij}:

$$O_{ij} = \begin{pmatrix} 5 & 1 & 4 & 1 & 5 & 2 & 3 & 2 & 3 & 1 & 3 & 3 & 2 & 5 & 5 & 1 & 5 & 5 & 1 & 4 \\ 1 & 3 & 3 & 5 & 3 & 1 & 2 & 1 & 2 & 5 & 3 & 3 & 4 & 1 & 4 & 2 & 3 & 2 & 1 \\ 3 & 5 & 5 & 3 & 2 & 4 & 1 & 3 & 5 & 3 & 1 & 1 & 5 & 2 & 4 & 3 & 1 & 1 & 5 & 2 \\ 4 & 2 & 2 & 4 & 1 & 3 & 4 & 5 & 3 & 3 & 4 & 3 & 1 & 4 & 4 & 2 & 4 & 3 \\ 2 & 4 & 1 & 2 & 4 & 5 & 5 & 1 & 2 & 2 & 2 & 1 & 3 & 2 & 2 & 3 & 4 & 3 & 5 \end{pmatrix},$$

$$T_{ij} = \begin{pmatrix} 16 & 30 & 4 & 32 & 38 & 20 & 14 & 8 & 6 & 22 & 28 & 12 & 22 & 18 & 10 & 40 & 36 & 26 & 34 & 2 \\ 8 & 22 & 2 & 10 & 14 & 20 & 38 & 12 & 18 & 4 & 32 & 26 & 30 & 36 & 16 & 40 & 24 & 6 & 34 & 28 \\ 4 & 30 & 20 & 22 & 26 & 18 & 34 & 8 & 16 & 12 & 28 & 40 & 6 & 24 & 32 & 14 & 10 & 2 & 38 & 36 \\ 16 & 24 & 18 & 14 & 30 & 36 & 2 & 20 & 34 & 28 & 40 & 8 & 12 & 38 & 32 & 22 & 10 & 6 & 26 & 4 \\ 24 & 38 & 22 & 10 & 28 & 16 & 14 & 34 & 30 & 36 & 6 & 32 & 20 & 2 & 18 & 8 & 26 & 4 & 12 & 40 \end{pmatrix}.$$

仿真实验的相关参数设计为:GA 的交叉和变异概率 pc、pm 分别为 0.85、0.15;IIPPSO 算法插入局部、全局或者随机产生的新粒子代替种群中的部分粒子的概率分别相等,各为 1/3。在仿真实验过程中,为了实验结果科学和更具说服力,IPPSO、OPSO 算法和 GA 优化该例子时各运行 20 次,用它们 20 次结果各自的最优值(优化的最大工件数上界,Max)、平均值(Mean)、最差值(下界,Min)及运行时间(Time)综合分析它们的效率差别。IPPSO、OPSO 算法与 GA 优化上面例子结果的比较如下表 6.2 所示,表中的值分别取小数点一位。在表 3.2 中,IPPSO、OPSO 算法与 GA 优化 MJNRDDJSSP 得到的各自最优值用黑体显示。

表 3.2 插入粒子的粒子群算法、初始粒子群算法与遗传算法优化 MJNRDDJSSP 的比较结果

算法(种群规模:150,终止迭代代数 800)

Max/Mean//Time

w	IPPSO(插入局部最优粒子替换)			IPPSO(插入全局最优粒子替换)		
	N=psize/8	N=psize/12	N=psize/16	N=psize/10	N=psize/15	N=psize/20
.1	17/14/15.5/20.5	16/14/15.1/20.6	16/12/15.1/20.8	17/11/14.4/20.1	17/13/14.7/20.7	16/14/15.1/23
.2	17/14/15.4/20.6	17/13/15.3/20	17/15/15.8/19.9	**18/13/15.3/20.2**	17/15/15.6/21.6	17/13/15.3/20.8
.3	**18/14/15.3/20**	17/15/15.8/21.2	17/13/14.9/23.3	17/15/15.7/20.7	17/15/15.9/22.7	17/15/16.1/21.9

w	IPPSO(插入局部最优粒子替换)			IPPSO(插入全局最优粒子替换)		
	$N=\text{psize}/8$	$N=\text{psize}/12$	$N=\text{psize}/16$	$N=\text{psize}/10$	$N=\text{psize}/15$	$N=\text{psize}/20$
.4	17/14/ 15.6/20.8	17/13/ 15.8/21.8	17/14/ 15.8/21.8	**18/14/ 15.9/20.9**	17/14/ 15.6/23.5	17/15/ 16/20.5
.5	**18/14/ 15.5/20.9**	17/14/ 15.9/22.2	17/14/ 15.7/20	16/13/ 14.9/20.9	17/14/ 15.5/20	17/14/ 15.5/20
.6	15/13/ 14.3/23.5	16/11/ 14.2/21.7	16/12/ 14.2/21.1	14/10/ 11.9/21	16/12/ 13.5/25.8	17/12/ 14.4/20.1
.7	15/11/ 12.6/19.8	15/10/ 12.4/21.6	15/11/ 12.5/20.9	13/9/ 11.2/21.2	13/10/ 11/20.3	14/10/ 11.8/21.2

w	IIPPSO(随机选择局部、全局及随机新粒子替换)			OPSO	GA	
	$N=\text{psize}/10$	$N=\text{psize}/14$	$N=\text{psize}/18$		C1,M1	16/12/ 14/4
.1	17/13/ 15.2/21.7	17/14/ 15.5/22.8	17/15/ 15.6/20.2	15/12/ 14.2/21.2	C1,M2	16/14/ 14.6/4.1
.2	17/14/ 15.7/20.4	**18/14/ 15.8/20.6**	17/15/ 15.6/20.8	17/12/ 15.3/23.2	C1,M3	16/13/ 14.6/4.2
.3	17/15/ 15.7/21.1	**18/14/ 15.7/20.5**	17/14/ 15.7/21.1	**17/14/ 15.4/20.5**	C1,M4	16/13/ 14.6/4.2
.4	17/15/ 15.7/22.2	**18/15/ 15.8/20.8**	17/14/ 15.5/20.1	**17/14/ 15.4/20.8**	C1,M5	16/13/ 14.3/4
.5	17/13/ 15.6/20.6	17/14/ 15.7/21.2	17/14/ 15.6/20.5	17/13/ 15.3/22.2	C1,M6	**17/13/ 14.4/4.1**
.6	17/12/ 14/20.2	16/12/ 14.3/20.1	16/12/ 13.8/20.4	16/12/ 14.8/21.6	C1,M8	16/13/ 14.7/4.1
.7	15/10/ 11.4/21.1	14/11/ 11.8/19.8	15/11/ 12.6/20.5	14/11/ 12.3/21.1	C1,M9	16/13/ 14.4/4.2

从对上面小规模MJNRDDJSSP的仿真结果来观察,IIPPSO算法相比仅仅插入全局或者局部最优粒子替换种群中部分随机的粒子效率好,它优化所得到的最优上界、下界相比其他优化的结果都大;IPPSO算法插入局部或者全局最优粒子替换种群中部分随机粒子的效率次之;再次是OPSO算法,GA优化MJNRDDJSSP效率最差。IPPSO及OPSO算法优化MJNRDDJSSP时,其惯性系数为0.1到0.5之间效率比较高,因此优化不同规模的MJNRDDJSSP时,惯性系数的取值范围选择在0.1到0.5之内比较好。对于插入的粒子个数N不能太多,太多很容易陷入局部最优,也不能太少,太少该算法的优越性得不到充分发挥,其取值在种群规模的1/10与1/15之间比较合适。OPSO算法和IPPSO算法优化MJNRDDJSSP时消耗时间几乎差不多,但相比GA优化MJNRDDJSSP消耗时间多些,同样原因是编码从实数转化为整数过程消耗时间造成的,因此,如果用IPPSO算法优化连续

问题时,其消耗时间肯定比 GA 小。

对于上面 MJNRDDJSSP 实例优化的最优结果是选择生产 18 个工件,其选择的策略及调度排序共有 9 种,分别为:{20,9,8,5,7,13,1,14,4,6,15,19,3,18,11,12,10,2};{5,14,17,2,20,6,3,10,1,11,9,8,7,13,4,12,15,18};{11,20,1,5,10,7,8,9,2,14,3,4,13,6,15,18,17,12};{16,4,5,14,8,18,20,12,13,1,9,7,11,15,6,3,17,10};{20,10,1,11,15,3,5,6,13,12,17,9,7,8,4,14,2,18};{5,6,20,15,11,2,17,1,19,8,12,9,13,7,18,4,3,10};{5,12,10,7,6,14,20,3,4,9,17,13,1,8,16,18,15,2};{13,10,5,20,2,19,14,11,3,9,1,6,12,15,7,8,18,17};{20,7,16,5,14,15,18,6,8,3,10,13,2,1,12,9,4,17};IPPSO 算法优化上面 MJNRDDJSSP 例子得到的最优选择策略及生产排序 GATT 图的其中两种如图 3.5 所示:

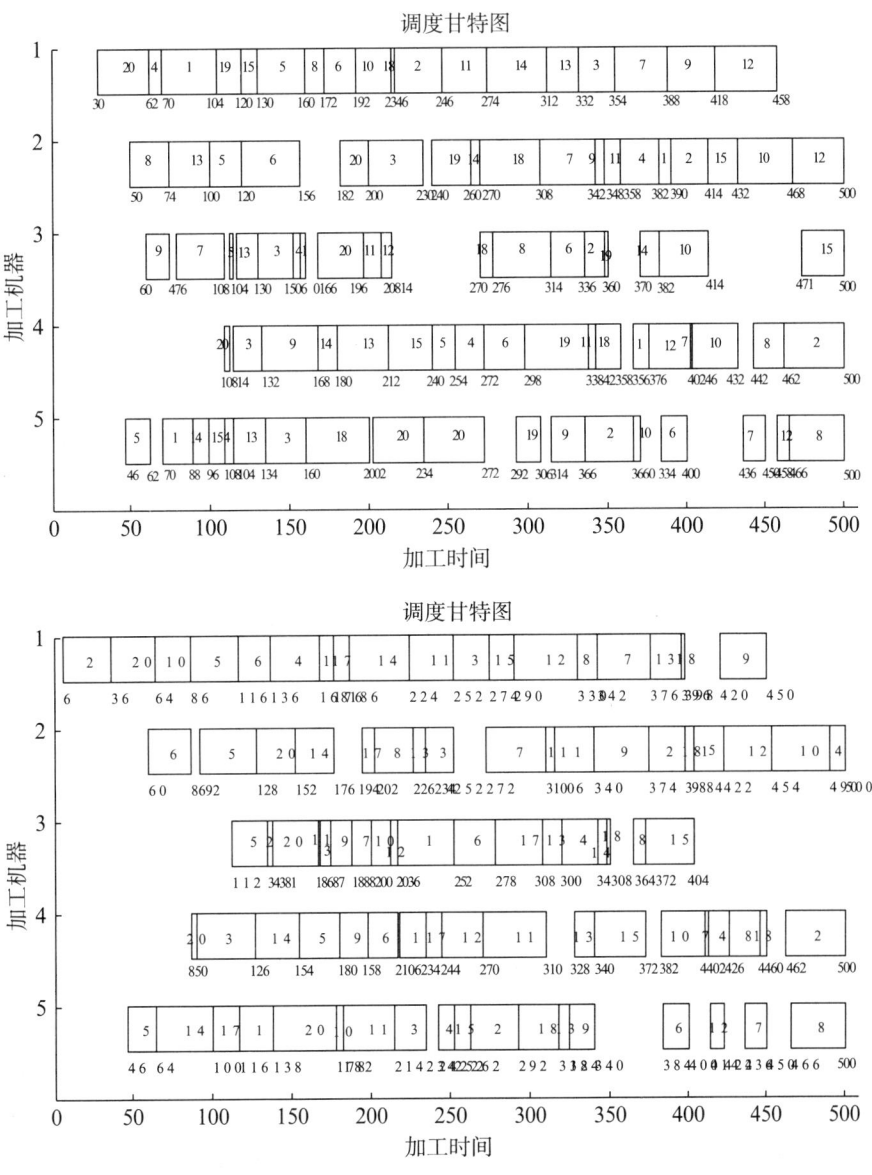

图 3.5 MJNRDDJSSP 的最优选择及调度 GATT 图

IPPSO、OPSO 算法与 GA 各自在最优参数或者算子操作下优化前面 MJNRDDJSSP 例子的收敛速度曲线比较如图 3.6 所示：

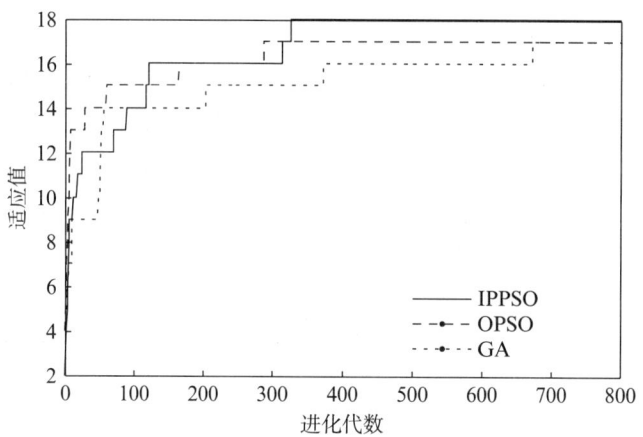

图 3.6　IPPSO、OPSO 算法及 GA 优化 MJNRDDJSSP 的收敛曲线图

从实验的数据和模拟的收敛图来看，IPPSO 算法用于优化复杂的 MJNRDDJSSP 是可行有效的。

3.5　生产计划制定信息化实施分析

总组集成计划网络是统领整个生产的一个重要指导计划，它的计划单位和控制对象是中间件总组，总组计划网络可以确定中间件的完工日程和各中间件之间的作业程序、组装的逻辑关系，确定影响装备产品建造进度的关键中间件和由其构成的主建造流程。中间件是单件装备产品建造的节点，它是由不同性质的中间产品组成的，它具有降级（制造级）分解成中间件的功能。被分解出的中间产品按某种要求可重新组合，参照中间件总组的组织方法，完成中间件总组计划的安排。针对我国许多装备制造企业总组集成网络图还是人工绘制，总组集成网络制定耗时费力，网络未考虑总组作业的实际资源，且未和中间件制造进行信息共享的缺欠等现状，本书集成创新数据库技术、算法设计以及软件技术，设计具有自动化功能的制造业总组集成网络信息系统（模块）。本系统/模块面向制造业总组集成网络制定工作的复杂性，针对包括网络制定、网络审核、总组报工、网络查询在内的各类流程性工作，通过软件系统方式，实现跨区域的全流程系统内管理。通过信息化的系统总组集成网络，系统内修订、审批、报工等方式，逐步替代传统的手工纸质工作，实现企业不同地区之间工作流程的灵活、高效运转。总组集成网络信息化实现首先基于设备、场地、人力等总组资源的约束，自动化快速给出最早、最晚总组集成网络计划，并计算出每个中间件的总时差、自由时差，给出整个产品建造总组集成的关键路径和基于关键路径的进度安排；其次，针对上述总组集成网络计划的拉动，基于中间件属性与资源约束，自动制定中间件总组计划，给出总组计划安排进度，计算出中间件交期；最后系统对总组过程的实绩进行采集，形成闭环，并对总组过程的计划执行情况、质量控制情况进行统计，自动绘制报表，以各种图的形式展示。总组集成网络计划技术的核心在于从工期、成本、资源(设备、场地、人力、物料)等方面对初步方案逐步调整和优化,以求得最佳制造方案。下面介绍总组集成网络信息化的实现过程。该总组集成网络信息系统可实现通过输入新的修改参数,可迅速生成新的总组集成网络计划图,实现制造业生产流程和生产计划编制自动化、最优化,并支持打印功能,进而推动造船精益化运作的改善进程。

3.6 装备制造总组集成网络信息化实现设计

3.6.1 总组集成计划网络制定

3.6.1.1 资源输入

输入总组中间件的前后工艺约束关系、总组工时(总组各中间件所需的人、工时)、场地能提供的时间、设备可利用时间、工人数量、每日安排班次等资源,可将同类型或类似产品型号的相关总组信息全部复制进系统,然后进行修改形成新产品的总组集成数据,节省输入资源的录入时间,即可借鉴产品型号总组资源拷贝录入修改形成新产品的资源输入。

3.6.1.2 网络生成

选择产品号和总组集成方式(按设备人总组集成:以设备和人员数量、班次安排,在场地提供的最大可使用时间限制下计算总组集成网络;按场地限时总组集成:以场地提供的使用时间、班次安排,在设备和人员数量最大限制下计算总组集成网络)。绘制总组集成网络图,即计算出中间件总组最早开始时间,最早结束时间;最晚开始时间,最晚结束时间;自由时差,总时差。总组集成网络图以 GANTT 与双代号图形式显示,且各时间节点、资源安排可点击鼠标显示,网络可伸缩编辑,网络保存后相关数据与数据库同步更新。输入开始搭载日期,正向推出总组集成结束时间;输入结束总组集成时间,逆向推出开始总组集成时间。基于不同方式总组集成的网络,以各自网络号码保存,并可提交审核。该网络图会给出每个网络的关键路径和中间件。

3.6.1.3 网络审核

选择产品号,查看申请审核网络基本信息,当前环节处理人员选择确定指导生产的计划网络。每个产品有按场地限时总组集成、按设备人总组集成的正或反向两对网络供选择使用。若通过,即确定指导实际总组集成的计划网络;若未通过,给出总组集成反馈意见,让制定总组集成网络的用户重新制定,直至总组集成网络通过。审核人员可查看审核记录。

3.6.1.4 网络查看

生产现场正在总组集成作业的网络、计划总组集成的网络、已经完成总组集成作业的历史网络(计划~实际),都能以网络编号或产品号的形式查询。

3.6.1.5 任务派发

由总组集成执行部对中间件总组集成任务、中间件总组任务进行科学详细分解,基于资源与总组集成计划安排,经过产能粗平衡后,下达至班组或个人。该总组集成网络系统以中间件为单位的总组任务整体下达,也可通过 MES 下达总组集成任务,实现科学派工管理,详见第 7 章。

3.6.1.6 报工录入

将实际总组集成时间、使用资源详细情况录入报工,动态生成其实际总组集成网络,并根据总组集成时间、人工设备数量,自动计算出总组集成效率(该中间件总组所需要的人工时),存入数据库。该总组集成系统(模块)可同时提供中间件交付报工(若 MES 有中间件报工功能,可无缝集成实现),以备查找总组集成拖期是否为中间件未按期交付造成。

3.6.2 质量管理

该模块对总组集成任务完工预报工的项进行检验,给出 A(优良)、B(合格)、C(返修)、D(报废)评价,并给出检验描述、检验人、检验时间。

3.6.3 搜索查询

该模块主要用于各部门工作人员查询相关信息的详细情况,在输入或选择查询条件后,点击"查询"按钮即可进行查询。在查询处理界面中,工作人员可根据需要选择查询条件。

3.6.3.1 拖期查询

该子模块主要提供总组集成、中间件总组、中间件交付等状态,以及所有拖期查询。提供"产品号"、"中间件代码"、"部门"、"班组"、"时间段"等查询项,用户可自行选择并组合查询条件,点击"查询"按钮后,显示查询结果。

3.6.3.2 质检查询

该子模块主要提供总组集成、中间件总组质检结果的查询。显示所有总组集成、中间件总组的质量相关信息,能够以编码进行查询;提供"产品号"、"中间件代码"、"部门"、"班组"、"时间段"等质检查询项,用户可自行选择并组合查询条件,点击"查看"按钮后显示质检结果。

3.6.4 报表管理

3.6.4.1 计划实际比较

① 总组集成计划网络与实际比较:抽取数据库的相关数据,以条形图显示出各产品的计划总组集成网络和实际总组集成网络;纵轴为时间,横轴为中间件号。

② 中间件总组计划与实际比较：抽取数据库的相关数据，以曲线显示出产品的中间件计划总组和实际总组差异；纵轴为时间，横轴为中间件构件号。

③ 中间件计划交期与实际比较：抽取数据库的相关数据，选择部门，以曲线显示出该部门某个时间段（月、周）或者某产品拖期的中间件数量或者时间。纵轴为时间，横轴为中间件号。中间件计划与实际交期的比较界面和中间件总组计划与实际比较界面类似。

3.6.4.2 质检报表

以"产品号"、"部门"、"班组"、"时间段"组合查询其质量检验结果。其 A、B、C、D 各等级的中间件总组、总组集成的质检结果以饼图的形式展示。

3.6.4.3 拖期报表

用户以"产品号"、"部门"、"班组"、"时间段"等条件组合查询拖期数量、拖期时间总和，点击"查询"按钮后，显示查询结果。中间件总组拖期界面类似。

若装备制造企业实施了 ERP 系统，则总组集成信息化的管控功能可在 ERP 系统中实现。其部分功能如总组集成任务派工、质量管理、搜索查询、报表管理也可在 MES 中实现。本书提出的总组集成网络信息系统可单独应用于某些装备制造企业总组集成网络计划制定；也可无缝集成于 ERP 或 MES，因总组集成网络信息系统管理的任务对象比较粗，仅仅管理中间件、辅助件等，该总组集成网络信息系统和 ERP 或 MES 集成后，其更能发挥提高生产效率的功能，实现制造业生产计划与调度优化的信息化管控。集成时主要涉及总组任务的分解与计划下发。MES 已将总组任务分解至 WP/WO（工作包/生产订单），其上面挂了详细的物料、工时、检验标准、所需工装夹具等，可实现班组，甚至工人的自动派工。可将相关总组 WP/WO 导入总组集成网络信息模块后派工，或者 MES 自动派工，将完成状态报工反馈至总组集成网络信息系统。或将总组集成网络信息系统计算的总组中间件节点、中间件交期反馈至 MES，让 MES 依据该节点拉动式组织整个 WP/WO 等中间产品的生产加工，科学优化排程，实现精准制造。另外，未实施 MES 的中小装备制造企业，可将其功能扩充以后形成 MES，应用于生产制造的信息化管控。该总组集成网络信息系统也可移植为一般的工程项目的应用，提高决策科学化、技术服务及科学管理水平。总之，计划管控信息化的实现不是一成不变的，应根据装备制造企业的信息化程度、企业架构、管理模式等，科学、便捷、优化、高效实现。

3.7 基于产能负荷平衡优化的生产计划制定

制造业整个生产管控体系即为主计划（大日程计划）→产能符合平衡（生产任务自制与外协自动分流）→调度优化（小日程计划）。关于大日程计划制定的技术，本章详细介绍了总组集成计划网络的制定方法；产能符合平衡技术，本书在第二章用新型学习算法优化制造业生产任务的自制与外协自动分流。第四章提出的泛学粒子群算法，当采用 0～1 编码时，其同样可优化制造业产能负荷平衡问题；关于制造业生产调度优化，详见下一章节。

3.8 小　　结

生产计划是一个复杂的系统，它受约束于许多因素，从而使其建模及优化起来颇为困难。本章根据制造业加工的实际情况，建立了当每种单个工件带来的利润相同时，制造商在资源、交货期等约束条件下尽量多地加工工件的模型，使用了倒序画 MJNRDDFSSP 及 MJNRDDJSSP 的 GATT 图方法，同时提出了优化它们的 IPPSO 算法。通过仿真实验显示 IPPSO 算法用于优化 MJNRDDFSSP 及 MJNRDDJSSP 特殊问题是可行有效的。

总组集成网络信息化是大型制造业整个信息化实施过程中重要的一环，是拉动整个制造管控体系高效运行的关键。本书提出了总组集成网络制定的技术原理，并介绍了其信息化系统实现技术，该系统输入总组中间件的前后工艺约束关系、总组工时、场地、设备、工人等资源后，可迅速绘出总组集成网络图。同时也提供了可根据中间件总组的组织方法，完成中间件总组计划的安排，实现制造业总组集成大节点的企业可科学精准控制，合理安排资源，提高生产效率和经济效益。

第4章 制造业的生产调度优化

4.1 引　言

调度是整个制造过程中的一个重要环节,它分配未来一定时段内制造系统制造资源(机器、物料运输设施、操作者等)的生产任务,并直接影响制造系统的运行品质,包括生产周期、生产率、设备利用率及生产成本等。MES 动态调度需要保证制造系统的运作敏捷性,其目标是优化车间生产,通过有效的车间信息管理来响应不断变化的经营环境,如更短的提前期、更小的批量、更多的产品种类等。因此,调度是实现企业敏捷性的关键技术之一。大型制造业建立在产能负荷平衡基础上的计划与调度优化才是可行的。大型装备复杂产品制造周期长,涉及复合工种多,加之生产过程的不确定性因素,使得调度优化尤为困难。调度是 MES 的核心功能,也是其价值所在。

4.2 制造业生产调度概述

4.2.1 生产调度问题的描述

调度问题具有很强的实际背景,如在制造业、医院护理、军队作战、交通运输、后勤及通信、石油化工生产过程、计算机行业(如操作系统中的资源管理、处理器的任务调度)等众多领域都有重大应用价值。在制造业范畴,生产调度问题是与计划问题密切相关的。工艺计划是为实现某些生产目标,在满足一系列邻域约束的前提下,对活动集合进行选择和排序,以实现上述生产目标的过程。调度则是在计划的基础上,从备选计划中选择一组可行计划。并且在满足活动对时间要求和有限共享资源约束的条件下,为每个活动分配所需资源与时间。与工艺计划相比,调度重点强调时间概念。与生产计划(planning)相比,调度是在线实时的,对快速高效性要求更高。

人们在某一时期为了制造不同产品而必须使用共同资源,如人力、材料、设备等,就会出现如何有效分配资源的问题,即生产调度问题。调度(scheduling)可以定义为若干个任务在一些机器上进行加工,如何按时间对机器和物力等资源进行安排,使某些目标函数达到最优或近似最优,即调度的优化。调度问题最早是在制造业中提出来的,但这并不意味着调度只能应用在机器制造业中。其实调度问题的"任务"、"机器"、"资源"等都是抽象的概念,可以代表极其广泛的实际对象。车间作业调度是针对一项可分解的工作(如产品生产),探讨在一定的约束条件下(如工艺约束),如何安排其组成部分(操作、所占用的资源、加工时间及先后顺序),以获得产品制造时间或成本的最优化。车间生产调度是制造系统的基础,生产调度的优化是先进制造技术和现代管理技术的核心技术。在理论研究中,生产调度问题常常又称为排序问题或资源分配问题。在实际生产领域、生产调度被称为生产作业计划。从数学规划的角度看,生产调度问题可表达为在等式或不等式约束下,对目标函数的优化。典型的调度问题包括需要完成的工件集合,每个工件的一系列工序操作集合,各个工序操作的加工需要占用的设备或其他资源,并且必须按照一定的加工路线来进行加工,而目标是指合理地安排机器和工件,满足约束条件,使一些例如工件总加工时间、工件的延误程度、总资源占用等的性能指标达到最优。

4.2.2 制造业企业车间调度管理的意义

制造业经历了重大的变化,从大规模生产到柔性制造、精益制造、准时化生产、并行工程等,现已发展至敏捷制造、智能制造、网络制造等先进的制造模式。顾客需求的日益多样化、更短的产品生命周期对产品的功能要求、价格、质量、交货性能等提出了更高要求。面对这种不断变化的环境,车间必须增强对制造过程的有效管理,协调好各种各样的资源,如机床、物料、信息、知识和人等。少量多样化的生产给制造车间带来比以往更高的管理难度。对于车间控制问题,尽管存在并应用了许多不同的解决方法,当前的情形是:缺乏对车间实际情况的掌握,忽视了车间实际运作。车间不能及时响应企业经营环境的变革而成为管理瓶颈。生产过程中的信息量越来越大,单纯依靠传统的调度人员凭借经验和简单的手工计算制定企业生产计划和调度方案已经严重阻碍了企业对市场变化进行快速反应的能力。因而研究企业的生产调度对于提高企业的管理水平,增强企业的竞争力,促进企业的进步与发展具有十分重要的意义。先进的生产和经营管理手段往往更能为企业带来直接、快捷和可观的经济效益,这已成为企业界和学术界的共识。

一般地说,凡是有多个不同的任务要完成,就有作业排序问题。几批不同的工件要加工、几艘货船要停靠码头、几个程序等待运行、几个问题等待处理等,都有作业排序问题。这些问题的共同特征就是要将不同的工作任务安排一个执行的顺序和时间,使预定的目标最优化。

4.2.3 典型调度问题 FSSP 和 JSSP 的描述及其数学模型

在实际车间生产调度中,一般需要考虑两个方面的问题,一是生产作业的下达与调度,二是生产资源的分配。目前大部分研究集中在生产作业调度上,没有考虑资源分配,而将资源作为约束处理。Flow-Shop 与 Job-Shop 是两类复杂且极有代表性的生产调度问题的抽象,下面将给出它们的一般描述。描述的名词术语来自加工制造业,本书也采用"机器"、"作业"、"工序"和"加工时间"等来描述这两类问题。当然它们不限于本来的含义,例如,"机器"可以指工厂里的机床,也可以指维修工人,还可以指轮船要停靠的码头,或者是计算机的中央处理器、存储器等。

(1) 流水车间调度问题(Flow-Shop Scheduling Problem, FSSP)FSSP 的描述

FSSP 一般可以描述为 n 个工件在 m 台机器上加工,每个工件需要经过 m 道工序,每道工序要求不同的机器,n 个工件在 m 台机器上的加工顺序相同,不妨设所有产品依次通过 1,

$2,\cdots,m$ 台设备才能完成加工任务,工件没有先后次序的限制。为了简化问题,该类调度的理论研究中通常使用一下假设:

① 每个工件在同一时刻只能在一个机器上进行加工;
② 工件的各个工序加工时间始终为非零定值,不因操作人员的不同而不同;
③ 机器不发生故障,某一工件一旦开始加工就不能中断,直至完成;
④ 每个机器在同一时刻只能加工一个工件;
⑤ 每个工件在每台机器上只能加工一次;
⑥ 各种影响生产的意外不作考虑,并且不考虑机器的准备时间(事实上可以把加工准备时间包含在加工时间中)。

FSSP 是一类复杂且极有代表性的流水线生产调度问题的抽象。问题的关键就是求得耗费时间最少的作业顺序安排方案,即工件的加工顺序,使得完成最后一个工件所需的时间 Makespan(加工周期)达到最小。其数学模型建立如下:

不妨设工件 j 在机器 i 上的加工时间为 T_{ij}, $i=1,2,\cdots,m;j=1,2,\cdots,n$.
$C(k,j)$ 表示工件 j 在机器 k 上的加工完成时间,$j=1,2,\cdots,n$ 表示工件的调度顺序。那么对于无限中间存储方式的 n 工件、m 台机器的 FSSP,其完工时间可表示为:

$$C(1,1) = T(1,1)$$
$$C(1,j) = C(1,j-1) + T(1,j) \quad \text{其中 } j = 1,2,\cdots,n$$
$$C(i,1) = C(i-1,1) + T(i,1) \quad \text{其中 } i = 1,2,\cdots,m$$
$$C(i,j) = \max\{C(i,j-1), C(i-1,j)\} + T(i,j), \tag{4.1}$$

即 Makespan 为:

$$C_{\max} = C(m, J_n). \tag{4.2}$$

所谓 Makespan 是指从第一个"任务"进入系统开始加工到最后一个"任务"加工完毕离开系统所经历的时间段。"任务"进入系统的先后顺序严重影响它在系统内的"通过时间",故生产任务静态排序的优化目标一般是使系统的"制造跨度"(Makespans)最小。上述模型是 FSSP 优化的一个目标,找到一个可行调度方案,使得 Makespan 最小。

(2) 车间作业调度问题(Job-Shop Scheduling Problem, JSSP)JSSP 的描述

JSSP 车间作业调度问题是一个典型的组合优化问题。所谓组合优化问题,是指从组合问题的可行解集合中求出最优解。JSSP 是一类满足任务配置和顺序约束要求的资源分配问题,是最困难的组合优化问题之一。JSSP 一般可描述为:n 个工件需要在 m 台机器上加工,每个工件有其特定的加工工序,每道工序要求不同的机器,每道工序加工时间已知,工件没有先后次序的限制。调度的目标是确定每台设备上不同工序的加工顺序,使得某项性能指标最优。该调度问题应当满足以下几点约束:

① 工件必须按其工艺路线加工,后道工序须在前道工序完成后方可开始;
② 每道工序在一台设备上一旦开始加工,便不能中断(机器不发生故障);
③ 每个工件第一道工序的实际开工时间要大于等于零;
④ 不同工件的工序之间没有顺序约束;

⑤ 工件的各个工序加工时间始终为定值,不因操作人员的不同而不同;
⑥ 每个机器在同一时刻只能加工一个工件;
⑦ 每个工件在同一时刻只能在一个机器上进行加工;
⑧ 各种影响生产的意外不作考虑,并且不考虑机器的准备时间(事实上可以把工件装卸时间及刀具调整时间考虑到加工时间内)。

调度的任务是把工序分配给机器上某个时间段,调度的目标就是确定每个机器上工件的加工顺序和每个工件的开始加工时间,使得完成所有工件所需的时间 Makespan(加工周期或其他指标达到最优)最小。与 FSSP 相比,由于 JSSP 的每个工件加工工序可以是不同的,所以 JSSP 比 FSSP 更加复杂。建立 JSSP 模型如下。

设:

工件 j 经过 m 道工序操作完成,并且必须按照给定的工序序列 $O_{ij}(i=1,2,\cdots,m;j=1,2,\cdots,n)$ 加工,即表示工件 j 的第 i 道工序在机器 O_{ij} 上加工;

工件 j 的第 i 道工序加工固定时间为 $T_{ij}(i=1,2,\cdots,m;j=1,2,\cdots,n)$;

$C(k,j)$ 表示工件 j 在机器 k 上的加工完成时间,$j=1,2,\cdots,n$ 表示工件的调度顺序;

$p_{ij}=find(O_j=i)$ 为在工序矩阵 O_{ij} 中,工件 j 在机器 i 上的工序。

那么对于无限中间存储方式的 n 工件、m 台机器的 JSSP,其完工时间可表示为:

$$C(1,1) = C(O_{(p_{11}-1)1},1) + T(p_{11},1),$$
$$C(1,j) = \max\{C(1,j-1), C(O_{(p_{1j}-1)j},j)\} + T(p_{1j},j), \text{其中} \quad j=2,\cdots,n,$$
$$C(i,1) = C(O_{(p_{i1}-1)1},1) + T(p_{i1},1), \text{其中} \quad i=2,\cdots,m,$$
$$C(i,j) = \max\{C(O_{p_{ij}j},j-1), C(O_{(p_{ij}-1)j},j)\} + T(p_{ij},j) \tag{4.3}$$

即 Makespan 为:

$$C_{\max} = \max_{1\leqslant i\leqslant m} \max_{1\leqslant j\leqslant n} C(i,n). \tag{4.4}$$

JSSP 优化的其中一个目标是找到一个可行调度方案,使得 Makespan 最小。

JSSP 和 FSSP 是最为典型的调度问题,其他好多问题都可以转换或者分解成它们。科达公司是装备制造型企业,其生产组织模式为典型的 JSSP,故整个生产组织非常复杂。科达墙材机械公司的客户,如加气混凝土砖厂和粉煤灰砖厂为典型的 FSSP。本书既探讨科达公司自己的 MES,也研究下游客户的 MES,故这两类复杂的调度问题都会用到,后面会详细分析并利用。

4.2.4 生产调度问题的特点

生产调度作为生产管理最为困难的问题,它具有以下几个共有的鲜明特点。

(1) 复杂性:从原材料到产品,各操作任务相互影响、相互作用,由于产品工艺的多样性和环境条件的不确定性,随着调度问题规模的增加,调度方案和求解调度问题所花费的时间是呈指数性增加,需要在众多方案中找出最优解或者次优解,相当复杂。许多生产调度问题早已被证明是非确定性多项式(Nondeterministic Polynomial,NP)难题。为了讨论调度问题的复杂性,先介绍问题和算法的复杂性。问题的复杂性和算法的复杂性是有区别的,下面只考虑时间复杂性。算法的复杂性是指解决问题一个具体算法的执行时间(步骤),这是算法的性质;问题的复杂性是指这个问题本身的复杂程度,是问题的性质。下面简单介绍一下 P 及 NP 问题[14][15]。

P(Polynomial)类问题:如果存在求解问题的算法其最大的计算步数可以用 n 的多项式来表示,那么说该算法具有多项式时间复杂度,该问题是多项式时间可解的,即为 P 类问题。也就是说,P 问题是指具有多项式时间复杂度的确定型算法可解的问题类。直观讲,我们将 P 中的问题视为可以较容易解决的问题。

NP(Nondeterministic Polynomial)类问题:对一个问题,如果不能确定是否存在多项式时间的算法可以求解它,但可以在多项式时间内验证一个解是否正确的问题则称为 NP 问题。

NP 完全(Nondeterministic Polynomial Complete,NPC)问题:对一个问题,如果 NP 类中的任何一个问题都可以多项式时间归约到它,那么就称这个问题是 NP 难的(NP-hard)。如果一个问题既属于 NP 又是 NP 难的,那么称该问题是 NP 完全的。所谓归约就是用一个算法将一个问题的每一个实例都转化成为另一个问题的实例,如果归约所用的算法是多项式时间复杂度的,则称这种归约是多项式时间的归约。

其实 NPC 是特殊的 NP 问题,这类问题的特殊性质使得很多人相信 $P=NP$,只不过现在还无法证明。NPC 问题存在着一个令人惊讶的性质,即如果一个 NPC 问题存在多项式时间的算法,则所有的 NP 问题都可以在多项式时间内求解,即 $P=NP$ 成立。这是因为,每一个 NPC 问题可以在多项式时间内转化成任何一个 NP 问题。由此可见,NP 完全问题是 NP 中最难解的。

很明显 $P\subseteq NP$,但是否有 $P\supseteq NP$ 还没有肯定或否定的答案,即是否 $P=NP$ 是至今的一个未解之谜。P 问题对 NP 问题[霍奇(Hodge)猜想、庞加莱(Poincare)猜想、黎曼(Riemann)假设、杨-米尔斯(Yang-Mills)存在性和质量缺口、纳维叶-斯托克斯(Navier-Stokes)方程的存在性与光滑性、贝赫(Birch)和斯维讷通-戴尔(Swinnerton-Dyer)猜想]是 21 世纪七大数学难题之一,它被列为世纪难题之首足见它的特殊地位和无穷魅力。这个问题吸引着世界上数学和理论计算机科学界最优秀的头脑不断探索,遗憾的是目前还没有取得什么进展。

许多生产调度问题早已被证明是非确定性多项式(Nondeterministic Polynomial,简称 NP)难题[16],即使是一些小规模的调度问题,也很难得到其最优解。目前已经发现的 NP 完全问题有几千个,它们广泛出现在博弈、图论、集合论、代数、数论、逻辑、形式语言与自动机、数学规划、信息存储与检索、任务排序与调度、网络设计和程序优化等各种各样学科门类中[17]。尽管这些问题所描述的对象千差万别,但是,只要它们中有一个找到了多项式时间复杂度的确定型算法,则这几千个问题立刻就得到各自的具有多项式时间复杂度的确定型算法,更令人振奋的是这还证明了 $P=NP$。反之,只要证明它们中有一个问题客观上不存在多项式时间复杂度的确定型算法,则所有这些问题在客观上都不存在多项式时间复杂度的确定型算法,因此证明了 $P\neq NP$。P 之外的问题都被认为实际上难解的。一个问题是实际上难解的就意味着,即使用最好的确定型算法来计算它,计算所需消耗的资源也会随问题规模的增长而急剧增长,这一增长速度快于任何一个多项式函数的增长速度。当问题规模增加到一定程度,计算它所需要的资源会很快增加到令人无法接受的程度,为求解问题所花费的时间也将无法想象。

由于 NP 完全问题的难解性,如今人们不再苛求能够在自己可接受的时间内找出问题的最优解,而倾向于针对具体的组合优化问题设计算法,以求在尽可能短的时间内找出尽可能好的解——通常所说的次优解。这是一个突破性的思想,粗看上去我们倒退了,但事实上,我们在求解组合最优化问题这个领域向前迈进了一大步,它是人类同自然作斗争的一种迂回的策略。在这个思想的指引下,大量的近似求解具有 NP 难度的组合最优化问题的算法随即涌现出来,便出现了大量的智能算法优化调度问题。

(2) 不确定性:生产调度的不确定性主要表现在随机性和模糊性。这些不确定性往往影响生产计划和生产调度方案的正常执行,于是采用动态再调度可在一定程度上克服不确定性带来的影响。按照不确定因素的来源,企业经营和生产过程中的不确定的因素可以分为以下四类[18][19]。

① 系统固有的不确定性:由于实际工业生产工艺过程是十分复杂的,各种化学、物理、热力学等常数与实验室数据具有比较大的差别,与这类不确定性相关的信息通常从实验和工厂实际记录的数据中进行分析后获得。这些不确定性造成了对生产过程进行精确、有效建模的极大困难,因而常常影响生产过程的控制水平和控制性能指标。

② 生产过程中产生的不确定性:主要包括设备故障,资源故障(物料延迟到达或短缺),机器、仪表的失效,废件产生,工序时间变动,加工超时,交货期改变,任务的插入、转包、撤销或优先级变化,大批临时性急件,工艺更改,人工误操作,意外事故或者关键操作人员的短缺,工艺规程不合理,个人技术水平不统一等等。如在间歇生产过程中,各生产工序对各种物流的处理时间、某一设备的生产能力、中间产品的稳定存放时间等。

③ 外部环境的不确定性:在市场经济环境中,企业的生产不是孤立的行为,而受到产品的需求量、产品的价格、能源、原材料的供应以及其他外部环境因素等不确定因素的影响。

④ 离散不确定性:这方面的不确定性主要是设备的故障、机器/仪表的失效、人工误操作,或者是关键操作人员的短缺等。

这些不确定性往往影响生产计划和生产调度方案的正常执行,于是采用动态再调度可在一定程度上克服不确定性带来的影响。

(3) 多约束性:生产资源(人力、原料供应、设备生产能力)的数量、缓存容量、市场需求、产品的交货日期以及产品的工艺流程等都是约束。此外还有一些人为的因素,如设备上的负荷要平衡等。众多约束限制使调度问题建模和求解更为复杂。

(4) 多目标性:调度优化的目标多,如最短生产期、最大生产利润、最小提前/拖期惩罚、最小费用及最满意程度等,这些目标之间往往有抵触,使各个目标都最优往往是很困难的。目前的优化目标常常是多目标的综合考虑,包括成本目标、资源利用率目标、作业交货期目标、作业完成时间目标、利润目标等。

4.2.5 制造业生产调度问题的分类

制造业生产调度按照不同的分类标准,有不同的分类方式,下面是一些典型的分类:

(1) 按系统处理的复杂性[23][24]:可分为单机、多机并行、Flow-Shop、Job-Shop 和 Open-Shop。单机指的是所有工件均需在指定的单台机器上加工完成,即单机排序问题;多机并行指的是能够完成某种功能的机器不止一台的种类;Flow-Shop 问题是指所有工件的加工路线完全相同,机床设备的布局如同流水线一样,零件依次从流水线的一端进入,最后从另一端流出,简称为 FSSP(Flow-Shop Scheduling Problem);而 Job-Shop 机床设备的布局可以是任意的,零件的加工路径也是任意的,并且各零件的工序和数量也是任意的,简称为 JSSP(Job-Shop Scheduling Problem)。FSSP 和 JSSP 调度问题都是对实际生产系统的抽象,侧重于工件和机器两类资源,而且加工工艺路线是唯一确定的。就生产方式而言,调度问题可分为开环车间型(Open Shop)和闭环车间型(Closed Shop)。开环调度问题,指每个零件的工序之间的加工顺序是任意的,由调度者来决定,也称加工排序问题,它本质上只研究工件的加工顺序。闭环调度问题,除研究工件的加工顺序外,还涉及各产品批量大小的设置。显然,闭环调度问题较开环调度问题要复杂。

(2) 基于目标指标:可分为基于调度费用和调度性能的指标两大类。常用的主要指标有使生产所有工件的总时间(Makespan)最少;使所有工件的平均驻留时间(Mean Flow Time)最少;使最大或平均的延滞(Maximum/mean Tardiness)最小(其中延滞指产品完成日期和它的交货日期之差的绝对值);使切换或装配(Change over/Set up)的次数(费用)最少;使生产总成本(包括各种生产费用、库存贮备费用、切换损耗等)最低。

(3) 按调度环境的特点:可分为静态调度和动态调度。静态调度是指待加工的工件集合和加工时间是确定的,且生产时待加工的工件已经全部到位,即静态调度要求利用整个生产系统的全部信息,是信息完全的调度,不考虑零件在加工过程中出现的意外情况,如机床突然损坏、零件的交货期提前、有更紧迫的零件要求被加工(插单)等;而动态调度是指加工工件的数目和相关的参数是随时间变化的,由于生产系统的各种信息不可能完全获得,所以是信息不完全的一类调度,要求考虑零件在加工过程中出现的各种意外情况。当系统处于运行状态时,制造系统的运行过程中会出现一些不可预见的扰动,如被加工工件交货期的改变,系统内某些设备故障,新作业的插入和某些工件取消加工等。动态调度系统要求能随时响应车间加工的变化及时做出响应,进行新的调度或对原有的调度方案进行调整,对加工的零件重新展开调度,以确保在任何时候将修改过后的调度作业表作为一组新的加工任务,重新调用静态优化算法进行排序计算,从而保持车间的加工性能指标处于最优或次优状态。

(4) 资源约束种类和数量:可分为单资源车间调度(Single Resource Constrained)和多资源车间调度(Multi Resource Constrained)。前者指只有一种资源制约着车间的生产能力。后者指同时有两种以上的生产所需资源制约着车间的生产能力。这些资源包括员工、机床设备、机器人、物料运送系统和辅助资源,如货盘、夹具和刀具等。

(5) 按是否考虑不确定性因素:可分为确定性的和不确定性的两类。确定性的调度是指调度中所用的参数都是确定的数值,建立的数学模型较为简单,处理起来也比较简单,但适用的范围较小。不确定性条件下的调度是指生产过程中的某些参数不是固定不变的,而是与处理批量的大小、处理时的其他因素有关。

4.2.6 生产调度问题优化的主要目标

调度目标一般包括两类,一类是基于经济指标,另一类是基于性能指标的。在多层调度结构中,高层的生产计划完成原料的分配,通常基于经济的目标函数;低层的调度完成任务的排序与调度,通常基于性能的调度目标。生产调度的性能指标:可以是成本最低、库存费用最少(减少流动资金占用)、生产周期最短、生产切换次数最少、设备利用率最高、三废最少等。实际生产调度的性能指标大致可以归结为三类:

(1) 最大能力指标,包括最大生产率、最短生产周期等,它们都可以归结为在固定或者无限的产品需求下,最大化生产能力以提高经济效益。在假定存在连续固定需求的前提下,工厂通过库存满足产品的需求,因此,调度问题的主要目标为提高生产设备的利用率、缩短产品的生产周期,使工厂生产能力最大。这类生产调度问题可以称为最大能力调度问题。体现该类性能指标的主要有生产所有产品所需要的总时间即 Makespan 为最小;产品的平均流时间(Flow Time)即产品完全通过生产过程所需要的时间最小;机床利用率(Machine Utilization)即最大机床设备的使用效率;人员利用率(Worker Utilization)为最大加工人员的使用效率等,它们可使过程的资源利用率与生产率最大。

(2) 成本指标,包括最大利润、最小化运行费用、最小投资、最大收益等,其中收益指产品销售收入,运行费用包括库存成本、生产成本和缺货损失、换线成本、加工费用、工人加班费用、过期赔偿费用、在线库存费用、调度管理费用等。

(3) 客户满意度指标,包括最短的延迟、最小提前或者拖后惩罚、平均延迟时间(Mean Tardiness)最小、拖期零件的数量最小等,延迟时间等于产品的生产完成时间与交货期之差,只取正值。

在传统的调度中,一般以平均流通时间最小、制造周期最短、满足交货期为调度目标,而在实际生产中,由于提前完成的产品必须保存到交货期,而拖期产品必须交付违约金,因此,在实际调度中更加重视提前或者拖后惩罚调度。

4.2.7 生产调度问题的发展历史与现状

近几十年来,人们对调度问题进行了大量的研究,并取得了部分成果。调度问题的研究始于 20 世纪 50 年代,1954 年 Johnson 提出了解决 n/2/F/Cmax 和部分特殊的 n/3/F/Cmax 问题的优化算法[22],代表调度理论研究的开始。但是人们普遍把 Conway、Maxwell 和 Miller 三人有关调度的研究工作[23]作为调度理论研究的正式开始,他们三人也被称为调度理论的奠基人,此后的调度理论和应用研究都受到他们的影响,应用到当今软件系统中的一些调度技术和模型仍然在使用他们三人提出的有关调度理论的基本假设和问题定义。20 世纪 60~70 年代建立了调度理论的主体(经典调度理论)并重视调度复杂性的研究。20 世纪 70 年代后期,经典调度理论取得了重要进展,并且作为一门应用数学学科已经基本成熟,但仅仅依靠经典调度理论中基于解析优化的技术和方法,试图解决实际调度问题还有难以逾越的障碍。此时,人们开始注意并重视调度复杂性问题的研究,提出了用于研究算法有效性和问题难度的计算复杂度理论[24]。这个时期因为许多调度问题被证明为 NP 完全问题,从此,人们自然地转向启发式方法或其他智能算法[25]及其有效性方面的研究工作。随着 20 世纪 70 年代后期调度理论研究的深入及各种互学学科的发展,涌现出了许多新的调度理论与方法。因此,从 20 世纪 80 年代初开始,调度研究由理论研究转向应用研究阶段。在这样的历史背景下,应用人工智能、计算智能和实时智能研究成果用来解决实际调度问题的智能调度方法就走上了历史的舞台。人工智能在 20 世纪 60 年代就将计划和调度问题作为其应用领域之一,但直到 20 世纪 80 年代,以 M. Fox 教授为代表的学者们开展基于约束的智能调度和信息系统(Intelligent Scheduling and Information System,简称 ISIS)的研究[26]为标志,人工智能才真正开始应用于实际调度问题。计算智能是在人工神经网络、模糊系统和进化计算三个分支发展相对成熟的基础上,通过相互之间的有机融合而形成的新的科学方法,也是智能理论和技术发展的崭新阶段。1994 年起,IEEE 的人工神经网络、模糊系统和进化计算三大会议合并在一起召开,就反映了这种趋势,计算智能作为人工智能新发展的主流地位就此确定了。计算智能在调度方面的研究近年来取得一些成果,可以说是智能调度方法的主流,主要的计算智能调度方法有 Hopfield 人工神经网络、进化算法、群智能算法、禁忌搜索、模糊逻辑等。将实时技术和人工智能技术相结合,形成了一个新的技术领域,人们称之为"实时智能"[27]。实时智能主要应用于实时系统的调度中,其中的调度算法又是实时调度的核心部分,也是实时系统的研究热点。智能调度方法是解决实际调度问题最有效的途径和最有前途的研究方向之一,但是它并不排斥与经典调度理论中的解析方法和启发式方法等方法结合使用,充分发挥各种调度方法的优势和特点。近年来,学者们在智能计算、启发式算法及其有效性、调度模型等方面的研究工作取得了部分进展。可以说,智能调度方法为解决实际调度问题展示了光明的前景。

4.2.8 优化生产调度问题的技术方法

优化调度问题的技术方法大体上可分为两大类:经典调度理论及方法和基于人工智能技术的调度方法(智能调度)。

(1) 经典调度方法主要应用运筹学理论决定调度方案,核心问题是某一(或多个)目标函数的最优化。它解决调度问题的方法主要有以下三类:

① 解析优化方法:该方法主要用数学规划(Mathematical Programming,简称 MP)包括线性规划(LP)、非线性规划(NLP)、混合整数线性规划(MILP)、混合整数非线性规划(MINLP)和动态规划(DP)等,将生产调度问题简化为数学规划模型来解决调度最优化或近似优化问题,属于精确调度方法。可以说这类方法尽管求解效率很高,但是适用范围很小,只能对特定问题有效,对于大规模调度问题很难找到解析优化算法。一般来说,精确算法只能用于求解简单的问题。在解决整数规划问题的技术中,应用最多的两个技术是分支定界法(Branch and Bound)和拉格朗日松弛法(Lagrangian Relaxation)。用数学规划的优点是任务分配和排序的全局性比较好,所有的选择同时进行,因此可以保证求解凸问题的全局优化。但是,它需要对调度问题进行统一的建模,任何参数的变化会使得算法的重用性很差。

但是当问题比较复杂时,一方面存在"组合爆炸"问题,另一方面由于模型过于简化不能很好地解决问题,所以,数学规划方法往往需要结合其他的模型和方法,才能取得较好的效果。

② 启发式规则法(Heuristic Algorithm,简称 HA):启发式调度方法就是将人们在生产实践中所总结、提炼出的很多行之有效的经验和规则(通常称其为调度规则)应用于调度问题中,其本质为按照规则从尚未调度的工序的子集中选择一个工序进行调度,直到所有的工序都被调度为止。Panwalkar S.[28]总结了113个启发式调度规则,并将其分为简单规则、复合规则、启发式规则三类。调度规则经过适当的组合和变形后,往往可以得到很好的调度效果。启发式规则针对调度问题的 NP 特性,并不企图在多项式时间内求得问题的最优解,而是在计算时间和调度效果之间进行折中,以较小的计算量来得到近优或满意解。基于启发式规则的调度算法,计算简单,时间复杂度较低,易于实现,可以减少工作量并加快调度效率,并且能够用于动态实时调度系统中。它能够减小问题的求解空间,在短时间内得到较为满意的结果,在求解大规模调度问题的时候尤其能够体现出其优越性,故在生产中得到了广泛的应用。其不足之处在于其精确度不够高,当系统规模较大、规则较多时,无法检查所获得的调度方案与最优解的接近程度,因此在实际应用中,都将它与其他算法相结合以提高效率。

③ 仿真方法:主要通过计算机模拟现实生产环境,对可能的生产计划和调度方案在计算机上虚拟仿真,比较计算结果,寻求最优方案[29]。目前仿真方法主要有两方面内容:研究各种仿真参数对仿真结果的影响,以便做出恰当选择;通过仿真评价现有方法之间或新方法与现有方法之间的优劣,从而总结出方法的适用范围。由于生产系统的复杂性,很难用一个精确的解析模型来进行描述和分析,而通过运行仿真模型来收集数据,则能对实际系统进行性能和状态等方面的分析,从而能对系统采用合适的控制调度方法。仿真方法是随着计算机的发展得以迅速发展的方法,该方法通过对实际生产环境的建模来模拟实际生产环境,从而避开了对调度问题进行理论分析的困难。应用仿真方法进行生产调度的费用较高,不仅在产生调度的计算时间上,而且在设计、建立和运行仿真模型上;仿真的准确性受人员的判断和技巧的限制,甚至很高精度的仿真模型也无法保证通过实验总能找到最优或次优的调度,因此系统仿真方法经常与其他方法结合使用。

(2) 从20世纪80年代初开始,调度研究由理论转向应用研究,人工智能领域的丰富研究成果为此提供了一种较好的途径,利用人工智能的启发式搜索方法有效地避免了调度问题搜索空间的组合爆炸。近年来,在这方面已经取得了不少研究成果,主要可以分为以下几个方面。

① 遗传算法(Genetic Algorithm,简称 GA):GA 是由美国 Michigan 大学 Holland 教授等在研究自然和人工系统的自适应行为中所创立的,起源于对生物进化中自然选择过程的模拟。与其他方法相比,它的最大优点是不需要对目标函数、约束条件等的性质有太多的了解,只要能判断已知各解的优劣就可以用生物进化中"适者生存"、"优胜劣汰"的原则构造遗传算法并求其最优解,而且它还适合于处理复杂问题。Davis[30]是最早将遗传算法应用于调度问题的学者,他针对一类特殊的调度问题首先提出了基于优先权序列的表示方法。遗传算法成为近年来解决作业调度问题的最主要方法,它可以随机地从一个调度方案跳到另

一个调度方案,从而可以解决其他方法易于陷入局部最优的问题,但一般来说收敛到最优解很慢,搜索效率低,对于判断解的最优性也很困难,而且遗传算法的适应函数较难选取。与其他方法相比,遗传算法的优越性主要表现在:搜索过程中不易陷入局部最优,能以极大的概率找到全局最优解;具有并行性,非常适合于大规模并行分布处理;易于与其他的技术(如神经网络、启发式规则等)相结合,形成性能更优的算法。

② 模拟退火算法(Simulated Annealing,简称 SA):Vakhavia 和 Chang[31]提出了一种适用于制造单元的基于模拟退火的调度系统。模拟退火的特点在于它以一定的概率接受差的能量值,从而有助于跳出局部最优解,大大提高了搜索过程收敛于全局最优解的可能。但是收敛速度较慢,很难用于实时动态调度。

③ 神经网络(Neural Network,简称 NN):神经网络着眼于脑的微观网络结构,通过大量的神经元的复杂连接,采用由底到顶的方法,通过自学习、自组织和非线性动力学所形成的并行分布方式来处理难以语言化的模式信息。这种模型根据网络拓扑结构、节点特征和训练或学习规则的不同而变化,用以模拟人类大脑神经网络结构和行为,具有学习、记忆和归纳的特点,解决了人工智能研究中的某些局限性。Foo 和 Takefuji 是研究神经网络调度的先驱者[32],通过将调度问题转化为一系列的整数线性等式,构造了一个整数规划线性神经网络(ILPNN)。

④ 粒子群算法(Particle Swarm Optimizer,简称 PSO):James Kennedy 和 Russell Eberhart 于 1995 年提出了基于群搜索的粒子群优化算法(Particle Swarm Optimization, PSO)。生物群体中信息共享会产生进化优势,这即为粒子群优化算法的基本思想。在 PSO 算法中,每个优化问题的潜在解可看作成 d 维搜索空间上的一个点,被称之为"粒子" (Particle)。粒子在搜索空间中以一定的速度飞行,这个速度根据它本身的飞行经验和同伴的飞行经验来动态调整。所有粒子都有一个被目标函数决定的适应值(Fitness Value),并且知道自己到目前为止发现的最好位置(Particle Best,记为 P_{best})和当前的位置,这个是粒子自己的经验。PSO 算法是一种基于群体(Population)的优化工具,简单、容易实现,在函数优化等领域蕴含着广阔的应用前景。粒子群优化算法是一种基于群智能(Swarm Intelligences)方法的演化计算技术,受到人工生命的研究结果启发,PSO 的基本概念源于对鸟群捕食行为的研究。本书将深入、系统、全面研究粒子群优化算法,并应用于函数和生产调度问题的优化。目前,粒子群算法用于解决调度问题的文献很少,本书将深入研究粒子群算法及其在调度问题中的应用。

⑤ 专家系统(Expert Systems,简称 ES):一个完整的专家系统是由知识库、推理机、知识获取和解释接口等组成的。知识库包括一些规则、过程和启发式信息等;推理机制用来选择一种策略处理知识库中的知识,以便随时解决问题。专家系统将领域与现场知识集合成知识库,然后按现场实际情况从库中产生调度方案,对于经常使用的带有普遍性的优化问题,能节约大量的资源。专家系统的多种知识表示方法,不仅能够表示调度问题中各种定量的、确定的约束条件和优化目标,而且能够表示调度问题中大量定性的、不确定性的约束和经验,从而能较准确地描述调度问题的复杂结构。国外从 20 世纪 80 年代开始专家调度系统方面的研究,由 Fox 和 Smith 提出的 ISIS 是应用于 JSSP 的专家系统,其中基于约束的推

理方法包括几类约束,在构造调度模块时,将所有相关的约束合并起来考虑。ISIS 使用三级基于约束的搜索过程,第一级执行顺序搜索,第二级进行容量分析来决定共享资源的可用性,第三级产生调度方案。它能够通过约束来保持调度的连续性,识别出不可行的调度方案。ISIS 利用这些约束知识维护调度的一致性和验证最低限度满足约束的调度决策。利用这些规则来优化一个单独的性能指标,在不同的调度阶段,性能指标是可以不同的。通过对这些规则的仿真评价,最终选择一个最好的规则。规则的表现性能可以整理成数据,在离线状态下,可以更新知识库。利用人工智能技术结合人类调度专家的经验,对生产调度问题进行建模并求解,取得了令人满意的成果。

除了以上用于调度的方法外,还有其他许多方法,例如免疫算法、蚁群算法、混沌算法、量子算法和协同算法、DNA 算法、Petri 网、多智能体方法等。每种算法都有其独特的优点和缺陷,考虑将它们结合在一起使用,使各种方法互相结合,取长补短,以及探索新的理论和算法,已成为研究的热点。

4.3 泛学粒子群算法

4.3.1 传统 PSO 算法模型

假设在一个 D 维的目标搜索空间中,有 m 个粒子组成一个种群,其中第 i 个粒子表示为一个 D 维的向量 $\vec{X}_i=(x_{i1},x_{i2},\cdots,x_{iD})$,$i=1,2,\cdots,m$,即第 i 个粒子在 D 维的搜索空间中的位置是 $\vec{X}_i$。$\vec{V}_i=(v_{i1},v_{i2},\cdots,v_{iD})$ 是第 i 个粒子的飞行速度,$\vec{P}_i=(p_{i1},p_{i2},\cdots,p_{iD})$ 是第 i 个粒子迄今为止搜索到的最优位置 pbest,$\vec{P}_g=(p_{g1},p_{g2},\cdots,p_{gD})$ 是整个粒子群迄今为止搜索到的最优位置 gbest。传统 PSO 算法的递推方程如下[33]:

$$v_{id}(k+1) = wv_{id}(k) + c_1 r_1 (p_{id}(k) - x_{id}(k)) + c_2 r_2 (p_{gd}(k) - x_{id}(k)) \quad (4.5)$$

$$x_{id}(k+1) = x_{id}(k) + v_{id}(k+1) \quad (i=1,2,\cdots,m; d=1,2,\cdots,D) \quad (4.6)$$

在(4.5)和(4.6)中,k 为迭代代数;学习因子 c_1 和 c_2 是非负常数,一般取值为 2;w 是惯性系数,一般取值小于 1 大于 0;r_1 和 r_2 是均匀分布于[0,1]之间的两个随机数;$v_{id} \in [-v_{\max}, v_{\max}]$,$v_{\max}$ 是用户自己设定的常数;$v_{id}(k)$ 为第 k 次迭代时粒子 i 飞行速度矢量的第 d 维分量;$x_{id}(k)$ 是第 k 次迭代时粒子 i 位置矢量的第 d 维分量;$p_{id}(k)$ 是粒子 i 个体最好位置的第 d 维分量;$p_{gd}(k)$ 为群体最好位置的第 d 维分量;迭代终止条件根据具体问题一般选为最大迭代次数或(和)粒子群迄今为止搜索到的最优位置满足预定最小适应阈值。

传统 PSO 算法根据当前粒子与个体历史极值 p_{best} 和全局极值 g_{best} 的偏差来随机地修正下一代粒子的速度。种群的所有粒子在个体历史极值 p_{best} 和全局极值 g_{best} 的修正下向较优区域搜索,即传统 PSO 算法仅仅共享当前粒子个体极值 p_{best}、当前全局极值 g_{best} 的优良信息,不断迭代进化,从而趋向最优。

4.3.2 泛学 PSO 算法描述

传统 PSO 算法中粒子速度在当前个体历史和全局两个极值的修正下沿着梯度方向变

化,它借鉴了梯度优化方面的一些思想,从而使得算法对函数优化具有较高的效率,收敛速度较其他进化算法快。PSO 算法在搜索过程中,不会破坏已有的较好解,这正是粒子群算法在优化多峰函数时性能较好的关键原因之一。PSO 算法有众多优点,借鉴其思想,本书提出泛学 PSO 算法(Pan Learning Particle Swarm Optimization Algorithm,简称泛学 PSO 算法),其核心思想是和一切具有优良基因的粒子交互,向具有优良信息的粒子学习,从而不断趋向优良。泛学 PSO 算法不仅向当前个体历史最优、当前全局最优学习,还向前几次运行(过去运行获得的)个体历史最优、全局最优、当前代种群最优学习,从而得到广泛的优良信息,促使其快速趋向全局最优。

本书将提出各种泛学 PSO 算法的递推方程,为了数学上表述方便,不妨做以下假设:假设在一个 D 维的目标搜索空间中,有 m 个粒子组成一个种群,其中第 i 个粒子表示为一个 D 维的向量 $\vec{X_i}=(x_{i1},x_{i2},\cdots,x_{iD})$,$i=1,2,\cdots,m$,即第 i 个粒子在 D 维的搜索空间中的位置是 $\vec{X_i}$。$\vec{V_i}=(v_{i1},v_{i2},\cdots,v_{iD})$ 是第 i 个粒子的飞行速度。经过持续迭代寻优,以下粒子携带了优良信息:

(1) 当前粒子个体历史最优 $\vec{P_i^c}=(p_{i1}^c,p_{i2}^c,\cdots,p_{iD}^c)$:它是当前第 i 个粒子迄今为止搜索到的最优位置 $cpbest$;相当于传统 PSO 算法的 $\vec{P_i}=(p_{i1},p_{i2},\cdots,p_{iD})$;

(2) 当前搜索获得的全局最优 $\vec{P_g^c}=(p_{g1}^c,p_{g2}^c,\cdots,p_{gD}^c)$:它是整个粒子群当前迭代迄今为止搜索到的最优位置 $cgbest$;相当于传统 PSO 算法的 $\vec{P_g}=(p_{g1},p_{g2},\cdots,p_{gD})$;

(3) 以前 t 次运行时粒子个体历史最优 $\vec{P_i^{bt}}=(p_{i1}^{bt},p_{i2}^{bt},\cdots,p_{iD}^{bt})$:它是过去 t 次运行第 i 个粒子搜索到的历史最优位置 $bpbest$;

(4) 以前 t 次运行时搜索获得的全局最优 $\vec{P_g^{bt}}=(p_{g1}^{bt},p_{g2}^{bt},\cdots,p_{gD}^{bt})$:它是过去 t 次运行整个粒子群搜索到的最优位置 $bgbest$;

(5) 当前代种群粒子的局部最优 $\vec{P_l^c}=(p_{l1}^c,p_{l2}^c,\cdots,p_{lD}^c)$:它是当前代种群粒子获得的局部最优位置 $clbest$;

(6) 以前 t 次运行时种群粒子的局部最优 $\vec{P_l^{bt}}=(p_{l1}^{bt},p_{l2}^{bt},\cdots,p_{lD}^{bt})$:它是过去 t 次运行种群粒子获得的最优位置 $blbest$。

传统 PSO 算法未提及(3)~(6)的粒子,其实它们都具有良好基因。作者曾深入探讨过仅向当前代种群最优 $\vec{P_l^c}=(p_{l1}^c,p_{l2}^c,\cdots,p_{lD}^c)$ 和当前个体历史最优 $\vec{P_i^c}=(p_{i1}^c,p_{i2}^c,\cdots,p_{iD}^c)$ 学习的 PSO 算法;仅向当前代种群最优 $\vec{P_l^c}=(p_{l1}^c,p_{l2}^c,\cdots,p_{lD}^c)$ 和当前全局最优 $\vec{P_g^c}=(p_{g1}^c,p_{g2}^c,\cdots,p_{gD}^c)$ 学习的 PSO 算法,发现其搜索最优解的效率比传统 PSO 算法优势不是很明显,故本书不再详细介绍。另外,不妨假设泛学 PSO 算法优化某问题时,共运行 N 次,一般取之为 10 或者 20,种群规模为 PS,每次运行迭代的总代数为 Maxiter。下面详细介绍其他各种泛学 PSO 算法的递推方程、参数含义。

4.3.3 cIcGbG~PSO 算法

cIcGbG~PSO 算法即向当前个体历史最优 $\vec{P_i^c}=(p_{i1}^c,p_{i2}^c,\cdots,p_{iD}^c)$、当前全局最优 $\vec{P_g^c}=(p_{g1}^c,p_{g2}^c,\cdots,p_{gD}^c)$、以前 t 次运行时搜索获得的全局最优 $\vec{P_g^{bt}}=(p_{g1}^{bt},p_{g2}^{bt},\cdots,p_{gD}^{bt})$ 学习。下面详细介绍 cIcGbG~PSO 算法的 cI-cGbG 型结合方式,且根据以前运行时搜索获得的全局最

优 $\overrightarrow{P_g^{bt}} = (p_{g1}^{bt}, p_{g2}^{bt}, \cdots, p_{gD}^{bt})$ 构成方式不同，cI-cGbG 型 PSO 算法共分为 4 类，它们的递推方程分别如下。

4.3.3.1 cI-cGbG 型 PSO 算法

(1) 和结合 cI-cGbG 型 PSO 算法递推方程

① 以前全局最优 $\overrightarrow{P_g^{bt}} = (p_{g1}^{bt}, p_{g2}^{bt}, \cdots, p_{gD}^{bt})$ 由前 $t-1$ 次 Maxiter 代全局最优构成：

$$v_{id}(k+1) = wv_{id}(k) + c_1 r_1 (p_{id}^c(k) - x_{id}(k)) + \\ c_2 r_2 ((1-\alpha)(p_{gd}^c(k) - x_{id}(k)) + \alpha(p_{gd}^b(k) - x_{id}(k))) \tag{4.7}$$

$$x_{id}(k+1) = x_{id}(k) + v_{id}(k+1) \quad (i=1,2,\cdots,m; d=1,2,\cdots,D) \tag{4.8}$$

$$\overrightarrow{P_g^{bt}} = \overrightarrow{P_g^{b(t-1)}} \tag{4.9}$$

② 以前全局最优 $\overrightarrow{P_g^b} = (p_{g1}^b, p_{g2}^b, \cdots, p_{gD}^b)$ 由前 $t-1$ 次 Maxiter 代全局最优按照百分比 λ_t 合并构成：

$$v_{id}(k+1) = wv_{id}(k) + c_1 r_1 (p_{id}^c(k) - x_{id}(k)) + \\ c_2 r_2 ((1-\alpha)(p_{gd}^c(k) - x_{id}(k)) + \alpha(p_{gd}^b(k) - x_{id}(k))) \tag{4.10}$$

$$x_{id}(k+1) = x_{id}(k) + v_{id}(k+1) \quad (i=1,2,\cdots,m; d=1,2,\cdots,D) \tag{4.11}$$

$$\overrightarrow{P_g^{bt}} = \overrightarrow{P_g^{b1}} \cup \overrightarrow{P_g^{b2}} \cup \cdots \cup \overrightarrow{P_g^{b(t-1)}} \tag{4.12}$$

(2) 开方结合 cI-cGbG 型 PSO 算法递推方程

① 以前全局最优 $\overrightarrow{P_g^{bt}} = (p_{g1}^{bt}, p_{g2}^{bt}, \cdots, p_{gD}^{bt})$ 由前 $t-1$ 次 Maxiter 代全局最优构成：

$$v_{id}(k+1) = wv_{id}(k) + c_1 r_1 (p_{id}^c(k) - x_{id}(k)) + \\ c_2 r_2 \sqrt{(p_{gd}^c(k) - x_{id}(k))(p_{gd}^b(k) - x_{id}(k))} \tag{4.13}$$

$$x_{id}(k+1) = x_{id}(k) + v_{id}(k+1) \quad (i=1,2,\cdots,m; d=1,2,\cdots,D) \tag{4.14}$$

$$\overrightarrow{P_g^{bt}} = \overrightarrow{P_g^{b(t-1)}} \tag{4.15}$$

② 以前全局最优 $\overrightarrow{P_g^b} = (p_{g1}^b, p_{g2}^b, \cdots, p_{gD}^b)$ 由前 $t-1$ 次 Maxiter 代全局最优按照百分比 λ_t 合并构成：

$$v_{id}(k+1) = wv_{id}(k) + c_1 r_1 (p_{id}^c(k) - x_{id}(k)) + \\ c_2 r_2 \sqrt{(p_{gd}^c(k) - x_{id}(k))(p_{gd}^b(k) - x_{id}(k))} \tag{4.16}$$

$$x_{id}(k+1) = x_{id}(k) + v_{id}(k+1) \quad (i=1,2,\cdots,m; d=1,2,\cdots,D) \tag{4.17}$$

$$\overrightarrow{P_g^{bt}} = \overrightarrow{P_g^{b1}} \cup \overrightarrow{P_g^{b2}} \cup \cdots \cup \overrightarrow{P_g^{b(t-1)}} \tag{4.18}$$

在(4.7)和(4.10)中，α 为在[0,1]之间的一个常数，α 取值不同，其搜索效率将受到很大影响。本章在优化连续函数时不妨取 $\alpha=0.5$；在 cI-cGbG 型 PSO 算法中，因为第 1 次运行时无前次运行获得的全局最优 $\overrightarrow{P_g^{bt}} = (p_{g1}^{bt}, p_{g2}^{bt}, \cdots, p_{gD}^{bt})$，故令其 α 值为 0，即变成了传统 PSO 算法。在(4.9)、(4.12)、(4.15)、(4.18)中，t 为搜索最优解当前运行的次数。构成以前全局最优的百分比 λ_t 值得深入研究。本书分别设其为 $\frac{1}{N}, \frac{1}{N}, \cdots, 1-\sum_{1}^{t-1} \frac{1}{N}$，即算法运行到第 t 次

时,以前全局最优的构成中第 $t-1$ 次全局最优占百分之 $\left(1-\sum_{1}^{t-1}\dfrac{1}{N}\right)$,其他的各占百分之 $\dfrac{1}{N}$。cI-cGbG 型 PSO 算法的其他参数和传统 PSO 算法相同。

传统 PSO 算法是 cI-cGbG 型 PSO 算法的一种特殊形式。cI-cGbG 型 PSO 算法递推方程主要通过三部分来更新粒子 i 的新速度:粒子 i 前一次迭代时刻的速度 $v_{id}(k)$;粒子 i 当前位置 $x_{id}(k)$ 与当前个体历史最优位置 $\vec{P_i}=(p_{i1}^c,p_{i2}^c,\cdots,p_{iD}^c)$ 之间的距离;当前全局最优 $\vec{P_g}=(p_{g1}^c,p_{g2}^c,\cdots,p_{gD}^c)$ 与自己位置 $x_{id}(k)$ 之间的距离,再结合粒子 i 当前位置 $x_{id}(k)$ 与以前全局最优位置 $\vec{P_g^{bt}}=(p_{g1}^{bt},p_{g2}^{bt},\cdots,p_{gD}^{bt})$ 之间的距离。它相对传统 PSO 算法来说,学习共享的最优信息更多,学习借鉴的信息具有多样性,因此更容易趋向最优。cIcGbG～PSO 算法结合学习方式不同,还有以下几大类。

4.3.3.2　cIbG-cG 型 PSO 算法

(1) 和结合 cIbG-cG 型 PSO 算法速度递推方程

$$v_{id}(k+1)=wv_{id}(k)+c_1r_1((1-\alpha)(p_{id}^c(k)-x_{id}(k))+\alpha(p_{gd}^b(k)-x_{id}(k)))+c_2r_2(p_{gd}^c(k)-x_{id}(k)) \tag{4.19}$$

(2) 开方结合 cIbG-cG 型 PSO 算法速度递推方程

$$v_{id}(k+1)=wv_{id}(k)+c_1r_1\sqrt{(p_{id}^c(k)-x_{id}(k))(p_{gd}^b(k)-x_{id}(k))}+c_2r_2(p_{gd}^c(k)-x_{id}(k)) \tag{4.20}$$

和结合、开方结合的 cIbG-cG 型 PSO 算法的以前全局最优 $\vec{P_g^b}=(p_{g1}^b,p_{g2}^b,\cdots,p_{gD}^b)$ 构成方式不同,其各自详细算法递推方程相似于 cI-cGbG 型 PSO 算法,且相关参数设置相同。

4.3.3.3　cI-cG-bG 型 PSO 算法速度递推方程

$$v_{id}(k+1)=wv_{id}(k)+c_1r_1(p_{id}^c(k)-x_{id}(k))+c_2r_2(p_{gd}^c(k)-x_{id}(k))+c_3r_3(p_{gd}^b(k)-x_{id}(k)) \tag{4.21}$$

学习因子 c_1、c_2 和 c_3 是非负常数,作者初步设置其满足条件 $c_1+c_2+c_3\approx 4$,它们各自具体取值多少,需要进一步深入探讨。cI-cG-bG 型 PSO 算法的以前全局最优 $\vec{P_g^b}=(p_{g1}^b,p_{g2}^b,\cdots,p_{gD}^b)$ 构成方式不同,它有两种不同的递推方程,其各自相似于 cI-cGbG 型 PSO 算法对应递推方程。

cIcGbG～PSO 算法除了以上结合方式外,还有 cIcG-bG 型。cIcG-bG 型 PSO 算法也有和、开方两种主要结合方式,再根据以前全局最优 $\vec{P_g^b}=(p_{g1}^b,p_{g2}^b,\cdots,p_{gD}^b)$ 构成方式不同,它共有四种不同的递推方程,其各自相似于 cI-cGbG 型 PSO 算法对应递推方程,在此不赘述。

4.3.4　cIcGbI～PSO 算法

cIcGbI～PSO 算法即就是向当前个体历史最优 $\vec{P_i}=(p_{i1}^c,p_{i2}^c,\cdots,p_{iD}^c)$、当前全局最优

$\vec{P_g}=(p_{g1}^c,p_{g2}^c,\cdots,p_{gD}^c)$、以前 t 次运行时粒子个体历史最优 $\vec{P_i^{bt}}=(p_{i1}^{bt},p_{i2}^{bt},\cdots,p_{iD}^{bt})$ 学习。下面详细介绍 cIcGbI~PSO 算法的 cI-cGbI 型结合方式,根据以前运行时粒子个体历史最优 $\vec{P_i^{bt}}=(p_{i1}^{bt},p_{i2}^{bt},\cdots,p_{iD}^{bt})$ 构成方式不同,cI-cGbI 型 PSO 算法共分为 4 类,它们的递推方程分别如下。

4.3.4.1 cI-cGbI 型 PSO 算法

(1) 和结合 cI-cGbI 型 PSO 算法递推方程

① 以前粒子个体历史最优 $\vec{P_i^{bt}}=(p_{i1}^{bt},p_{i2}^{bt},\cdots,p_{iD}^{bt})$ 由前 $t-1$ 次 Maxiter 代个体历史最优构成:

$$v_{id}(k+1)=wv_{id}(k)+c_1r_1(p_{id}^c(k)-x_{id}(k))+$$
$$c_2r_2((1-\alpha)(p_{gd}^c(k)-x_{id}(k))+\alpha(p_{id}^b(k)-x_{id}(k))) \quad (4.22)$$

$$x_{id}(k+1)=x_{id}(k)+v_{id}(k+1)(i=1,2,\cdots,m;d=1,2,\cdots,D) \quad (4.23)$$

$$\vec{P_i^{bt}}=\vec{P_i^{b(t-1)}} \quad (4.24)$$

② 以前粒子个体历史最优 $\vec{P_i^{bt}}=(p_{i1}^{bt},p_{i2}^{bt},\cdots,p_{iD}^{bt})$ 由前 t 次 Maxiter 代个体历史最优按照百分比 μ_t 随机选择构成:

$$v_{id}(k+1)=wv_{id}(k)+c_1r_1(p_{id}^c(k)-x_{id}(k))+$$
$$c_2r_2((1-\alpha)(p_{gd}^c(k)-x_{id}(k))+\alpha(p_{id}^b(k)-x_{id}(k))) \quad (4.25)$$

$$x_{id}(k+1)=x_{id}(k)+v_{id}(k+1)(i=1,2,\cdots,m;d=1,2,\cdots,D) \quad (4.26)$$

$$\vec{P_i^{bt}}=\vec{P_i^{b1}}\cup\vec{P_i^{b2}}\cup\cdots\cup\vec{P_i^{b(t-1)}} \quad (4.27)$$

(2) 开方结合 cI-cGbI 型 PSO 算法递推方程

开方结合 cI-cGbI 型,以前个体历史最优 $\vec{P_i^{bt}}=(p_{i1}^{bt},p_{i2}^{bt},\cdots,p_{iD}^{bt})$ 构成不同,其具有两种递推方程。具体数学表达形式,类似于开方结合 cI-cGbG 型 PSO 算法,相关参数代表的意义也相同。

在(4.22)和(4.25)中,α 为在 $[0,1]$ 之间的一个常数,α 取值不同,其搜索效率将受到很大影响,其取值类似于 cI-cGbG 型 PSO 算法的 α。构成以前个体历史最优的百分比 μ_t 有多种选择,可深入研究其对算法搜索效率的影响。本书分别设其为 $\frac{1}{t}$,即算法运行到第 t 次时,以前个体历史最优 $\vec{P_i^{bt}}=(p_{i1}^{bt},p_{i2}^{bt},\cdots,p_{iD}^{bt})$ 的构成中,每次的个体历史最优随机选择且均占种群规模 Ps 的百分之 $\frac{1}{t}$。关于构成个体历史最优的百分比 μ_t,也可参照 cI-cGbI 型 PSO 算法的 λ_t 选择。

4.3.4.2 其他型的 cIcGbI~PSO 算法

cIcGbI~PSO 算法还有 cIbI-cG 型、cIcG-bI 型、cI-cG-bI 型。根据 cIbI-cG 型、cIcG-bI 型和结合、开方结合方式不同,各自可分为两种。另外,以前个体历史最优 $\vec{P_i^{bt}}=(p_{i1}^{bt},p_{i2}^{bt},\cdots,p_{iD}^{bt})$ 构成方式不同,它们有不同的递推方程,其各自相似于 cIcGbG~PSO 算法对应

递推方程。作者做了初步的探讨,发现 cIcG-bI 型针对一些特殊问题的优化时搜索效率不是很好,故其优越性不是很明显,还需进一步分析。

cIcGbI 型 PSO 算法相对传统 PSO 算法来说,多共享了以前个体历史最优 $\overrightarrow{P_i^{bt}}=(p_{i1}^{bt},p_{i2}^{bt},\cdots,p_{iD}^{bt})$ 的信息,学习借鉴的信息具有多样性,因此更容易跳出局部最优趋向全局最优。

4.3.5 cIcGbIbG 型 PSO 算法

cIcGbIbG～PSO 算法即就是向当前个体历史最优 $\overrightarrow{P_i^c}=(p_{i1}^c,p_{i2}^c,\cdots,p_{iD}^c)$、当前全局最优 $\overrightarrow{P_g^c}=(p_{g1}^c,p_{g2}^c,\cdots,p_{gD}^c)$、以前 t 次运行时搜索获得的全局最优 $\overrightarrow{P_g^{bt}}=(p_{g1}^{bt},p_{g2}^{bt},\cdots,p_{gD}^{bt})$、以前 t 次运行时粒子个体历史最优 $\overrightarrow{P_i^{bt}}=(p_{i1}^{bt},p_{i2}^{bt},\cdots,p_{iD}^{bt})$ 学习。下面详细介绍 cIcGbIbG～PSO 算法的不同结合方式及递推方程。

4.3.5.1 cIbI-cGbG 型 PSO 算法

(1) 和结合 cIbI-cGbG 型 PSO 算法递推方程

① 以前粒子个体历史最优 $\overrightarrow{P_i^{bt}}=(p_{i1}^{bt},p_{i2}^{bt},\cdots,p_{iD}^{bt})$ 由前 $t-1$ 次 Maxiter 代个体历史最优构成,以前全局最优 $\overrightarrow{P_g^{bt}}=(p_{g1}^{bt},p_{g2}^{bt},\cdots,p_{gD}^{bt})$ 由前 $t-1$ 次 Maxiter 代全局最优构成:

$$v_{id}(k+1)=wv_{id}(k)+c_1r_1((1-\alpha)(p_{id}^c(k)-x_{id}(k))+\alpha(p_{id}^b(k)-x_{id}(k)))+$$
$$c_2r_2((1-\beta)(p_{gd}^c(k)-x_{id}(k))+\beta(p_{gd}^b(k)-x_{id}(k))) \quad (4.28)$$

$$x_{id}(k+1)=x_{id}(k)+v_{id}(k+1)(i=1,2,\cdots,m;d=1,2,\cdots,D) \quad (4.29)$$

$$\overrightarrow{P_i^{bt}}=\overrightarrow{P_i^{b(t-1)}} \quad (4.30)$$

$$\overrightarrow{P_g^{bt}}=\overrightarrow{P_g^{b(t-1)}} \quad (4.31)$$

② 以前粒子个体历史最优 $\overrightarrow{P_i^{bt}}=(p_{i1}^{bt},p_{i2}^{bt},\cdots,p_{iD}^{bt})$ 由前 $t-1$ 次 Maxiter 代个体历史最优构成,以前全局最优 $\overrightarrow{P_g^b}=(p_{g1}^b,p_{g2}^b,\cdots,p_{gD}^b)$ 由前 $t-1$ 次 Maxiter 代全局最优按照百分比 λ_t 合并构成:

$$v_{id}(k+1)=wv_{id}(k)+c_1r_1((1-\alpha)(p_{id}^c(k)-x_{id}(k))+\alpha(p_{id}^b(k)-x_{id}(k)))+$$
$$c_2r_2((1-\beta)(p_{gd}^c(k)-x_{id}(k))+\beta(p_{gd}^b(k)-x_{id}(k))) \quad (4.32)$$

$$x_{id}(k+1)=x_{id}(k)+v_{id}(k+1)(i=1,2,\cdots,m;d=1,2,\cdots,D) \quad (4.33)$$

$$\overrightarrow{P_i^{bt}}=\overrightarrow{P_i^{b(t-1)}} \quad (4.34)$$

$$\overrightarrow{P_g^{bt}}=\overrightarrow{P_g^{b1}}\bigcup\overrightarrow{P_g^{b2}}\bigcup\cdots\bigcup\overrightarrow{P_g^{b(t-1)}} \quad (4.35)$$

③ 以前粒子个体历史最优 $\overrightarrow{P_i^{bt}}=(p_{i1}^{bt},p_{i2}^{bt},\cdots,p_{iD}^{bt})$ 由前 t 次 Maxiter 代个体历史最优按照百分比 μ_t 随机选择构成,以前全局最优 $\overrightarrow{P_g^{bt}}=(p_{g1}^{bt},p_{g2}^{bt},\cdots,p_{gD}^{bt})$ 由前 $t-1$ 次 Maxiter 代全局最优构成:

$$v_{id}(k+1)=wv_{id}(k)+c_1r_1((1-\alpha)(p_{id}^c(k)-x_{id}(k))+\alpha(p_{id}^b(k)-x_{id}(k)))+$$
$$c_2r_2((1-\beta)(p_{gd}^c(k)-x_{id}(k))+\beta(p_{gd}^b(k)-x_{id}(k))) \quad (4.36)$$

$$x_{id}(k+1)=x_{id}(k)+v_{id}(k+1)(i=1,2,\cdots,m;d=1,2,\cdots,D) \quad (4.37)$$

$$\overrightarrow{P_i^{bt}} = \overrightarrow{P_i^{b1}} \cup \overrightarrow{P_i^{b2}} \cup \cdots \cup \overrightarrow{P_i^{b(t-1)}} \quad (4.38)$$

$$\overrightarrow{P_g^{bt}} = \overrightarrow{P_g^{b(t-1)}} \quad (4.39)$$

④ 以前粒子个体历史最优 $\overrightarrow{P_i^{bt}} = (p_{i1}^{bt}, p_{i2}^{bt}, \cdots, p_{iD}^{bt})$ 由前 t 次 Maxiter 代个体历史最优按照百分比 μ_t 随机选择构成,以前全局最优 $\overrightarrow{P_g^b} = (p_{g1}^b, p_{g2}^b, \cdots, p_{gD}^b)$ 由前 $t-1$ 次 Maxiter 代全局最优按照百分比 λ_t 合并构成:

$$v_{id}(k+1) = w v_{id}(k) + c_1 r_1 ((1-\alpha)(p_{id}^c(k) - x_{id}(k)) + \alpha(p_{id}^b(k) - x_{id}(k))) + c_2 r_2 ((1-\beta)(p_{gd}^c(k) - x_{id}(k)) + \beta(p_{gd}^b(k) - x_{id}(k))) \quad (4.40)$$

$$x_{id}(k+1) = x_{id}(k) + v_{id}(k+1) \quad (i=1,2,\cdots,m; d=1,2,\cdots,D) \quad (4.41)$$

$$\overrightarrow{P_i^{bt}} = \overrightarrow{P_i^{b1}} \cup \overrightarrow{P_i^{b2}} \cup \cdots \cup \overrightarrow{P_i^{b(t-1)}} \quad (4.42)$$

$$\overrightarrow{P_g^{bt}} = \overrightarrow{P_g^{b1}} \cup \overrightarrow{P_g^{b2}} \cup \cdots \cup \overrightarrow{P_g^{b(t-1)}} \quad (4.43)$$

(2) 开方结合 cIbI-cGbG 型 PSO 算法速度递推方程

$$v_{id}(k+1) = w v_{id}(k) + c_1 r_1 \sqrt{(p_{id}^c(k) - x_{id}(k))(p_{id}^b(k) - x_{id}(k))} + c_2 r_2 \sqrt{(p_{gd}^c(k) - x_{id}(k))(p_{gd}^b(k) - x_{id}(k))} \quad (4.44)$$

(3) 和与开方混合结合 cIbI-cGbG 型 PSO 算法速度递推方程

1) $$v_{id}(k+1) = w v_{id}(k) + c_1 r_1 ((1-\alpha)(p_{id}^c(k) - x_{id}(k)) + \alpha(p_{id}^b(k) - x_{id}(k))) + c_2 r_2 \sqrt{(p_{gd}^c(k) - x_{id}(k))(p_{gd}^b(k) - x_{id}(k))} \quad (4.45)$$

2) $$v_{id}(k+1) = w v_{id}(k) + c_1 r_1 \sqrt{(p_{id}^c(k) - x_{id}(k))(p_{id}^b(k) - x_{id}(k))} + c_2 r_2 ((1-\beta)(p_{gd}^c(k) - x_{id}(k)) + \beta(p_{gd}^b(k) - x_{id}(k))) \quad (4.46)$$

和与开方混合结合 cIbI-cGbG 型 PSO 算法中,其以前粒子个体历史最优 $\overrightarrow{P_i^{bt}} = (p_{i1}^{bt}, p_{i2}^{bt}, \cdots, p_{iD}^{bt})$、以前全局最优 $\overrightarrow{P_g^b} = (p_{g1}^b, p_{g2}^b, \cdots, p_{gD}^b)$ 的构成方式不同,将会组合出各 4 种递推方程。

在(4.28)、(4.32)、(4.36)、(4.40)、(4.45)中,α 为在[0,1]之间的一个常数;在(4.28)、(4.32)、(4.36)、(4.40)、(4.46)中,β 也为在[0,1]之间的一个常数,α 和 β 取值不同,其搜索效率将受到很大影响。在 cIbI-cGbG 型 PSO 算法中,因为第 1 次运行时,无前次运行获得的个体历史最优 $\overrightarrow{P_i^{bt}} = (p_{i1}^{bt}, p_{i2}^{bt}, \cdots, p_{iD}^{bt})$、无前次运行获得的全局最优 $\overrightarrow{P_g^{bt}} = (p_{g1}^{bt}, p_{g2}^{bt}, \cdots, p_{gD}^{bt})$,故令其 α、β 值为 0,即变成了传统 PSO 算法。构成以前全局最优的百分比 λ_t、以前粒子个体历史最优的百分比 μ_t 需深入研究。关于它们的取值,本书借鉴 cIcGbG 和 cIcGbI~PSO 算法中的 λ_t 与 μ_t。cIbI-cGbG 型 PSO 算法的其他参数和传统 PSO 算法相同。

4.3.5.2 cIbG-cGbI 型 PSO 算法

(1) 和结合 cIbG-cGbI 型 PSO 算法速度递推方程

$$v_{id}(k+1) = w v_{id}(k) + c_1 r_1 ((1-\alpha)(p_{id}^c(k) - x_{id}(k)) + \alpha(p_{gd}^b(k) - x_{id}(k))) + c_2 r_2 ((1-\beta)(p_{gd}^c(k) - x_{id}(k)) + \beta(p_{id}^b(k) - x_{id}(k))) \quad (4.47)$$

(2) 开方结合 cIbG-cGbI 型 PSO 算法速度递推方程

$$v_{id}(k+1) = wv_{id}(k) + c_1 r_1 \sqrt{(p_{id}^c(k) - x_{id}(k))(p_{gd}^b(k) - x_{id}(k))} + c_2 r_2 \sqrt{(p_{gd}^c(k) - x_{id}(k))(p_{id}^b(k) - x_{id}(k))} \tag{4.48}$$

(3) 和与开方混合结合 cIbG-cGbI 型 PSO 算法速度递推方程

1) $v_{id}(k+1) = wv_{id}(k) + c_1 r_1((1-\alpha)(p_{id}^c(k) - x_{id}(k)) + \alpha(p_{gd}^b(k) - x_{id}(k))) + c_2 r_2 \sqrt{(p_{gd}^c(k) - x_{id}(k))(p_{id}^b(k) - x_{id}(k))} \tag{4.49}$

2) $v_{id}(k+1) = wv_{id}(k) + c_1 r_1 \sqrt{(p_{id}^c(k) - x_{id}(k))(p_{gd}^b(k) - x_{id}(k))} + c_2 r_2((1-\beta)(p_{gd}^c(k) - x_{id}(k)) + \beta(p_{id}^b(k) - x_{id}(k))) \tag{4.50}$

和与开方混合结合 cIbG-cGbI 型 PSO 算法中其以前粒子个体历史最优 $\overrightarrow{P_i^{bt}} = (p_{i1}^{bt}, p_{i2}^{bt}, \cdots, p_{iD}^{bt})$、以前全局最优 $\overrightarrow{P_g^b} = (p_{g1}^b, p_{g2}^b, \cdots, p_{gD}^b)$ 的构成方式不同,将会组合出各 4 种递推方程。构成以前全局最优的百分比 λ_t、以前粒子个体历史最优的百分比 μ_t 需深入研究。关于它们的取值,本书借鉴 cIcGbG 和 cIcGbI~PSO 算法中的 λ_t 与 μ_t。cIbG-cGbI 型 PSO 算法的其他参数和 cIbI-cGbG 型 PSO 算法相同。

4.3.5.3 cI-bI-cG-bG 型 PSO 算法速度递推方程

$$v_{id}(k+1) = wv_{id}(k) + c_1 r_1(p_{id}^c(k) - x_{id}(k)) + c_2 r_2(p_{id}^b(k) - x_{id}(k)) + c_3 r_3(p_{gd}^c(k) - x_{id}(k)) + c_4 r_4(p_{gd}^b(k) - x_{id}(k)) \tag{4.51}$$

经作者初步数据仿真,确定设置学习因子 c_1、c_2、c_3 和 c_4 是非负常数,$c_1 + c_2 + c_3 + c_4 \approx 4$,其具体取值需要深入仿真分析与探讨。其以前粒子个体历史最优 $\overrightarrow{P_i^{bt}} = (p_{i1}^{bt}, p_{i2}^{bt}, \cdots, p_{iD}^{bt})$、以前全局最优 $\overrightarrow{P_g^b} = (p_{g1}^b, p_{g2}^b, \cdots, p_{gD}^b)$ 的构成方式不同,将会组合出各 4 种递推方程。构成以前全局最优的百分比 λ_t、以前粒子个体历史最优的百分比 μ_t 借鉴 cIcGbG 和 cIcGbI~PSO 算法中的 λ_t 与 μ_t。

4.3.5.4 cI-cGbIbG 型 PSO 算法

(1) 和结合 cI-cGbIbG 型 PSO 算法速度递推方程

$$v_{id}(k+1) = wv_{id}(k) + c_1 r_1(p_{id}^c(k) - x_{id}(k)) + c_2 r_2(\alpha(p_{gd}^c(k) - x_{id}(k)) + \beta(p_{id}^b(k) - x_{id}(k)) + (1-\alpha-\beta)(p_{gd}^b(k) - x_{id}(k))) \tag{4.52}$$

(2) 和与开方混合结合 cI-cGbIbG 型 PSO 算法速度递推方程

1) $v_{id}(k+1) = wv_{id}(k) + c_1 r_1(p_{id}^c(k) - x_{id}(k)) + c_2 r_2(\alpha(p_{gd}^c(k) - x_{id}(k)) + (1-\alpha)\sqrt{(p_{id}^b(k) - x_{id}(k))(p_{gd}^b(k) - x_{id}(k))}) \tag{4.53}$

2) $v_{id}(k+1) = wv_{id}(k) + c_1 r_1(p_{id}^c(k) - x_{id}(k)) + c_2 r_2(\alpha(p_{id}^b(k) - x_{id}(k)) + (1-\alpha)\sqrt{(p_{gd}^c(k) - x_{id}(k))(p_{gd}^b(k) - x_{id}(k))}) \tag{4.54}$

3) $v_{id}(k+1) = wv_{id}(k) + c_1 r_1(p_{id}^c(k) - x_{id}(k)) + c_2 r_2(\alpha(p_{gd}^b(k) - x_{id}(k)) +$

$$(1-\alpha)\sqrt{(p_{gd}^c(k)-x_{id}(k))(p_{id}^b(k)-x_{id}(k))} \tag{4.55}$$

在 cI-cGbIbG 型 PSO 算法中,其以前粒子个体历史最优 $\overrightarrow{P_i^{bt}}=(p_{i1}^{bt},p_{i2}^{bt},\cdots,p_{iD}^{bt})$,以前全局最优 $\overrightarrow{P_g^b}=(p_{g1}^b,p_{g2}^b,\cdots,p_{gD}^b)$ 的构成方式不同,每种结合方式将会组合出各 4 种递推方程。构成以前全局最优的百分比 λ_t、以前粒子个体历史最优的百分比 μ_t 借鉴 cIcGbG 和 cIcGbI~PSO 算法中的 λ_t 与 μ_t。该类型算法的相关参数和 cIbG-cGbI 型 PSO 算法相同。

4.3.5.5 其他型 cIbIbGcG~PSO 算法

cIbIbGcG~PSO 算法除了以上结合方式外,还有其他几种结合模式。如 cIbIbG-cG 型 PSO 算法与 cI-cGbIbG 型相似,包括结合方法、参数设置等,还有 bI-cIbGcG 型、cIcGbI-bG 型、cIcG-bIbG 型,其以前粒子个体历史最优 $\overrightarrow{P_i^{bt}}=(p_{i1}^{bt},p_{i2}^{bt},\cdots,p_{iD}^{bt})$,以前全局最优 $\overrightarrow{P_g^b}=(p_{g1}^b,p_{g2}^b,\cdots,p_{gD}^b)$ 的构成方式不同,各自结合方式将会组合出各 4 种递推方程,构成以前全局最优的百分比 λ_t、以前粒子个体历史最优的百分比 μ_t 借鉴 cIcGbG 和 cIcGbI~PSO 算法中的 λ_t 与 μ_t。以上提出的不同结合方式组成的 PSO 算法,其相关参数可借鉴类似算法的参数设置。

当参数 α 和 β 设置特殊时,cIbIbGcG~PSO 算法就变为传统 PSO 算法。也就是说传统 PSO 算法是 cIbIbGcG~PSO 算法的一种特殊形式。它学习共享的最优信息更多,学习借鉴的信息具有多样性,因此更容易趋向最优。

4.3.6 cIcGcL~PSO 算法及其扩展

cIcGcL~PSO 算法即向当前个体历史最优 $\overrightarrow{P_i^c}=(p_{i1}^c,p_{i2}^c,\cdots,p_{iD}^c)$、当前全局最优 $\overrightarrow{P_g^c}=(p_{g1}^c,p_{g2}^c,\cdots,p_{gD}^c)$、本次运行种群局部最优 $\overrightarrow{P_l^c}=(p_{l1}^c,p_{l2}^c,\cdots,p_{lD}^c)$ 学习。该类型算法的不同结合方式及递推方程,作者已在博士论文[37]中做了详细介绍。种群局部最优 $\overrightarrow{P_l^c}=(p_{l1}^c,p_{l2}^c,\cdots,p_{lD}^c)$ 的不同构成,博士论文未做详细分析。它的构成同样主要分为三类:其一全部由上代(也就是 $k-1$ 代)迭代时种群的局部最优构成;其二是由前 $k-1$ 代迭代时种群的局部最优以百分比 η_{k-1} 构成,即随机选择种群规模 $Psize$ 百分之 η_{k-1} 个粒子,然后用第 $k-1$ 代迭代时种群的局部最优代替,便构成了第 k 代迭代时的种群局部最优;其三是将所有迭代种群的局部最优组成一个矩阵,然后在矩阵中随机选择 $Psize$ 个粒子作为本次迭代时的种群局部最优。各自结合方式将会组合出不同的递推方程。构成种群局部最优的百分比 η_{k-1} 需要深入研究,它对算法搜索效率的影响比较大。

受前面不同学习对象、结合方式的启发,cIcGcL~PSO 算法也有对应的 cIcGbL~PSO 算法,即向当前个体历史最优 $\overrightarrow{P_i^c}=(p_{i1}^c,p_{i2}^c,\cdots,p_{iD}^c)$、当前全局最优 $\overrightarrow{P_g^c}=(p_{g1}^c,p_{g2}^c,\cdots,p_{gD}^c)$、前次运行种群局部最优 $\overrightarrow{P_l^b}=(p_{l1}^b,p_{l2}^b,\cdots,p_{lD}^b)$ 学习。它有 cI-cGbL 型、cIbL-cG 型、cIcG-bL 型、cI-cG-bL 型 PSO 算法,其具体结合方式和递推方程类似于 cIcGcL~PSO 算法。前次运行种群局部最优 $\overrightarrow{P_l^b}=(p_{l1}^b,p_{l2}^b,\cdots,p_{lD}^b)$ 的构成主要分为三类:其一是 $t-1$ 次第 Maxiter 代种群最优构成;其二是前 $t-1$ 次 Maxiter 代局部最优按照百分比 γ_t 合并构成;其三是前 $t-1$ 次 Maxiter 代局部最优组成一个矩阵,然后在矩阵中随机选择 $Psize$ 个粒子作为前次运行时

的种群局部最优。各自结合方式将会组合出不同的递推方程。构成前次种群局部最优的百分比 γ_t 需要通过仿真等手段深入研究,选择出搜索效率最强的匹配参数作为该算法的参数。

cIcGcLbL～PSO 算法为 cIcGcL～PSO 算法的扩展,即向当前个体历史最优 $\overrightarrow{P_i^c}=(p_{i1}^c, p_{i2}^c,\cdots,p_{iD}^c)$、当前全局最优 $\overrightarrow{P_g^c}=(p_{g1}^c,p_{g2}^c,\cdots,p_{gD}^c)$、本次运行种群局部最优 $\overrightarrow{P_l^c}=(p_{l1}^c,p_{l2}^c,\cdots,p_{lD}^c)$、前次运行种群局部最优 $\overrightarrow{P_l^b}=(p_{l1}^b,p_{l2}^b,\cdots,p_{lD}^b)$ 学习。它有 1～3 结合的 cI-cGcLbL 型、cG-cIcLbL 型、cL-cIcGbL 型、bL-cIcGcL 型;2～2 结合的 cIcG-cLbL 型、cIcL-cGbL 型、cIbL-cLcG 型;1～1～2 结合的 cI-cG-cLbL 型、cI-cL-cGbL 型、cI-bL-cLcG 型、cG-cL-cIbL 型、cG-bL-cIcL 型、bL-cL-cGcI 型;还有 1～1～1～1 结合的 bL-cL-cG-cI 型。其具体结合方式、递推方程、本次运行种群局部最优、前次运行种群局部最优及相关参数可借鉴上面描述的设置。

4.3.7 cIcGbIbGcLbL 型 PSO 算法

cIcGbIbGcLbL～PSO 算法即向当前个体历史最优 $\overrightarrow{P_i^c}=(p_{i1}^c,p_{i2}^c,\cdots,p_{iD}^c)$、当前全局最优 $\overrightarrow{P_g^c}=(p_{g1}^c,p_{g2}^c,\cdots,p_{gD}^c)$、以前 t 次运行时搜索获得的全局最优 $\overrightarrow{P_g^{bt}}=(p_{g1}^{bt},p_{g2}^{bt},\cdots,p_{gD}^{bt})$、以前 t 次运行时粒子个体历史最优 $\overrightarrow{P_i^{bt}}=(p_{i1}^{bt},p_{i2}^{bt},\cdots,p_{iD}^{bt})$、本次运行种群局部最优 $\overrightarrow{P_l^c}=(p_{l1}^c,p_{l2}^c,\cdots,p_{lD}^c)$、前次运行种群局部最优 $\overrightarrow{P_l^b}=(p_{l1}^b,p_{l2}^b,\cdots,p_{lD}^b)$ 学习。下面主要介绍几种 cIcGbIbGcLbL～PSO 算法的不同结合方式及递推方程。

4.3.7.1 cIbIcL-cGbGbL 型 PSO 算法

(1) 和结合 cIbIcL-cGbGbL 型 PSO 算法速度递推方程

$$v_{id}(k+1) = wv_{id}(k) + c_1 r_1 ((1-\alpha-\beta)(p_{id}^c(k)-x_{id}(k)) + \alpha(p_{id}^b(k)-x_{id}(k)) + \beta(p_{ld}^c(k)-x_{id}(k))) + c_2 r_2 ((1-\theta-\rho)(p_{gd}^c(k)-x_{id}(k)) + \theta(p_{gd}^b(k)-x_{id}(k)) + \rho(p_{ld}^b(k)-x_{id}(k))) \tag{4.56}$$

(2) 开方结合 cIbIcL-cGbGbL 型 PSO 算法速度递推方程

$$v_{id}(k+1) = wv_{id}(k) + c_1 r_1 \sqrt[3]{(p_{id}^c(k)-x_{id}(k))(p_{id}^b(k)-x_{id}(k))(p_{ld}^c(k)-x_{id}(k))} + c_2 r_2 \sqrt[3]{(p_{gd}^c(k)-x_{id}(k))(p_{gd}^b(k)-x_{id}(k))(p_{ld}^b(k)-x_{id}(k))} \tag{4.57}$$

(3) 和与开方混合结合 cIbIcL-cGbGbL 型 PSO 算法速度递推方程

①
$$v_{id}(k+1) = wv_{id}(k) + c_1 r_1 (\alpha(p_{id}^c(k)-x_{id}(k)) + (1-\alpha)\sqrt{(p_{id}^b(k)-x_{id}(k))(p_{ld}^c(k)-x_{id}(k))}) + c_2 r_2 (\beta(p_{gd}^c(k)-x_{id}(k)) + (1-\beta)\sqrt{(p_{gd}^b(k)-x_{id}(k))(p_{ld}^b(k)-x_{id}(k))}) \tag{4.58}$$

②
$$v_{id}(k+1) = wv_{id}(k) + c_1 r_1 (\alpha(p_{id}^b(k)-x_{id}(k)) + (1-\alpha)\sqrt{(p_{id}^c(k)-x_{id}(k))(p_{ld}^c(k)-x_{id}(k))}) + c_2 r_2 (\beta(p_{gd}^c(k)-x_{id}(k)) + (1-\beta)\sqrt{(p_{gd}^b(k)-x_{id}(k))(p_{ld}^b(k)-x_{id}(k))}) \tag{4.59}$$

③
$$v_{id}(k+1) = wv_{id}(k) + c_1r_1(\alpha(p_{id}^c(k) - x_{id}(k)) + (1-\alpha)\sqrt{(p_{id}^b(k) - x_{id}(k))(p_{ld}^c(k) - x_{id}(k))}) + c_2r_2(\beta(p_{gd}^c(k) - x_{id}(k)) + (1-\beta)\sqrt{(p_{gd}^b(k) - x_{id}(k))(p_{ld}^b(k) - x_{id}(k))}) \quad (4.60)$$

④
$$v_{id}(k+1) = wv_{id}(k) + c_1r_1(\alpha(p_{id}^c(k) - x_{id}(k)) + (1-\alpha)\sqrt{(p_{id}^b(k) - x_{id}(k))(p_{id}^c(k) - x_{id}(k))}) + c_2r_2(\beta(p_{gd}^b(k) - x_{id}(k)) + (1-\beta)\sqrt{(p_{gd}^c(k) - x_{id}(k))(p_{ld}^b(k) - x_{id}(k))}) \quad (4.61)$$

⑤
$$v_{id}(k+1) = wv_{id}(k) + c_1r_1(\alpha(p_{id}^c(k) - x_{id}(k)) + (1-\alpha)\sqrt{(p_{id}^b(k) - x_{id}(k))(p_{ld}^c(k) - x_{id}(k))}) + c_2r_2(\beta(p_{ld}^b(k) - x_{id}(k)) + (1-\beta)\sqrt{(p_{gd}^b(k) - x_{id}(k))(p_{gd}^c(k) - x_{id}(k))}) \quad (4.62)$$

⑥
$$v_{id}(k+1) = wv_{id}(k) + c_1r_1(\alpha(p_{id}^b(k) - x_{id}(k)) + (1-\alpha)\sqrt{(p_{id}^c(k) - x_{id}(k))(p_{ld}^c(k) - x_{id}(k))}) + c_2r_2(\beta(p_{ld}^b(k) - x_{id}(k)) + (1-\beta)\sqrt{(p_{gd}^b(k) - x_{id}(k))(p_{gd}^c(k) - x_{id}(k))}) \quad (4.63)$$

⑦
$$v_{id}(k+1) = wv_{id}(k) + c_1r_1(\alpha(p_{id}^c(k) - x_{id}(k)) + (1-\alpha)\sqrt{(p_{id}^b(k) - x_{id}(k))(p_{id}^c(k) - x_{id}(k))}) + c_2r_2(\beta(p_{ld}^b(k) - x_{id}(k)) + (1-\beta)\sqrt{(p_{gd}^b(k) - x_{id}(k))(p_{gd}^c(k) - x_{id}(k))}) \quad (4.64)$$

⑧
$$v_{id}(k+1) = wv_{id}(k) + c_1r_1(\alpha(p_{id}^b(k) - x_{id}(k)) + (1-\alpha)\sqrt{(p_{id}^c(k) - x_{id}(k))(p_{ld}^c(k) - x_{id}(k))}) + c_2r_2(\beta(p_{gd}^b(k) - x_{id}(k)) + (1-\beta)\sqrt{(p_{gd}^c(k) - x_{id}(k))(p_{ld}^b(k) - x_{id}(k))}) \quad (4.65)$$

⑨
$$v_{id}(k+1) = wv_{id}(k) + c_1r_1(\alpha(p_{id}^b(k) - x_{id}(k)) + (1-\alpha)\sqrt{(p_{id}^b(k) - x_{id}(k))(p_{ld}^c(k) - x_{id}(k))}) + c_2r_2(\beta(p_{gd}^b(k) - x_{id}(k)) + (1-\beta)\sqrt{(p_{gd}^c(k) - x_{id}(k))(p_{ld}^b(k) - x_{id}(k))}) \quad (4.66)$$

⑩
$$v_{id}(k+1) = wv_{id}(k) + c_1r_1((1-\alpha-\beta)(p_{id}^c(k) - x_{id}(k)) + \alpha(p_{id}^b(k) - x_{id}(k)) + \beta*(p_{ld}^c(k) - x_{id}(k))) + c_2r_2\sqrt[3]{(p_{gd}^c(k) - x_{id}(k))(p_{gd}^b(k) - x_{id}(k))(p_{ld}^b(k) - x_{id}(k))} \quad (4.67)$$

⑪ $v_{id}(k+1) = wv_{id}(k) + c_1r_1\sqrt[3]{(p_{id}^c(k) - x_{id}(k))(p_{id}^b(k) - x_{id}(k))(p_{ld}^c(k) - x_{id}(k))}$
$+ c_2r_2((1-\alpha-\beta)(p_{gd}^c(k) - x_{id}(k)) + \alpha(p_{gd}^b(k) - x_{id}(k)) +$
$\beta(p_{ld}^b(k) - x_{id}(k)))$ \quad (4.68)

cIbIcL-cGbGbL 型 PSO 算法中,其以前粒子个体历史最优$\vec{P_i^{bt}} = (p_{i1}^{bt}, p_{i2}^{bt}, \cdots, p_{iD}^{bt})$、以前全局最优$\vec{P_g^b} = (p_{g1}^b, p_{g2}^b, \cdots, p_{gD}^b)$、本次运行种群局部最优$\vec{P_l} = (p_{l1}, p_{l2}, \cdots, p_{lD})$、前次运行种群局部最优$\vec{P_l^b} = (p_{l1}^b, p_{l2}^b, \cdots, p_{lD}^b)$的构成方式不同,将会组合出各十几种递推方程。在以上的速度递推方程中,α、β各为在$[0,1]$之间的一个常数,它们取值不同,其搜索效率将受到很大影响。在 cIbIcL-cGbGbL 型 PSO 算法中,因为第一次运行时,无前次运行获得的个体历史最优$\vec{P_i^{bt}} = (p_{i1}^{bt}, p_{i2}^{bt}, \cdots, p_{iD}^{bt})$,无前次运行获得的全局最优$\vec{P_g^{bt}} = (p_{g1}^{bt}, p_{g2}^{bt}, \cdots, p_{gD}^{bt})$、无前次

运行获得的局部最优 $\vec{P_l^b}=(p_{l1}^b,p_{l2}^b,\cdots,p_{lD}^b)$，故第一次运行时就按照 cIcGcL~PSO 算法或者传统 PSO 算法进行迭代。该算法的参数 α,β，构成以前全局最优的百分比 λ_t、以前粒子个体历史最优的百分比 μ_t、前次运行的种群局部最优百分比 η_{k-1}、本次运行的种群局部最优百分比 γ_t 需通过大量仿真实验，找出其解决不同问题时的最佳值。关于它们的取值，本书建议借鉴 cIcGbG 和 cIcGbI~PSO 算法的 λ_t 与 μ_t，cIcGcLbL~PSO 算法的 η_{k-1} 和 γ_t。

4.3.7.2 cIbI-cLcGbGbL 型 PSO 算法

(1) 和结合 cIbI-cLcGbGbL 型 PSO 算法速度递推方程

$$v_{id}(k+1) = wv_{id}(k) + c_1r_1((1-\alpha)(p_{id}^c(k)-x_{id}(k)) + \alpha(p_{id}^b(k)-x_{id}(k))) + \\ c_2r_2((1-\beta-\theta-\rho)(p_{ld}^c(k)-x_{id}(k)) + \beta(p_{gd}^c(k)-x_{id}(k)) + \\ \theta(p_{gd}^b(k)-x_{id}(k)) + \rho(p_{ld}^b(k)-x_{id}(k))) \quad (4.69)$$

(2) 开方结合 cIbI-cLcGbGbL 型 PSO 算法速度递推方程

$$v_{id}(k+1) = wv_{id}(k) + c_1r_1\sqrt{(p_{id}^c(k)-x_{id}(k))(p_{id}^b(k)-x_{id}(k))} + \\ c_2r_2\sqrt[4]{(p_{ld}^c(k)-x_{id}(k))(p_{gd}^c(k)-x_{id}(k))(p_{gd}^b(k)-x_{id}(k))(p_{ld}^b(k)-x_{id}(k))} \quad (4.70)$$

(3) 和与开方混合结合 cIbI-cLcGbGbL 型 PSO 算法速度递推方程

① $v_{id}(k+1) = wv_{id}(k) + c_1r_1((1-\alpha)(p_{id}^c(k)-x_{id}(k)) + \alpha(p_{id}^b(k)-x_{id}(k))) +$
$c_2r_2\sqrt[4]{(p_{ld}^c(k)-x_{id}(k))(p_{gd}^c(k)-x_{id}(k))(p_{gd}^b(k)-x_{id}(k))(p_{ld}^b(k)-x_{id}(k))} \quad (4.71)$

② $v_{id}(k+1) = wv_{id}(k) + c_1r_1((1-\alpha)(p_{id}^c(k)-x_{id}(k)) + \alpha(p_{id}^b(k)-\\ x_{id}(k))) + c_2r_2((1-\beta)(p_{ld}^c(k)-x_{id}(k)) +\\ \beta\sqrt[3]{(p_{gd}^c(k)-x_{id}(k))(p_{gd}^b(k)-x_{id}(k))(p_{ld}^b(k)-x_{id}(k))} \quad (4.72)$

③ $v_{id}(k+1) = wv_{id}(k) + c_1r_1((1-\alpha)(p_{id}^c(k)-x_{id}(k)) + \alpha(p_{id}^b(k)-\\ x_{id}(k))) + c_2r_2((1-\beta)(p_{ld}^c(k)-x_{id}(k)) +\\ \beta\sqrt[3]{(p_{gd}^c(k)-x_{id}(k))(p_{gd}^b(k)-x_{id}(k))(p_{ld}^b(k)-x_{id}(k))} \quad (4.73)$

④ $v_{id}(k+1) = wv_{id}(k) + c_1r_1((1-\alpha)(p_{id}^c(k)-x_{id}(k)) + \alpha(p_{id}^b(k)-\\ x_{id}(k))) + c_2r_2((1-\beta)(p_{gd}^b(k)-x_{id}(k)) +\\ \beta\sqrt[3]{(p_{gd}^c(k)-x_{id}(k))(p_{ld}^c(k)-x_{id}(k))(p_{ld}^b(k)-x_{id}(k))} \quad (4.74)$

⑤ $v_{id}(k+1) = wv_{id}(k) + c_1r_1((1-\alpha)(p_{id}^c(k)-x_{id}(k)) + \alpha(p_{id}^b(k)-\\ x_{id}(k))) + c_2r_2((1-\beta)(p_{ld}^b(k)-x_{id}(k)) +\\ \beta\sqrt[3]{(p_{gd}^c(k)-x_{id}(k))(p_{gd}^b(k)-x_{id}(k))(p_{ld}^c(k)-x_{id}(k))} \quad (4.75)$

⑥ $v_{id}(k+1) = wv_{id}(k) + c_1r_1((1-\alpha)(p_{id}^c(k)-x_{id}(k)) + \alpha(p_{id}^b(k)-\\ x_{id}(k))) + c_2r_2((1-\beta-\theta)(p_{ld}^c(k)-x_{id}(k)) + \beta(p_{gd}^c(k)-x_{id}(k)) +\\ \theta\sqrt{(p_{gd}^b(k)-x_{id}(k))(p_{ld}^b(k)-x_{id}(k))}) \quad (4.76)$

⑦ $v_{id}(k+1) = wv_{id}(k) + c_1r_1((1-\alpha)(p_{id}^c(k)-x_{id}(k)) + \alpha(p_{id}^b(k)-\\ x_{id}(k))) + c_2r_2((1-\beta-\theta)(p_{ld}^c(k)-x_{id}(k)) + \beta(p_{gd}^b(k)-x_{id}(k))$

$$\theta \sqrt{(p_{gd}^c(k)-x_{id}(k))(p_{ld}^b(k)-x_{id}(k))} \tag{4.77}$$

⑧ $v_{id}(k+1) = wv_{id}(k) + c_1 r_1((1-\alpha)(p_{id}^c(k)-x_{id}(k)) + \alpha(p_{id}^b(k) - x_{id}(k))) + c_2 r_2((1-\beta-\theta)(p_{ld}^c(k)-x_{id}(k)) + \beta(p_{ld}^b(k)-x_{id}(k))$

$$\theta \sqrt{(p_{gd}^c(k)-x_{id}(k))(p_{gd}^b(k)-x_{id}(k))} \tag{4.78}$$

⑨ $v_{id}(k+1) = wv_{id}(k) + c_1 r_1((1-\alpha)(p_{id}^c(k)-x_{id}(k)) + \alpha(p_{id}^b(k) - x_{id}(k))) + c_2 r_2((1-\beta-\theta)(p_{id}^c(k)-x_{id}(k)) + \beta(p_{gd}^b(k)-x_{id}(k))$

$$\theta \sqrt{(p_{ld}^c(k)-x_{id}(k))(p_{ld}^b(k)-x_{id}(k))} \tag{4.79}$$

⑩ $v_{id}(k+1) = wv_{id}(k) + c_1 r_1((1-\alpha)(p_{id}^c(k)-x_{id}(k)) + \alpha(p_{id}^b(k) - x_{id}(k))) + c_2 r_2((1-\beta-\theta)(p_{id}^c(k)-x_{id}(k)) + \beta(p_{ld}^b(k)-x_{id}(k))$

$$\theta \sqrt{(p_{ld}^c(k)-x_{id}(k))(p_{gd}^b(k)-x_{id}(k))} \tag{4.80}$$

⑪ $v_{id}(k+1) = wv_{id}(k) + c_1 r_1((1-\alpha)(p_{id}^c(k)-x_{id}(k)) + \alpha(p_{id}^b(k) - x_{id}(k))) + c_2 r_2((1-\beta-\theta)(p_{gd}^b(k)-x_{id}(k)) + \beta(p_{ld}^b(k)-x_{id}(k))$

$$\theta \sqrt{(p_{ld}^c(k)-x_{id}(k))(p_{gd}^c(k)-x_{id}(k))} \tag{4.81}$$

若上式中 cIbI 和结合方式 $c_1 r_1((1-\alpha)*(p_{id}^c(k)-x_{id}(k))+\alpha*(p_{id}^b(k)-x_{id}(k))$ 替换为开方结合方式 $c_1 r_1 \sqrt{(p_{id}^c(k)-x_{id}(k))(p_{id}^b(k)-x_{id}(k))}$，(4.71)~(4.81)将有另外 11 种速度递推方程。cIbI-cLcGbGbL 型 PSO 算法中，其以前粒子个体历史最优 $\vec{P_i^{bt}} = (p_{i1}^{bt}, p_{i2}^{bt}, \cdots, p_{iD}^{bt})$、以前全局最优 $\vec{P_g^b} = (p_{g1}^b, p_{g2}^b, \cdots, p_{gD}^b)$、本次运行种群局部最优 $\vec{P_l^c} = (p_{l1}^c, p_{l2}^c, \cdots, p_{lD}^c)$、前次运行种群局部最优 $\vec{P_l^b} = (p_{l1}^b, p_{l2}^b, \cdots, p_{lD}^b)$ 的构成方式不同，将会组合出各十几种递推方程。

4.3.7.3　cIbI-cLcGb-GbL 型 PSO 算法

(1) 和结合 cIbI-cLcGb-GbL 型 PSO 算法速度递推方程

$$v_{id}(k+1) = wv_{id}(k) + c_1 r_1((1-\alpha)(p_{id}^c(k)-x_{id}(k)) + \alpha(p_{id}^b(k)-x_{id}(k))) + \\ c_2 r_2((1-\beta)(p_{ld}^c(k)-x_{id}(k)) + \beta(p_{gd}^c(k)-x_{id}(k))) + \\ c_3 r_3((1-\theta)(p_{gd}^b(k)-x_{id}(k)) + \theta(p_{ld}^b(k)-x_{id}(k))) \tag{4.82}$$

(2) 开方结合 cIbI-cLcGb-GbL 型 PSO 算法速度递推方程

$$v_{id}(k+1) = wv_{id}(k) + c_1 r_1 \sqrt{(p_{id}^c(k)-x_{id}(k))(p_{id}^b(k)-x_{id}(k))} + \\ c_2 r_2 \sqrt{(p_{ld}^c(k)-x_{id}(k))(p_{gd}^c(k)-x_{id}(k))} + \\ c_3 r_3 \sqrt{(p_{gd}^b(k)-x_{id}(k))(p_{ld}^b(k)-x_{id}(k))} \tag{4.83}$$

(3) 和与开方混合结合 cIbI-cLcGb-GbL 型 PSO 算法速度递推方程

① $v_{id}(k+1) = wv_{id}(k) + c_1 r_1 \sqrt{(p_{id}^c(k)-x_{id}(k))(p_{id}^b(k)-x_{id}(k))} + \\ c_2 r_2((1-\beta)(p_{ld}^c(k)-x_{id}(k)) + \beta(p_{gd}^c(k)-x_{id}(k))) + \\ c_3 r_3((1-\theta)(p_{gd}^b(k)-x_{id}(k)) + \theta(p_{ld}^b(k)-x_{id}(k)))$ (4.84)

②
$$v_{id}(k+1) = wv_{id}(k) + c_1 r_1 ((1-\alpha)(p_{id}^c(k) - x_{id}(k)) + \alpha(p_{id}^b(k) - x_{id}(k))) + c_2 r_2 \sqrt{(p_{ld}^c(k) - x_{id}(k))(p_{gd}^c(k) - x_{id}(k))} + c_3 r_3 ((1-\theta)(p_{gd}^b(k) - x_{id}(k)) + \theta(p_{ld}^b(k) - x_{id}(k))) \tag{4.85}$$

③
$$v_{id}(k+1) = wv_{id}(k) + c_1 r_1 ((1-\alpha)(p_{id}^c(k) - x_{id}(k)) + \alpha(p_{id}^b(k) - x_{id}(k))) + c_2 r_2 ((1-\beta)(p_{ld}^c(k) - x_{id}(k)) + \beta(p_{gd}^c(k) - x_{id}(k))) + c_3 r_3 \sqrt{(p_{gd}^b(k) - x_{id}(k))(p_{ld}^b(k) - x_{id}(k))} \tag{4.86}$$

④
$$v_{id}(k+1) = wv_{id}(k) + c_1 r_1 \sqrt{(p_{id}^c(k) - x_{id}(k))(p_{id}^b(k) - x_{id}(k))} + c_2 r_2 \sqrt{(p_{ld}^c(k) - x_{id}(k))(p_{gd}^c(k) - x_{id}(k))} + c_3 r_3 ((1-\theta)(p_{gd}^b(k) - x_{id}(k)) + \theta * (p_{ld}^b(k) - x_{id}(k))) \tag{4.87}$$

⑤
$$v_{id}(k+1) = wv_{id}(k) + c_1 r_1 \sqrt{(p_{id}^c(k) - x_{id}(k))(p_{id}^b(k) - x_{id}(k))} + c_2 r_2 ((1-\beta)(p_{ld}^c(k) - x_{id}(k)) + \beta * (p_{gd}^c(k) - x_{id}(k))) + c_3 r_3 \sqrt{(p_{gd}^b(k) - x_{id}(k))(p_{ld}^b(k) - x_{id}(k))} \tag{4.88}$$

⑥
$$v_{id}(k+1) = wv_{id}(k) + c_1 r_1 ((1-\alpha)(p_{id}^c(k) - x_{id}(k)) + \alpha(p_{id}^b(k) - x_{id}(k))) + c_2 r_2 \sqrt{(p_{ld}^c(k) - x_{id}(k))(p_{gd}^c(k) - x_{id}(k))} + c_3 r_3 \sqrt{(p_{gd}^b(k) - x_{id}(k))(p_{ld}^b(k) - x_{id}(k))} \tag{4.89}$$

同样,cIbI-cLcG-bGbL 型 PSO 算法中,其以前粒子个体历史最优、以前全局最优、本次运行种群局部最优、前次运行种群局部最优的构成方式不同,将会组合出各十几种递推方程。

4.3.7.4 cI-bIcLcGbGbL 型 PSO 算法

(1) 和结合 cI-bIcLcGbGbL 型 PSO 算法速度递推方程

$$v_{id}(k+1) = wv_{id}(k) + c_1 r_1 (p_{id}^c(k) - x_{id}(k)) + c_2 r_2 ((1-\alpha-\beta-\theta-\rho)(p_{id}^b(k) - x_{id}(k)) + \alpha(p_{ld}^c(k) - x_{id}(k)) + \beta(p_{gd}^c(k) - x_{id}(k)) + \theta(p_{gd}^b(k) - x_{id}(k)) + \rho(p_{ld}^b(k) - x_{id}(k))) \tag{4.90}$$

(2) 开方结合 cI-bIcLcGbGbL 型 PSO 算法速度递推方程

①
$$v_{id}(k+1) = wv_{id}(k) + c_1 r_1 (p_{id}^c(k) - x_{id}(k)) + c_2 r_2 ((1-\alpha) \sqrt{(p_{id}^b(k) - x_{id}(k))(p_{ld}^c(k) - x_{id}(k))} + \alpha \sqrt[3]{(p_{gd}^c(k) - x_{id}(k))(p_{gd}^b(k) - x_{id}(k))(p_{ld}^b(k) - x_{id}(k))}) \tag{4.91}$$

②
$$v_{id}(k+1) = wv_{id}(k) + c_1 r_1 (p_{id}^c(k) - x_{id}(k)) + c_2 r_2 ((1-\alpha) \sqrt{(p_{id}^b(k) - x_{id}(k))(p_{gd}^c(k) - x_{id}(k))} + \alpha \sqrt[3]{(p_{ld}^c(k) - x_{id}(k))(p_{gd}^b(k) - x_{id}(k))(p_{ld}^b(k) - x_{id}(k))}) \tag{4.92}$$

③
$$v_{id}(k+1) = wv_{id}(k) + c_1 r_1 (p_{id}^c(k) - x_{id}(k)) + c_2 r_2 ((1-\alpha) \sqrt{(p_{id}^b(k) - x_{id}(k))(p_{gd}^b(k) - x_{id}(k))} +$$

④
$$\alpha \sqrt[3]{(p_{gd}^c(k)-x_{id}(k))(p_{ld}^c(k)-x_{id}(k))(p_{ld}^b(k)-x_{id}(k))} \tag{4.93}$$

$$v_{id}(k+1)=wv_{id}(k)+c_1r_1(p_{id}^c(k)-x_{id}(k))$$
$$+c_2r_2((1-\alpha)\sqrt{(p_{id}^b(k)-x_{id}(k))(p_{ld}^b(k)-x_{id}(k))}+$$
$$\alpha \sqrt[3]{(p_{gd}^c(k)-x_{id}(k))(p_{ld}^c(k)-x_{id}(k))(p_{gd}^b(k)-x_{id}(k))}) \tag{4.94}$$

⑤
$$v_{id}(k+1)=wv_{id}(k)+c_1r_1(p_{id}^c(k)-x_{id}(k))$$
$$+c_2r_2((1-\alpha)\sqrt{(p_{ld}^c(k)-x_{id}(k))(p_{ld}^c(k)-x_{id}(k))}+$$
$$\alpha \sqrt[3]{(p_{id}^b(k)-x_{id}(k))(p_{gd}^b(k)-x_{id}(k))(p_{ld}^b(k)-x_{id}(k))}) \tag{4.95}$$

⑥
$$v_{id}(k+1)=wv_{id}(k)+c_1r_1(p_{id}^c(k)-x_{id}(k))$$
$$+c_2r_2((1-\alpha)\sqrt{(p_{gd}^b(k)-x_{id}(k))(p_{ld}^c(k)-x_{id}(k))}+$$
$$\alpha \sqrt[3]{(p_{gd}^c(k)-x_{id}(k))(p_{ld}^b(k)-x_{id}(k))(p_{ld}^b(k)-x_{id}(k))}) \tag{4.96}$$

⑦
$$v_{id}(k+1)=wv_{id}(k)+c_1r_1(p_{id}^c(k)-x_{id}(k))$$
$$+c_2r_2((1-\alpha)\sqrt{(p_{ld}^b(k)-x_{id}(k))(p_{ld}^c(k)-x_{id}(k))}+$$
$$\alpha \sqrt[3]{(p_{gd}^c(k)-x_{id}(k))(p_{gd}^b(k)-x_{id}(k))(p_{ld}^b(k)-x_{id}(k))}) \tag{4.97}$$

⑧
$$v_{id}(k+1)=wv_{id}(k)+c_1r_1(p_{id}^c(k)-x_{id}(k))$$
$$+c_2r_2((1-\alpha)\sqrt{(p_{gd}^c(k)-x_{id}(k))(p_{gd}^b(k)-x_{id}(k))}+$$
$$\alpha \sqrt[3]{(p_{id}^b(k)-x_{id}(k))(p_{ld}^c(k)-x_{id}(k))(p_{ld}^b(k)-x_{id}(k))}) \tag{4.98}$$

⑨
$$v_{id}(k+1)=wv_{id}(k)+c_1r_1(p_{id}^c(k)-x_{id}(k))$$
$$+c_2r_2((1-\alpha)\sqrt{(p_{gd}^c(k)-x_{id}(k))(p_{ld}^b(k)-x_{id}(k))}+$$
$$\alpha \sqrt[3]{(p_{gd}^b(k)-x_{id}(k))(p_{ld}^b(k)-x_{id}(k))(p_{ld}^c(k)-x_{id}(k))}) \tag{4.99}$$

⑩
$$v_{id}(k+1)=wv_{id}(k)+c_1r_1(p_{id}^c(k)-x_{id}(k))$$
$$+c_2r_2((1-\alpha)\sqrt{(p_{gd}^b(k)-x_{id}(k))(p_{ld}^b(k)-x_{id}(k))}+$$
$$\alpha \sqrt[3]{(p_{gd}^c(k)-x_{id}(k))(p_{ld}^b(k)-x_{id}(k))(p_{ld}^c(k)-x_{id}(k))}) \tag{4.100}$$

(3) 和与开方混合结合 cI-bIcLcGbGbL 型 PSO 算法速度递推方程

①
$$v_{id}(k+1)=wv_{id}(k)+c_1r_1(p_{id}^c(k)-x_{id}(k))+$$
$$c_2r_2((1-\alpha-\beta)(p_{id}^b(k)-x_{id}(k))+\alpha(p_{ld}^c(k)-x_{id}(k))+$$
$$\beta \sqrt[3]{(p_{gd}^c(k)-x_{id}(k))(p_{gd}^b(k)-x_{id}(k))(p_{ld}^b(k)-x_{id}(k))}) \tag{4.101}$$

②
$$v_{id}(k+1)=wv_{id}(k)+c_1r_1(p_{id}^c(k)-x_{id}(k))+$$
$$c_2r_2((1-\alpha-\beta-\theta)\sqrt{(p_{id}^b(k)-x_{id}(k))(p_{ld}^c(k)-x_{id}(k))}+$$
$$\alpha(p_{gd}^c(k)-x_{id}(k))+\beta(p_{gd}^b(k)-x_{id}(k))+\theta(p_{ld}^b(k)-x_{id}(k))) \tag{4.102}$$

参照(4.92)～(4.100)、(4.101),可产生另外 9 个类似(4.101)的混合结合的 cI-bIcLcGbGbL 型 PSO 算法。同理参照(4.92)～(4.100)、(4.102),可产生另外 9 个类似 (4.102)的混合结合的 cI-bIcLcGbGbL 型 PSO 算法。同时,根据以前粒子个体历史最优、以前全局最优、本次运行种群局部最优、前次运行种群局部最优的构成方式不同,将会组合出各十几种递推方程。在 cI-bIcLcGbGbL 型 PSO 算法中,其相关参数设置类似 cIbIcL-cGbGbL 型。

4.3.7.5 cIbIcLcGbGbL 其他型 PSO 算法

cIbIcLcGbGbL～PSO 算法除了以上结合方式外,还有其他结合模式。如 3～3 结合的有：cIcGbG-bLbIcL 型、cIcGbL-bGbIcL 型、cIbGbL-cGbIcL 型、cIcLbL-bIcGbG 型、cIcLbG-bIcGbL 型、cIcLcG-bIbGbL 型、cIbIbL-cLcGbG 型、cIbIbG-cLcGbL 型、cIbIcG-cLbGbL 型 9 种；2～4 结合的有：cIcL-bIcGbGbL 型、cIcG-bIcLbGbL 型、cIbG-bIcLcGbL 型、cIbL-cGbGbIcL 型、bIcL-cIcGbGbL 型、bIcG-cIcLbGbL 型、bIbG-cIcLcGbL 型、bIbL-cGbGcIcL 型、cLcG-cIbIbGbL 型、cLbG-cIbIcGbL 型、cLbL-cIbIcGbG 型、cGbG-cIbIcLbL 型、cGbL-cIbIcLbG 型、bGbL-cIbIcLcG 型 14 种；2～2～2 结合的有：cIcL-bIcG-bGbL 型、cIcL-bIbG-cGbL 型、cIcL-bIbL-cGbG 型等 45 种；1～5 结合的有：bI-cIcLcGbGbL 型、cL-cIbIcGbGbL 型等 5 种；还有如 1～1～4 结合、1～2～3 结合、1～1～1～3、1～1～1～1～2、1～1～1～1～1～1 结合方式。

同样,根据以前粒子个体历史最优、以前全局最优、本次运行种群局部最优、前次运行种群局部最优的构成方式不同,将会组合出各十几种递推方程。以上提出的不同结合方式组成的 PSO 算法,其相关参数可借鉴类似算法的参数设置。

4.3.8 其他学习型 PSO 算法

泛学 PSO 算法除了以上学习结合方式外,还有向当前个体历史最优、当前全局最优、本次运行种群局部最优、前次运行种群局部最优、以前 t 次运行时搜索获得的全局最优学习的 cIcGcLbLbG～PSO 算法,它有 1～4 结合的 cI-cGcLbLbG 型、cG-cIcLbLbG 型、cL-cIcGbLbG 型、bL-cIcGcLbG 型、bG-cIcGcLbL 型；2～3 结合的 cIcG-cLbLbG 型、cIcL-cGbLbG 型、cIbL-cGcLbG 型、cIbG-cGcLbL 型、cGcL-cIbLbG 型、cGbL-cIcLbG 型、cGbG-cIcLbL 型、cLbL-cIcGbG 型、cLbG-cIcGbL 型、bLbG-cIcGcL 型；还有 1～1～3、1～2～2、1～1～1～2、1～1～1～1～1 结合的其他型。根据以前全局最优、本次运行种群局部最优、前次运行种群局部最优的构成方式不同,将会组合出各许多种递推方程。

若向当前个体历史最优、当前全局最优、本次运行种群局部最优、前次运行种群局部最优、以前 t 次运行时粒子个体历史最优 $\overrightarrow{P_i^{bt}}=(p_{i1}^{bt},p_{i2}^{bt},\cdots,p_{iD}^{bt})$ 学习,即为 cIcGcLbLbI～PSO 算法。它的结合方式类似 cIcGcLbLbG～PSO 算法。

传统 PSO 算法是泛学 PSO 算法的一种特殊形式。泛学 PSO 算法学习共享的最优信息更多,学习借鉴的信息更具多样性,因此更容易趋向最优。但在各种泛学 PSO 算法中,经作者初步仿真分析,发现其对部分优化问题来说,如 X～X～X 三节以上的结合方式,其搜索效率不是很强,它的结合方式还需进一步研究。

4.3.9 泛学 PSO 算法编码

解决不同问题需采用不同的编码形式。本书提出的泛学 PSO 算法,可采用实数编码解决函数优化问题、解方程问题;采用实数编码转化为 0~1 编码,可解决产能符合平衡问题/背包问题;采用实数转化自然数编码,可解决制造业调度问题。具体编码形式如下:

4.3.9.1 实数编码

泛学 PSO 算法,其递推方程只适合应用实数编码。实数编码即各粒子向量的分量由实数构成,不妨设泛学 PSO 算法用来优化 n 维函数,它的编码如下。随机产生一个实数向量:

$$X = [x_1, x_2, \cdots x_j, \cdots, x_n](x_j \in R, j = 1, 2, \cdots n) \tag{4.103}$$

(4.103)式的向量 X 即为实数编码。

4.3.9.2 实数编码转化为自然数编码

为了让泛学 PSO 算法适合解决调度问题,可采用文献[34]提出的 SPV 将实数编码转化为整数编码的方法,具体如下。随机产生粒子:

$$X = [x_1, x_2, \cdots, x_n](x_j \in R, j = 1, 2, \cdots n)。$$

将 $X=[x_1,x_2,\cdots,x_n]$ 按照分量从小到大排序得到 $X'=[x'_1,x'_2,\cdots,x'_n]$,用 y_i 表示 x'_i 在向量 $X=[x_1,x_2,\cdots,x_n]$ 的位置,得到新的向量 $Y=[y_1,y_2,\cdots,y_n]$。如下表:

表 4.1 用于 FSSP 实数编码转化成自然数编码

Dim, n	1	2	3	4	5	6	7	8
X	0.717 7	0.117 0	0.971 5	0.615 1	0.129 5	0.186 7	0.750 4	0.163 9
X'	0.117 0	0.129 5	0.163 9	0.186 7	0.615 1	0.717 7	0.750 4	0.971 5
Y	2	5	8	6	4	1	7	3

通过 SPV 方法,将实数编码的粒子 X 转变成一个离散型的可用于解决 FSSP 的自然数编码 Y。

JSSP 的解也是在离散空间内,根据该类型问题的特点,本书介绍最小位置值(Smallest Position Value, SPV)[35]编码,将实数编码转化为自然数编码,然后用于泛学粒子群算法来优化 JSSP,例如 n 个工件 m 台机器的 JSSP 具体转化步骤如下:

不妨假设 $X=[x_1,x_2,\cdots,x_j,\cdots,x_N](x_j \in R, j=1,2,\cdots N, N=n*m)$ 是一个随机粒子。

将粒子 $X=[x_1,x_2,\cdots,x_N]$ 按照权重分量从小到大排序后得到对应的新粒子序列 $X'=[x'_1,x'_2,\cdots,x'_N]$,用 y_i 代表分量 x'_i 在粒子序列 $X=[x_1,x_2,\cdots,x_N]$ 中的位置,于是得到自然数编码的粒子序列 $Y=[y_1,y_2,\cdots,y_N]$,再用下列公式将其转化成用于优化 JSSP 的工序编码:

$$Z = ceil\left(\frac{Y}{m}\right) = \left[ceil\left(\frac{y_1}{m}\right), ceil\left(\frac{y_2}{m}\right), \cdots, ceil\left(\frac{y_N}{m}\right)\right] \tag{4.104}$$

其中函数 ceil 表示向正的方向取整。下面是一个 4 个工件 2 台机器的 JSSP 从实数到自然数的编码转化过程:

表 4.2 用于 JSSP 实数编码转化成自然数编码

粒子\分量	1	2	3	4	5	6	7	8
X	0.7177	0.1170	0.9715	0.6151	0.1295	0.1867	0.7504	0.1639
X'	0.1170	0.1295	0.1639	0.1867	0.6151	0.7177	0.7504	0.9715
Y	2	5	8	6	4	1	7	3
Z	1	3	4	3	2	1	4	2

通过上面的策略,将一个实数编码的粒子序列 X 转化成对应的自然数编码的 JSSP 可行解粒子序列 Z。该序列的加工含义是:依次加工工件 1 的第一道工序,工件 3 的第一道工序,工件 4 的第一道工序,工件 3 的第二道工序,工件 2 的第一道工序,工件 1 的第二道工序,工件 4 的第二道工序和工件 2 的第二道工序。该类编码产生的加工工序始终是可行调度。

4.3.9.3 实数编码转化为 0—1 编码

为了泛学 PSO 算法适合解决背包问题、生产资源分配等离散型问题。根据实际问题特点下面提出将实数编码转变为由 0、1 组成的 0—1 编码。步骤如下:

不妨假设 $X=[x_1,x_2,\cdots x_j,\cdots,x_n]$ $(x_j\in R, j=1,2,\cdots n)$ 是一个随机粒子。

判断该粒子的分量,若大于零,则给维数相同的对应粒子 Y 的分量附值 1,若小于等于零,则给对应粒子的分量附值 0,于是得到新的由 0、1 编码组成的粒子序列 $Y=[y_1,y_2,\cdots,y_n]$。下面是一个关于 8 个可选工件的泛 PSO 算法从实数到 0、1 编码转化过程:

粒子\分量	1	2	3	4	5	6	7	8
X	0.7177	−0.1170	0.9715	0.6151	−0.1295	0.1867	0.7504	−0.1639
Y	1	0	1	1	0	1	1	0

通过上面的策略,将一个实数编码的粒子序列 X 转化成对应的 0、1 编码的泛学 PSO 算法可行解粒子序列 Y。

4.3.10 cIcL-cG 型 PSO 算法伪代码

cIcL-cG 型 PSO 算法,充分共享本次运行的个体历史最优点信息、本次运行获得的全局最优信息和种群局部最优信息,其共享的信息具有多样性,搜索能力及效率将会更好。cIcL-cG 型 PSO 算法主要通过 $\vec{X}_{pbest}$、$\vec{X}_{lbest}$ 和 $\vec{X}_{gbest}$ 三部分来传递和共享信息,更新粒子 i 的新速度和位置,其算法伪代码如下所示:

步骤 1:给相关参数赋值,包括种群规模 PS、算法结束代数 G 等;

步骤 2:产生初始种群(初始速度为 0) X_i,计算初始种群每个粒子的适应值;再复制为个体历史最优粒子 X_{pbest};用初始种群中最优粒子分别构成初始全局最优粒子 X_{gbest} 和初始局

部最优粒子 X_{lbest};

current_gen=0;

While(结束代数 G 没有到达)

{

current_gen：= current_gen+1;

用其递推方程产生下一代粒子群;

{

◆ 计算该代粒子群中各粒子的适应值;

◆ 通过比较找出该代新的全局最优粒子 X_{gbest},局部最优粒子 X_{lbest} 和个体历史最优粒子 X_{pbest};

◆ 更新全局最优粒子 X_{gbest} 和个体历史最优粒子 X_{pbest};

◆ 在上一代局部最优粒子 $X_{lbest}(k-1)$ 中随机选择其中的 N 分之一,用该代的局部最优粒子 $X_{lbest}(k)$ 代替;

}

}

步骤 3：输出最优粒子极其适应值。

4.4 泛学粒子群算法优化装备制造的生产计划与调度问题

4.4.1 cIcL-cG 型 PSO 算法优化 FSSP 仿真

初始 PSO 算法最初用来优化连续函数,它采用的是实数编码,然而 FSSP 问题的解在离散空间内。根据问题特点,本书介绍了将实数编码转化为自然数编码的策略,即可用泛 PSO 算法来优化 FSSP。关于 n 个工件 m 台机器的 FSSP 数学描述如下：

FSSP 的数学描述为：FSSP 是一类复杂且极有代表性的流水线生产调度问题的抽象。FSSP 的特点是所有工件的工序加工顺序相同,工件 j 在机器 i 上的加工时间为 T_{ij}, $i=1,2,\cdots,m,j=1,2,\cdots,n$;具体如下：

$$T_{ij} = \begin{bmatrix} t_{11} & t_{12} & \cdots & t_{1n} \\ t_{21} & t_{22} & \cdots & t_{2n} \\ \vdots & \vdots & \ddots & \vdots \\ t_{m1} & t_{m2} & \cdots & t_{mn} \end{bmatrix}.$$

问题的关键就是求得耗费时间最少的作业顺序安排方案,即工件的加工顺序,使得完成最后一个工件所需的时间 Makespan(加工周期)达到最小。

作者在文献[37]中,对 cIcL-cG 型 PSO 算法测试实验,充分显示了它在优化中、高维连续函数问题比 OPSO 算法效率更高,其优化的极值更趋近全局最优值,并且收敛速度比较快。本节探讨其改进型算法在 FSSP 问题中的应用效率。cIcL-cG 型 PSO 算法的特殊型,即本次运行的种群局部最优构成模式为 $x_{ld}(k+1)=x_{ld}(k-1)\bigcup x_{ld}(k)$(其中,

$x_{ld}(k)$ 占 $x_{ld}(k+1)$ 粒子的三分之一),∪是数学概念上的并,表示第 $k-1$ 代的局部最优粒子群随机选择三分之二和第 k 代局部最优粒子相并,共 m 个局部最优的粒子构成第 $k+1$ 代的局部最优粒子群。本书中,简称 cIcL-cG 型 PSO 算法的特殊型为 ILGCPSO 算法。

实验证明不同交叉和变异操作组成 GA 的效率差别较大,为了检验 ILGCPSO 算法的效率,本书采用文献[37]仿真实验选出的效率较好的变异操作 M2,M3,M6,M8,M9 和交叉操作 C1,C2 组成 GA,用效率最好的 GA 及 OPSO 算法对 8 个不同规模的典型 FSSP 例子的最小化 makespan 目标进行优化,将它们与 ILGCPSO 算法优化的结果进行比较,然后分析比较 ILGCPSO、OPSO 算法及 GA 优化 FSSP 的效率。在仿真实验过程中,为了实验结果科学,更具说服力,ILGCPSO 算法及 GA 优化每个 FSSP 例子时,各运行 10 次,用它们 10 次运行结果各自的最优值(makespan 下界)、平均值、最差值(上界)、达优次数及运行时间综合分析它们的效率差别。ILGCPSO 算法和 GA 优化每个 FSSP 结果比较如文献[37]附件 B 的表 B-1 所示。

从附件表 B-1 可以看出,ILGCPSO、OPSO 算法及 GA 优化 FSSP 的效率有明显差别,其中 ILGCPSO 算法的效率最好,其次为 OPSO 算法,GA 的效率相对来说最差。ILGCPSO 算法对 8 个 FSSP 粒子优化的结果相对来看,其找到的最优值更优,并且对小规模问题来说它的达优率高,均值更小,也说明该算法比较稳定。ILGCPSO、OPSO 算法优化 FSSP 时,当问题的机器少时,算法效率很优良,但遗憾的是当问题机器多时,很容易陷入局部最优。ILGCPSO、OPSO 算法优化 FSSP 相对 GA 来说,前两者耗时相对来说稍长,主要原因是前两者的算法是实数编码,为了解决离散型的调度问题,将其转换成整数编码的过程消耗了许多时间。算法本身效率是好的,如果它用在解决连续性的优化问题时,相对 GA 算法来说耗时大大减小,其优势会得到充分显示。附件 B 中的表 B-2 和 B-3 分别为 ILGCPSO 算法优化 FSSP 时的惯性系数与 α 对算法效率的影响分析。从附件 B 中的表 B-2 可以看出,当问题的规模小的时候,惯性系数对算法的效率影响不是很大,$w \in [0.1, 0.5]$ 的效率差别不明显,当问题的规模稍微大的时候,$w \in [0.2, 0.4]$ 的效率相对更好。从附件 B 中的表 B-3 可以得出,当问题的规模小,并且机器相对来说少的时候,α 取 0.2 或者 0.8 左右效果较好,当规模稍大,机器多时,α 取 0.5 左右效果较好。于是当优化的问题规模和机器不同时,可以选择对应的最优参数。

ILGCPSO、LGCPSO 算法和 GA 对各例子搜索最优解过程的收敛速度曲线图比较如下:

从仿真的收敛图来看,ILGCPSO 与 OPSO 算法用于优化 FSSP 的最小 makespan 目标,明显比 GA 的收敛速度快,并且搜索到的适应值比 GA 搜索到的优。优化小规模的 FSSP 时,ILGCPSO 与 OPSO 算法收敛速度区别不是很大,但当问题规模稍大点时,ILGCPSO 算法的优势就表现出来了,搜索的 makespan 比 OPSO 和 GA 搜索的都小,而且收敛速度快。从上面的仿真结果可以得出,ILGCPSO 算法优化 FSSP 是可行有效的,并且明显比 OPSO 算法及 GA 更有效。

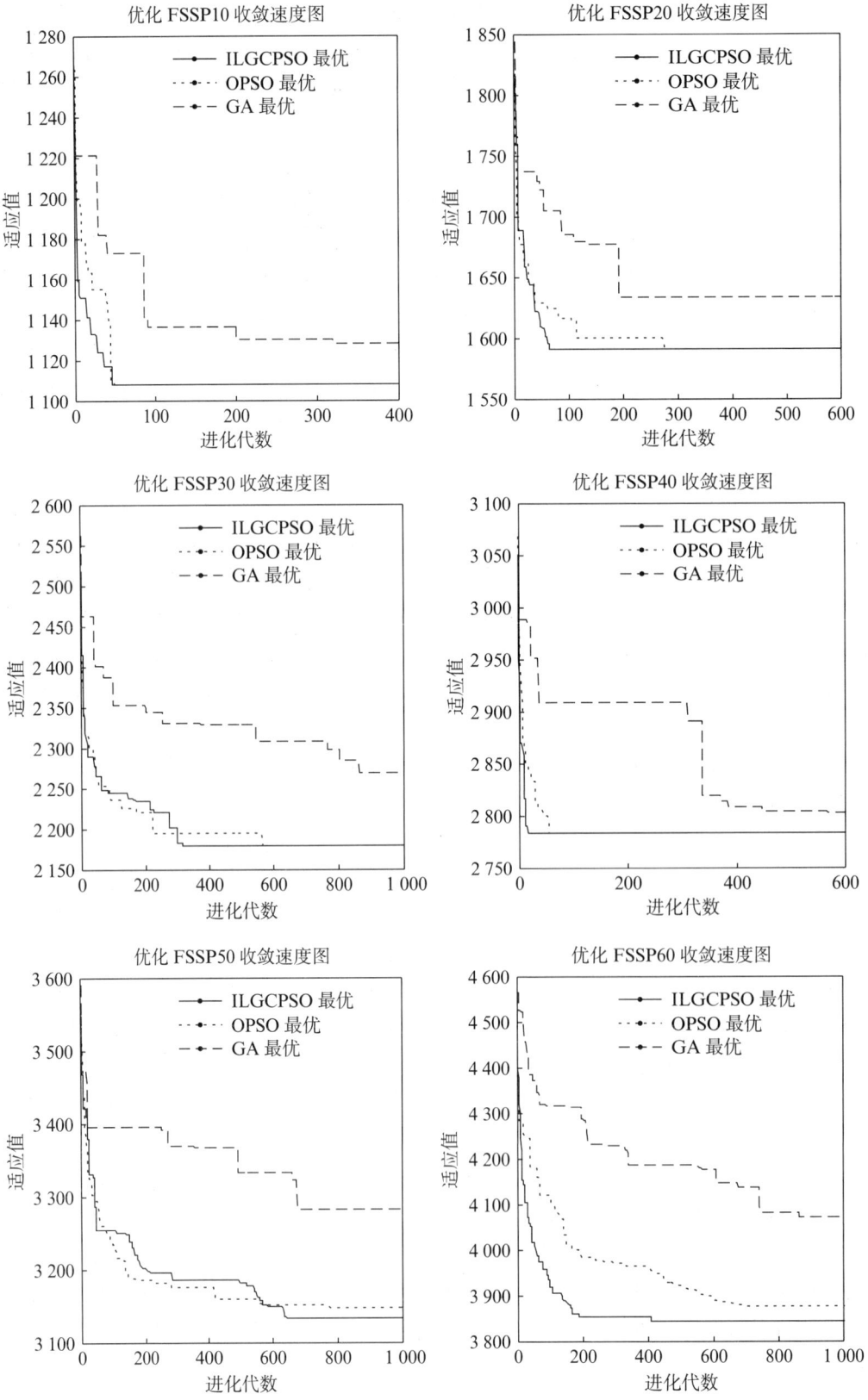

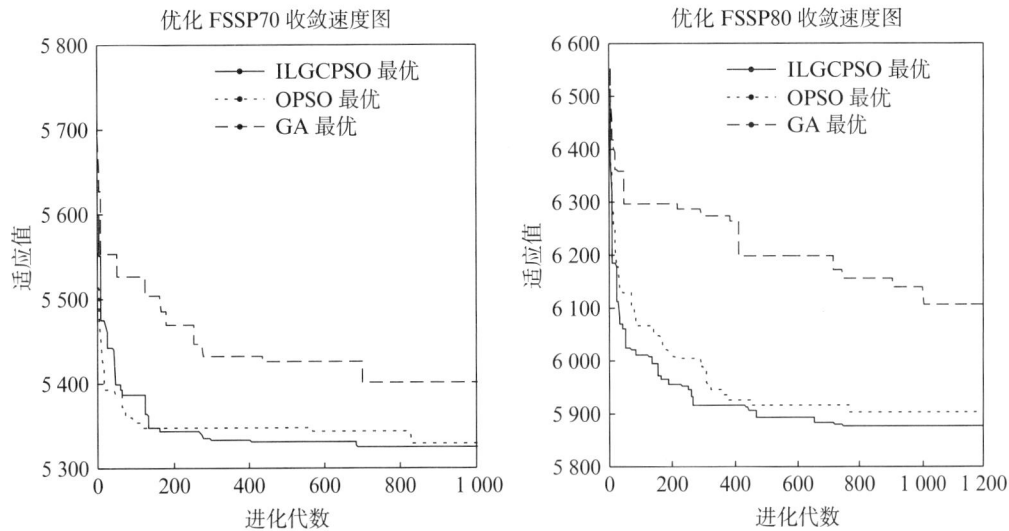

图 4.1 cIcL-cG 型 PSO 算法(ILGCPSO)、初始粒子群算法及遗传算法优化 FSSP 的收敛速度比较

4.4.2 cIcL-cG 型 PSO 算法优化 JSSP 仿真

JSSP 的解也是在离散空间内,根据该类型问题的特点,本小节介绍用 ILGCPSO 算法来优化 JSSP,例如 n 个工件 m 台机器的 JSSP 数学描述为:

工件 j 经过 m 道工序操作完成,并且必须按照给定的工序序列 $O_{ij}(i=1,2,\cdots,m;j=1,2,\cdots,n)$ 加工,即表示工件 j 的第 i 道工序在机器 O_{ij} 上加工;工件 j 的第 i 道工序加工固定时间为 $T_{ij}(i=1,2,\cdots,m;j=1,2,\cdots,n)$,具体如下:

$$O_{ij} = \begin{pmatrix} M_{11} & M_{12} & \cdots & M_{1n} \\ M_{21} & M_{22} & \cdots & M_{2n} \\ \vdots & \vdots & \ddots & \vdots \\ M_{m1} & M_{m2} & \cdots & M_{mn} \end{pmatrix}, T_{ij} = \begin{pmatrix} t_{11} & t_{12} & \cdots & t_{1n} \\ t_{21} & t_{22} & \cdots & t_{2n} \\ \vdots & \vdots & \ddots & \vdots \\ t_{m1} & t_{m2} & \cdots & t_{mn} \end{pmatrix}.$$

如何安排调度方案,使得 makspan 最小,即所有工件工序完工时间最短?

为了实验更有代表性和说服力,选用 3 个标准的经典 6×6、10×10 和 20×5 的 JSSP 测试例子,将 cIcG~LA 及使用不同参数的 GA 与初始 PSO 算法优化结果进行比较,检验其有效性。

6×6 JSSP 各工件工序工艺及加工时间为:

$$O_{ij} = \begin{pmatrix} 3 & 2 & 3 & 2 & 3 & 2 \\ 1 & 3 & 4 & 1 & 2 & 4 \\ 2 & 5 & 6 & 3 & 5 & 6 \\ 4 & 6 & 1 & 4 & 6 & 1 \\ 6 & 1 & 2 & 5 & 1 & 5 \\ 5 & 4 & 5 & 6 & 4 & 3 \end{pmatrix}, T_{ij} = \begin{pmatrix} 1 & 8 & 5 & 5 & 9 & 3 \\ 3 & 5 & 4 & 5 & 3 & 3 \\ 6 & 10 & 8 & 5 & 5 & 9 \\ 7 & 10 & 9 & 3 & 4 & 10 \\ 3 & 10 & 1 & 8 & 3 & 4 \\ 6 & 4 & 7 & 9 & 1 & 1 \end{pmatrix};$$

10×10 JSSP 各工件工序工艺及加工时间为：

$$O_{ij} = \begin{bmatrix} 1 & 1 & 2 & 2 & 3 & 3 & 2 & 3 & 1 & 2 \\ 2 & 3 & 1 & 3 & 1 & 2 & 1 & 1 & 2 & 1 \\ 3 & 5 & 4 & 1 & 2 & 6 & 4 & 2 & 4 & 3 \\ 4 & 10 & 3 & 5 & 6 & 4 & 3 & 6 & 6 & 7 \\ 5 & 4 & 9 & 7 & 4 & 9 & 7 & 5 & 3 & 9 \\ 6 & 2 & 6 & 9 & 5 & 10 & 6 & 7 & 10 & 10 \\ 7 & 7 & 8 & 8 & 9 & 1 & 10 & 9 & 7 & 6 \\ 8 & 6 & 7 & 4 & 8 & 7 & 9 & 10 & 8 & 4 \\ 9 & 8 & 10 & 10 & 10 & 5 & 8 & 8 & 5 & 5 \\ 10 & 9 & 5 & 6 & 7 & 8 & 5 & 4 & 9 & 8 \end{bmatrix},$$

$$T_{ij} = \begin{bmatrix} 29 & 43 & 91 & 81 & 14 & 84 & 46 & 31 & 76 & 85 \\ 78 & 90 & 85 & 95 & 6 & 2 & 37 & 86 & 69 & 13 \\ 9 & 75 & 39 & 71 & 22 & 52 & 61 & 46 & 76 & 61 \\ 36 & 11 & 74 & 99 & 61 & 95 & 13 & 74 & 51 & 7 \\ 49 & 69 & 90 & 9 & 26 & 48 & 32 & 32 & 85 & 64 \\ 11 & 28 & 10 & 52 & 69 & 72 & 21 & 88 & 11 & 76 \\ 62 & 46 & 12 & 85 & 21 & 47 & 32 & 19 & 40 & 47 \\ 56 & 46 & 89 & 98 & 49 & 65 & 89 & 48 & 89 & 52 \\ 44 & 72 & 45 & 22 & 72 & 6 & 30 & 36 & 26 & 90 \\ 21 & 30 & 33 & 43 & 53 & 2 & 55 & 79 & 74 & 45 \end{bmatrix};$$

10×10 JSSP 各工件工序工艺及加工时间为：

$$O_{ij} = \begin{bmatrix} 1 & 1 & 2 & 2 & 3 & 3 & 2 & 3 & 1 & 2 & 2 & 3 & 1 & 3 & 1 & 2 & 1 & 1 & 2 & 1 \\ 2 & 2 & 1 & 1 & 2 & 2 & 1 & 2 & 4 & 3 & 4 & 1 & 3 & 1 & 2 & 1 & 3 & 2 & 3 & 2 \\ 3 & 4 & 3 & 5 & 1 & 5 & 3 & 1 & 3 & 1 & 1 & 2 & 2 & 5 & 4 & 2 & 5 & 1 & 3 \\ 4 & 3 & 5 & 3 & 4 & 1 & 4 & 2 & 4 & 5 & 4 & 4 & 3 & 5 & 4 & 3 & 4 & 4 \\ 5 & 5 & 4 & 4 & 5 & 4 & 5 & 5 & 5 & 5 & 3 & 5 & 5 & 4 & 3 & 5 & 4 & 5 & 5 \end{bmatrix};$$

$$T_{ij} = \begin{bmatrix} 29 & 43 & 91 & 81 & 14 & 84 & 46 & 31 & 76 & 85 & 78 & 90 & 85 & 95 & 6 & 2 & 37 & 86 & 69 & 13 \\ 9 & 75 & 39 & 71 & 22 & 52 & 61 & 46 & 76 & 61 & 36 & 11 & 74 & 99 & 61 & 95 & 13 & 74 & 51 & 7 \\ 49 & 69 & 90 & 9 & 26 & 48 & 32 & 32 & 85 & 64 & 11 & 28 & 10 & 52 & 69 & 72 & 21 & 88 & 11 & 76 \\ 62 & 46 & 12 & 85 & 21 & 47 & 32 & 19 & 40 & 47 & 56 & 46 & 89 & 98 & 49 & 65 & 89 & 48 & 89 & 52 \\ 44 & 72 & 45 & 22 & 72 & 6 & 30 & 36 & 26 & 90 & 21 & 30 & 33 & 43 & 53 & 25 & 55 & 79 & 74 & 45 \end{bmatrix}.$$

前面的实验显示 cIcL-cG 型 PSO 算法应用于优化 FSSP 相比 OPSP 算法及 GA 更为有效。本小节将 cIcL-cG 型 PSO 算法应用于优化 JSSP，并与 OPSO 算法及 GA 的优化结果进行比较，探讨它们的效率差别。在仿真实验过程中，ILGCPSO、OPSO 算法和 GA 优化三个典型的 JSSP 例子时，各运行 10 次，同样采用它们 10 次运行结果各自的最优值（makespan 下界）、平均值、最差值（上界）及达优次数综合分析评价各算法。由于

ILGCPSO 与 OPSO 算法优化离散型问题时,耗时差不多,但比 GA 稍长。因为耗费时间长短和硬件设备,编程采用的语言及编程技巧有很大关系,所以本小结探讨 ILGCPSO 算法优化 JSSP,分析其效率时不考虑消耗时间。它们优化三个典型 JSSP 例子的结果比较如文献[37]表附件 C 所示。

从附件 C 中的优化结果比较来观察,ILGCPSO 算法优化 JSSP 的最小化 makespan 目标比 OPSO 算法及 GA 同样更有效,它搜索到的最优适应值及适应值的平均值比后两者更小。另外从附件 C 的表中可以发现,ILGCPSO 算法优化小规模的 JSSP 时,惯性系数对算法的效率影响不是很大,$w \in [0.1, 0.5]$ 的效率差别不明显,当问题的规模稍微大时,$w \in [0.2, 0.4]$ 的效率相对更好。对于参数 α,取 0.2 或者 0.8 左右效果较好。这个结果和它优化 FSSP 时,较优参数的取值相吻合,也充分显示了它优化不同问题表现出的稳定性。

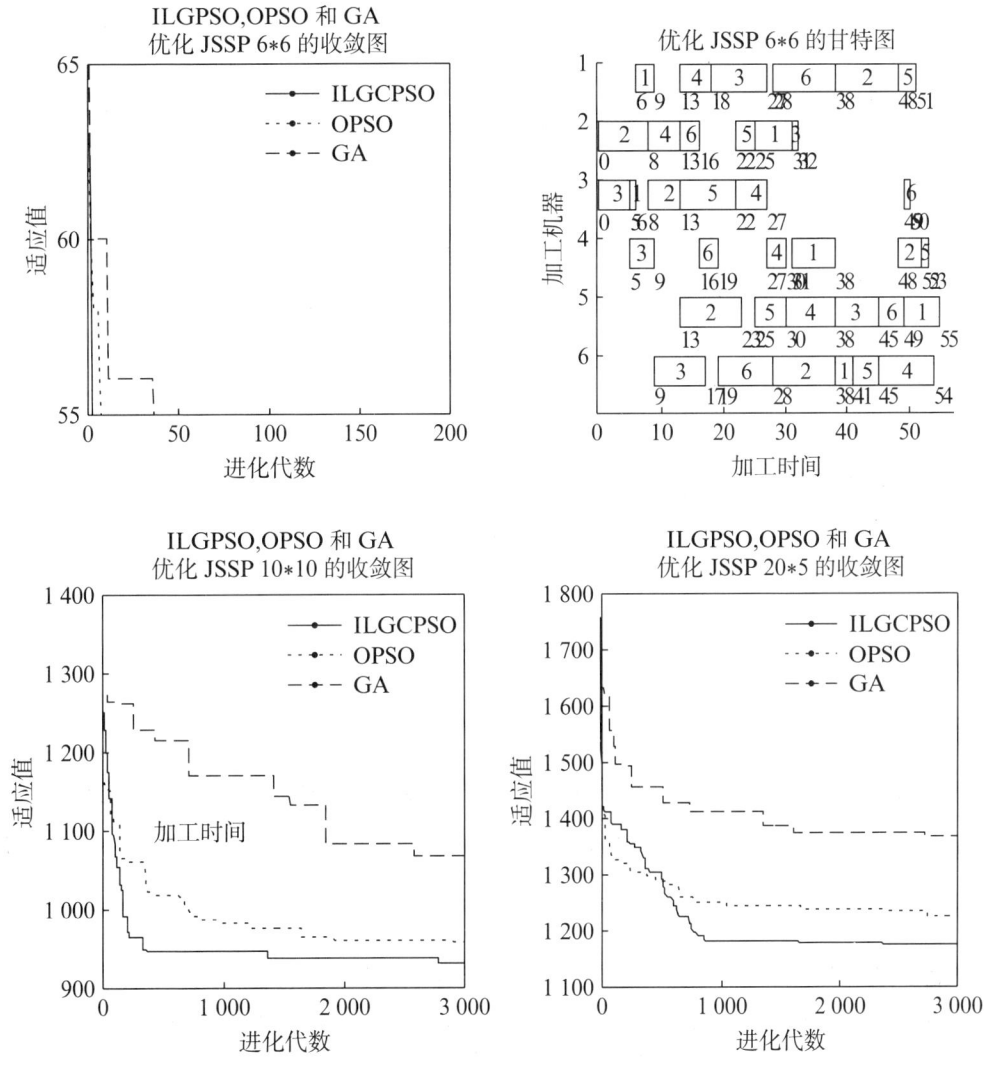

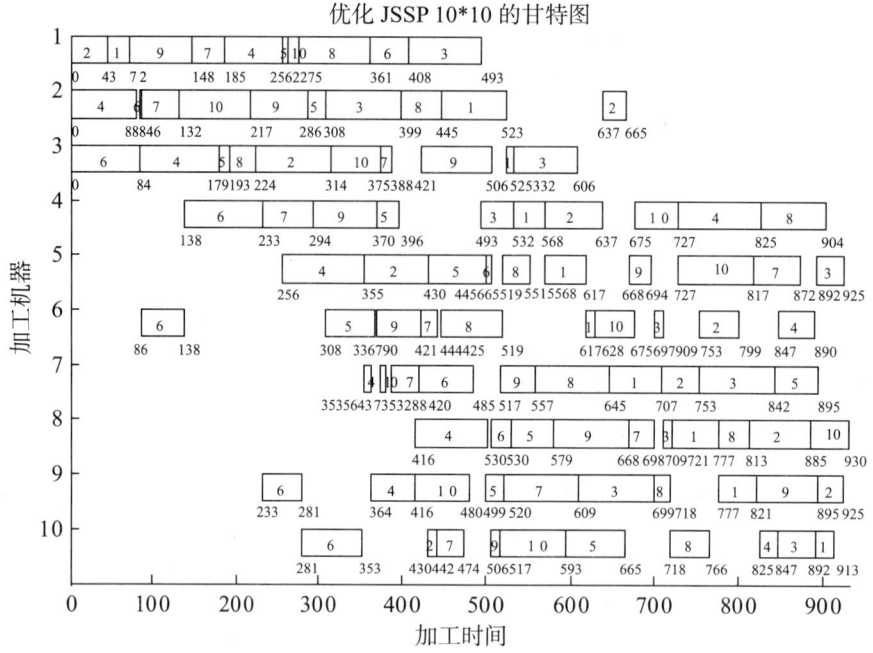

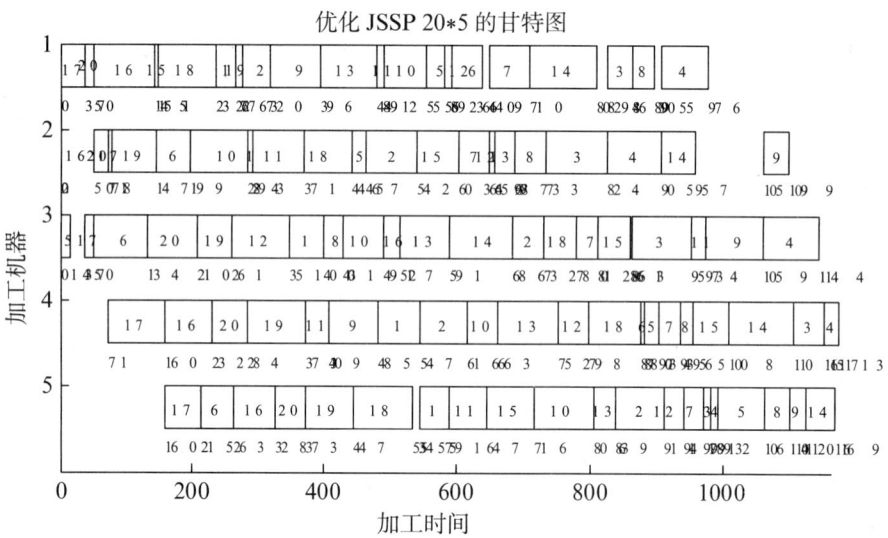

图 4.2　cIcL-cG 型 PSO 算法(ILGCPSO)、初始粒子群算法及遗传算法优化 JSSP 的收敛比较

ILGCPSO、OPSO 算法和 GA 优化 $6\times 6,10\times 10,20\times 5$ 三个典型 JSSP 例子搜索最优解过程的收敛曲线比较及其对应的 GATT 图如 4.2 所示,其中 6×6 有许多调度方案,在下面只列举其一。

从仿真的收敛图来看,ILGCPSO 算法优化 JSSP 的最小 makespan 目标时,其收敛速度明显比 OPSO 算法和 GA 快,并且搜索到的最优适应值比后两者的都小。总之,从 ILGCPSO 算法优化不同规模 JSSP 的数据和收敛图综合比较,可以得出它优化 JSSP 的最小 makespan 目标时,相比 SPSO 算法和 GA 更为有效。

4.5 新型学习算法优化离散生产调度问题

4.5.1 新型学习算法自然数编码

本书第二章介绍了用 0~1 编码优化产能负荷平衡问题或背包问题。根据学习算法递推方程的特殊性,一般为整数编码或者字符编码。如它用于解决 TSP 问题,生产调度问题时,即用自然数编码。下面基于新型学习算法优化生产调度问题的需要,编码具体如下。

4.5.1.1 新型学习算法优化 FSSP 的自然数编码

以 n 个工件在 m 台机器上加工的 $n \times m$ FSSP 为例。随机产生下面序列:

$$se(sequence) = [N_1, N_2, \cdots, N_n] \tag{4.105}$$

在(4.105)的序列中,数字 $N_i(i \in \{1,2,\cdots,n\})$ 表示工件号,每个数字只能出现一次,出现的顺序表示加工次序。例如:不妨设 5×2 FSSP,随机产生学子[2,1,3,5,4],它代表的意义为:依次加工工件 2,工件 1,工件 3,工件 5,工件 4。

4.5.1.2 新型学习算法优化 JSSP 的自然数编码

制造业生产组织是典型的 JSSP 问题。本书用新型学习算法与 GA 优化 JSSP 进行仿真实验,观察其效率。再将新型学习算法的相关参数在仿真过程中进行调试,使其优化效率较好,为其应用于装备制造生产实际调度提供支持。下面介绍新型学习算法用于优化 JSSP 的编码。

工序编码:以 n 个工件在 m 台机器上加工的 $n \times m$ JSSP 为例。随机产生下面序列:

$$se(sequence) = [1,3,\cdots,n,5,3,\cdots,n,\cdots,1,2,\cdots,n], \tag{4.106}$$

在(4.106)的序列中,数字 $i \in \{1,2,\cdots,n\}$ 表示工件号,它出现的总次数是该工件的工序数。工件 i 出现的顺序表示其工序顺序。例如:不妨设 3×2 JSSP,随机产生粒子[2,1,3,1,3,2],它代表的意义为:依次加工工件 2 的工序 1,工件 1 的工序 1,工件 3 的工序 1,工件 1 的工序 2,工件 3 的工序 2 和工件 2 的工序 2。用这种工序编码所得到的所有潜在解都是合法的。

4.5.2 新型学习算法优化 FSSP 的学习策略

实现工序级生产调度比较复杂,这主要是生产调度问题本身就是一个困扰人们很多年的复杂难题,至今也未出现一种完善、高效、适应性强的调度算法和理论。本书提出的新型学习算法为了适应优化 FSSP 问题,提出以下学习策略。

4.5.2.1 优化 FSSP 互相学习算子操作

一段互学(H1):在学长①长度内随机选择两个互学点,将学长①互学点内的工件对应复制到半学子,然后在学长②中依次选择学子中缺少的工件依次插入半学子的空位。该类型互学操作如图 4.3(a)所示,互学段是工件 3 和 8 之间的工件。

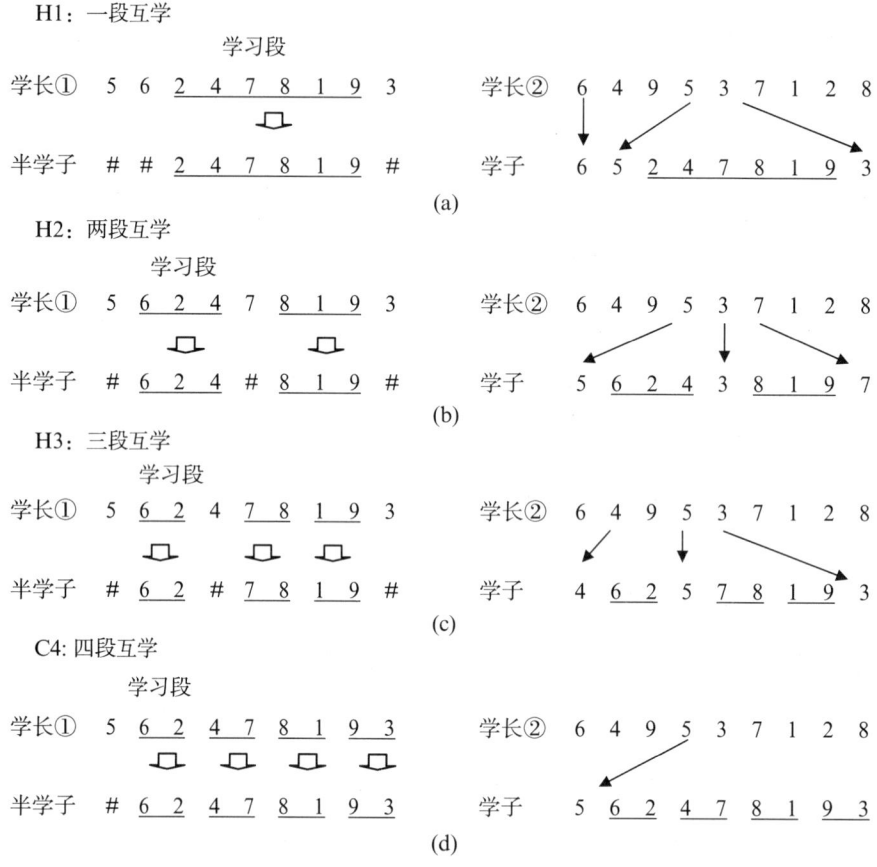

图 4.3 新型学习算法互学操作示意图

两段互学(H2):在学长①长度内随机选择两对互学点,将学长①两对互学点内的工件对应复制到半学子,然后在学长②中依次选择学子中缺少的工件依次插入半学子的空位。该类型互学操作如图 4.3(b)所示,互学段是工件 2 到 4 与 6 到 7 之间的工件。

三段互学(H3):在学长①长度内随机选择三对互学点,将学长①三对互学点内的工件对应复制到半学子,然后在学长②中依次选择学子中缺少的工件依次插入半学子的空位。该类型互学操作如图 4.3(c)所示,三个互学段分别是 2—3,5—6 和 8—9 之间的工件。

四段互学(H4):在学长①长度内随机选择四对互学点,将学长①四对互学点内的工件对应复制到半学子,然后在学长②中依次选择学子中缺少的工件依次插入半学子的空位。该类型互学操作如图 4.3(d)所示,四个互学段分别为 2—3,4—5,6—7 和 8—9 之间的工件。

N 段互学(H5):如果问题规模非常大,可选择 N 段互学。即在学长①长度内随机选择 N 对互学点,将学长①N 对互学点内的工件对应复制到半学子,然后在学长②中依次选择学子中缺少的工件依次插入半学子的空位。

4.5.2.2 优化 FSSP 自学习算子操作

Z1：一段移动插入自学
　　　　　　　　　MS　　　　IP▼
学长　5　6　<u>2　4　7　8</u>　1　9　3　10　　学子　5　6　9　3　<u>2　4　7　8</u>　1　10
(a)

Z2：两段移动插入自学
　　　　　　MS　IP▼　　MS　　IP▼
学长　5　<u>6　2</u>　4　7　8　<u>1　9</u>　3　10　　学子　5　4　7　<u>6　2</u>　8　3　10　<u>1　9</u>
(b)

Z3：三段移动插入自学
　　　　　　MS　IP▼　MS　IP▼　MS　IP▼
学长　5　<u>6</u>　2　4　<u>7　8</u>　1　<u>9</u>　3　10　　学子　5　2　4　<u>6</u>　1　<u>7　8</u>　10　<u>9</u>　3
(c)

Z4：四段移动插入自学
　　　　　MS ▼IP　MS ▼IP MS IP ▼ MS IP▼
学长　<u>5</u>　6　<u>2　4</u>　7　<u>8</u>　1　9　3　10　　学子　6　<u>5</u>　7　<u>2　4</u>　1　9　<u>8</u>　10　<u>3</u>
(d)

Z5：一段倒序自学
　　　　　　　　　　ROS
学长　5　6　<u>2　4　7　8　1　9</u>　3　10　　学子　5　6　2　<u>9　1　8　7　4</u>　3　10
(e)

Z6：一段倒序移动插入自学
　　　　　　　　　ROMS　　　　IP
学长　5　6　<u>2　4　7　8　1　9</u>　3　<u>10</u>　　学子　5　6　2　3　10　<u>9　1　8　7　4</u>
(f)

Z7：互补自学
学长　5　6　2　4　7　8　1　9　3　10　　学子　6　5　9　7　4　3　10　2　8　1
(g)

Z8：两个工件移动插入自学
　　　　　　　MJ　　IP▼　　MJ　　　IP▼
学长　5　<u>6</u>　2　4　7　<u>8</u>　1　9　3　10　　学子　5　2　4　<u>6</u>　7　1　9　3　<u>8</u>　10
(h)

Z9：三个工件移动插入自学
　　　　　MJ　IP▼　　MJ　　IP ▼ MJ ▼IP
学长　<u>5</u>　6　2　4　<u>7</u>　8　1　9　<u>3</u>　10　　学子　6　2　<u>5</u>　4　8　1　9　<u>7</u>　10　<u>3</u>
(i)

Z10：互补倒序自学
学长　5　6　2　4　7　8　1　9　3　10　　学子　1　8　2　10　3　4　7　9　5　6
(j)

图 4.4　新型学习算法自学操作示意图

注：在图 4.4 中，MS 代表移动段，IP 是插入点，ROS 表示倒序段，ROMS 指倒序移动段，MJ 表示移动工件。

一段移动插入自学(Z1)：在学长长度内随机选择一段工件，再紧插入学长的长度内随机选择的插入点后。该类型自学操作如图 4.4(a)所示，移动段为 2—8 之间的工件，插入点为工件 3 处。

两段移动插入自学(Z2)：在学长长度内随机选择两段工件，再分别紧插入学长的长度内随机选择的两个插入点后。该类型自学操作如图4.4(b)所示，移动段分别为6—2，与1—9之间的工件，插入点分别为工件7和9处。

三段移动插入自学(Z3)和四段移动插入自学(M4)类似与一、二段移动插入自学，具体操作在此略，不再累赘。

一段倒序自学(Z5)：在学长长度内随机选择一段工件，将其工件序列倒序排列即可。该类型自学操作如图4.4(e)所示，倒序的工件段为4—9之间的工件。

一段倒序移动插入自学(Z6)：在学长长度内随机选择一段工件，将其工件序列倒序排列，然后紧插入学长的长度内随机选择的插入点后。该类型自学操作如图4.4(f)所示，倒序的工件段为4—9之间的工件，插入点为工件10处。

互补自学(Z7)：工件总数减去每个工件号，然后分别加1即可。该类型自学操作如图4.4(g)所示。

两个工件移动插入自学(Z8)：在学长中随机选择两个工件，然后将其分别紧插入学长内随机选择的插入点后即可。该类型自学操作如图4.4(h)所示，移动的工件分别为6和8，插入点分别为工件4和3处。

三个工件移动插入自学(Z9)：在学长中随机选择三个工件，然后将其分别紧插入学长内随机选择的三个插入点后即可。该类型自学操作如图4.4(i)所示，移动的工件分别为5、7和3，插入点分别为工件2、9和10处。

互补倒序自学(Z10)：工件总数减去每个工件号，再分别加1，然后将其得到的工序倒序排列即可。该类型自学操作如图4.4(j)所示。

N段移动插入自学(Z11)：在学长长度内随机选择N段工件，再分别紧插入学长的长度内随机选择的N个插入点后即可。

N段倒序自学(Z12)：在学长长度内随机选择N段工件，将其工件序列倒序排列，形成新的学子。

N段倒序移动插入自学(Z13)：在学长长度内随机选择N段工件，将其工件序列倒序排列，然后紧插入学长的长度内随机选择的插入点后即可。

N个工件移动插入自学(Z14)：在学长中随机选择N个工件，然后将其分别紧插入学长内随机选择的N个插入点后即可。

随机生成新学子(Z15)：随机产生新学子，引入学子集体。把它也看成一种特殊的自学方法。

4.5.3 新型学习算法优化JSSP的学习方式

本书提出的新型学习算法为了适应优化JSSP问题，下面以4×3的JSSP为例，介绍几种优化JSSP的互学策略和自学则略，具体操作如下描述。

4.5.3.1 优化JSSP的互相学习算子操作

一段互学(H1)：随机选择两个小于$n \times m$的互学点，将学长①互学点内的工件对应复

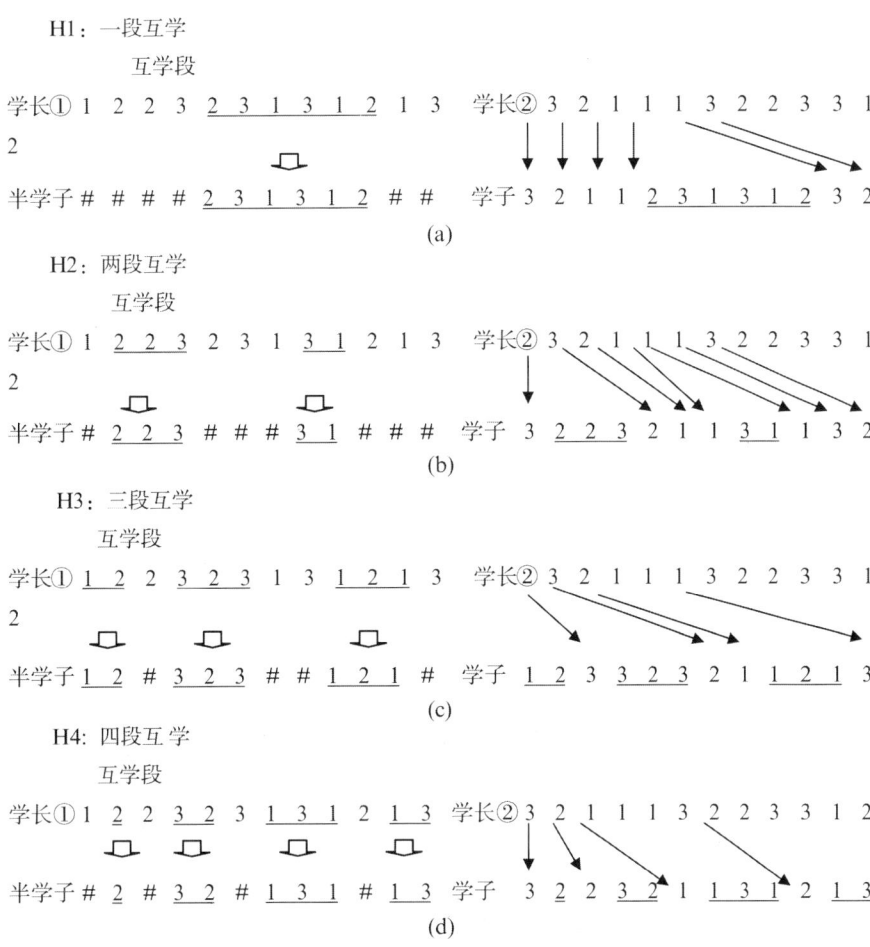

图 4.5 新型学习算法优化 JSSP 的互学操作示意图

制到半学子,然后在学长②中依次选择学子中缺少的工件工序依次插入半学子的空位,(即就是在学长②中依次选择工件插入学子,若学子中该工件的工序总和等于 JSSP 给出的该工件工序总数,则选择下一个工件继续判断后是否插入,依次类推,直到学子空位插满为止)。该类型互学操作如图 4.5(a)所示,互学段是画线的工件工序。

两段互学(H2)、三段互学(H3)和四段互学(H4)的具体操作类似,在此不在累赘,它们的示意图如图 4.5(b)、图 4.5(c)、图 4.5(d)。

4.5.3.2 优化 JSSP 的自学习算子操作

一段移动插入自学(Z1)、两段移动插入自学(Z2)、三段移动插入自学(Z3)和四段移动插入自学(Z4),其具体操作类似,即在学长 $n\times m$ 长度内分别随机选择一、二、三和四段工序,再紧插入学长的长度内随机选择的插入点后。一段移动插入自学操作如图 4.6(a)所示,二、三、和四段移动插入自学具体操作略。

一段倒序自学(Z5):在学长长度 $n\times m$ 内随机选择一段工件,将其工序序列倒序排列即可。该类型自学操作如图 4.6(e)所示,倒序的工序为画线的工序。

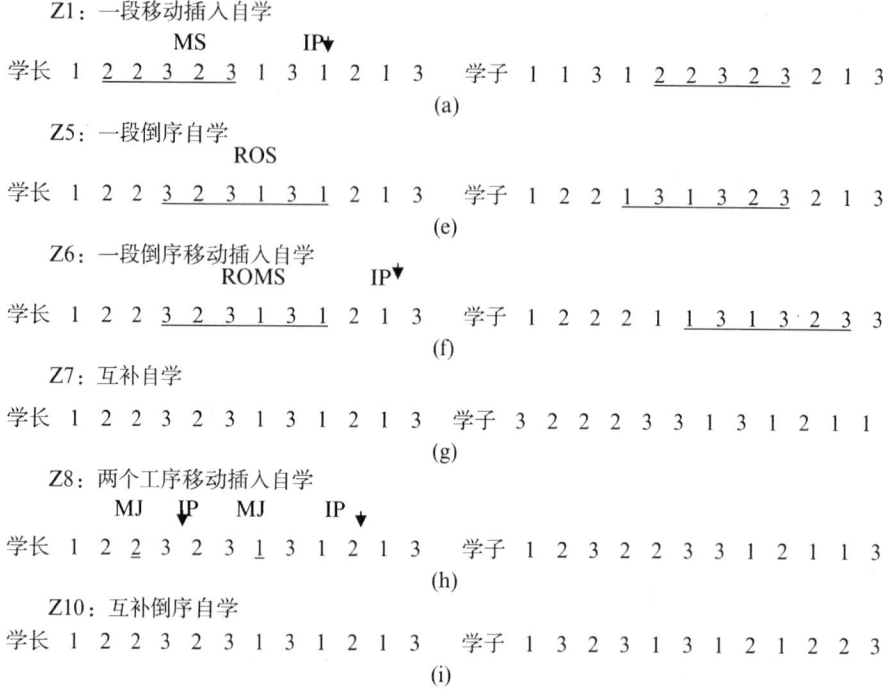

图 4.6 新型学习算法优化 JSSP 的自学操作示意图

注：在图 4.6 中，MS、IP、ROS、ROMS 和 MJ 代表的意义和图 4.5 的相同。

一段倒序移动插入自学(Z6)：在学长 $n×m$ 长度内随机选择一段工件，将其工序序列倒序排列，然后紧插入学长 $n×m$ 长度内随机选择的插入点后。该类型自学操作如图 4.6(f) 所示，倒序的工序段为画线的工序，插入点为箭头下的工件处。

互补自学(Z7)：工件总数减去每个工件号，然后分别加 1 即可。该类型自学操作如图 4.6(g) 所示。

两个工序移动插入自学(Z8)：在学长 $n×m$ 长度中随机选择两个工序，然后将其分别紧插入学长内随机选择的插入点后即可。该类型自学操作如图 4.6(h) 所示，移动的工序为画线的工序，插入点为箭头下的工序处。

三个工序移动插入自学(Z9)：在学长 $n×m$ 长度中随机选择三个工序，然后将其分别紧插入学长内随机选择的三个插入点后即可。

互补倒序自学(Z10)：工件总数减去每个工件号，再分别加 1，然后将其得到的工序倒序排列即可。该类型自学操作如图 4.6(i) 所示。

N 段移动插入自学习(Z11)：在学长 $n×m$ 长度内分别随机选择 N 段工序，再紧插入学长的长度内随机选择的插入点后即可。

N 段倒序自学(Z12)：在学长长度 $n×m$ 内随机选择 N 段工件，将其工序序列倒序排列即可。

N 段倒序移动插入自学(Z13)：在学长 $n×m$ 长度内随机选择 N 段工件，将其工序序列倒序排列，然后紧插入学长 $n×m$ 长度内随机选择的插入点后即可。

N 个工序移动插入自学习(Z14)：在学长 $n×m$ 长度中随机选择 N 个工序，然后将其分别紧插入自己长度内随机选择的 N 个插入点后即可。

全面革新的自学(Z15)：重新随机产生新学子，引入学子集体覆盖掉以前的学子。它也是一种特殊的自学方法。

4.5.4 新型学习算法优化生产计划与调度仿真

生产计划与调度模块是 MES 系统的核心部分，它不仅提供自动计划与调度排序的功能，还将排序结果以报表或者 GATT 图的形式显示出来，以便将派工下达到各个车间。新型学习算法可优化典型的 FSSP 和 JSSP 问题，作者曾深入研究过其可靠性和有效性，本书以简单的实例介绍其用法。

4.5.4.1 直接倒序优化排产到工作中心的计划模拟

为了图示直观和介绍方便，下面用实际例子进行仿真，以测试用 cIcG 型学习算法(cIcG~LA)优化直接倒序排产到工作中心生产模式的可靠性与可行性。

例 4.1：有 6 个工件需要在 4 台设备上加工，它们的交期分别为 D[6]={40,80,60,50,70,55}；工件{3,5}必须自制；工件 j 的工序需要上的机器 i 如矩阵 S_{ij} 描述，列为工件，行为机器/序，当设备为 −1 时表示没该道序；工件 j 的工序在机器 i 上加工需要的时间如矩阵 T_{ij} 描述，详细如下：

$$S_{ij}=\begin{pmatrix} 1 & 0 & 0 & 2 & 1 & 2 \\ 0 & 1 & 2 & 3 & 2 & 0 \\ 3 & 3 & 1 & 1 & 0 & 3 \\ 2 & -1 & -1 & 0 & -1 & -1 \end{pmatrix}, T_{ij}=\begin{pmatrix} 14 & 10 & 6 & 4 & 12 & 10 \\ 6 & 15 & 16 & 15 & 26 & 20 \\ 20 & 12 & 16 & 18 & 20 & 18 \\ 15 & 0 & 0 & 8 & 0 & 0 \end{pmatrix};$$

根据以上要求，如何制定外协与自制策略，使自己的产能负荷尽量大，即工时产出最大。

用前文提出的 cIcG~LA 对例 3.1 进行仿真，最优外协与自制分配及其排产的甘特图，算法优化过程的收敛图如下：

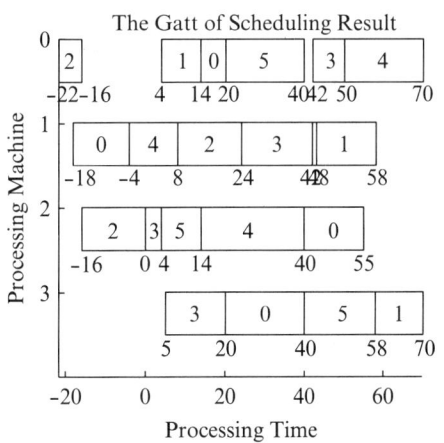

图 4.7 例 3.1 最优外协与自制分配及其排产甘特图

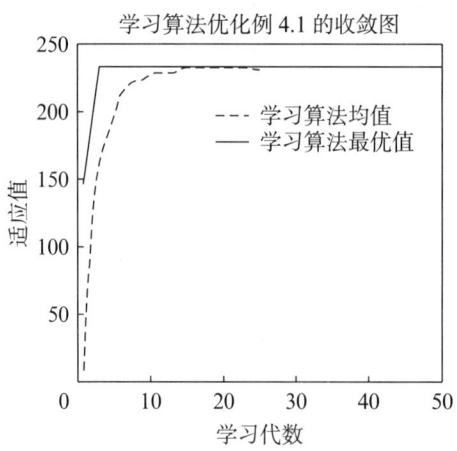

图 4.8　例 4.1 最优外协与自制分配优化收敛

在图 4.7 中,当某个订单的开始加工时间是负数时,表示该订单外协加工;若开始加工时间是正数时表示该订单自制,所以例 4.1 的生产组织是外协加工的工序为:订单 2 的第一、二道序,订单 0、4 的第一道序,其他订单工序自制,也保证了订单 3、5 必须自制的条件。从图 4.8 可以发现,cIcG~LA 用于优化直接倒序排产到车间的生产计划组织问题是可行的,有效的,并且收敛速度也比较快。

根据自身资源等约束选择性生产加工工件工序,进行负荷与能力分析,负荷与能力调平,使生产任务均衡合理下达及外协安排,确保生产任务按时交货、生产系统均衡运作。一方面满足装配、安装需求,另一方面自制任务下达合适,未超过动态负荷而引起拖期,也未出现负荷不够导致生产资源闲置。

4.5.4.2　优化典型 JSSP 和 FSSP 仿真模拟

本小节用 cIcG~LA,初始 PSO 算法及 GA 优化基于最小化 Makespan 目标的 JSSP。为了实验更有代表性和说服力,同样选用 3 个标准的经典 6×6、10×10 和 20×5 的 JSSP 测试例子,将 cIcG~LA 及使用不同参数的 GA 与初始 PSO 算法优化结果进行比较,检验其有效性。在测试过程中,为了实验结果科学,更具说服力,本书采用文献[36]及前一小节的相关学习操作策略组合进行仿真。优化每个 JSSP 例子时,各运行 10 次,比较它们 10 次运行结果各自的最优(Makespan 下界)、平均和最差值(上界),优化结果比较如表 4.3 所示。

从表 4.3 中的优化结果比较来看,cIcG~LA 优化基于最小化 Makespan 目标的 JSSP 比 GA 与初始 PSO 算法明显更为有效,cIcG~LA 型学习算法优化得到 10 次最小 Makespan 的下界、平均值和上界都比 GA 与初始 PSO 算法所得到的小。另外从表 4.3 中可以发现,互相学习操作 H2 优化 JSSP 有更高的效率。

GA,初始 PSO 算法及 cIcG~LA 型学习算法优化 3 个 JSSP 典型例子时,它们各自采用不同的交叉、变异及互相学习操作,对各例子搜索最优解过程的收敛速度图比较如下:

表 4.3　cIcG～LA、GA 和初始 PSO 算法优化 JSSP 的结果比较

算法	问题	规模,迭代数	最大值/最小值/平均值	
			C3	C4
GA	6×6	20,20	M3：59/62/60.2 M4：59/63/60.3 M7：59/63/60.5 M9：59/62/60.2	59/62/60.6 59/62/60.1 **59/61/59.8** 60/62/60.3
	10×10	150,2000	M3：1 153/1 261/1 224.4 M4：1 136/1 266/1 210.8 M7：1 169/1 266/1 211.4 M9：1 117/1 243/1 211.2	1 179/1 275/1 232.1 1 171/1 244/1 220.3 1 185/1 288/1 230.9 1 197/1 257/1 224.6
	20×5	150,2000	M3：1 402/1 573/1 478.5 M4：1 398/1 633/1 514.0 M7：1 392/1 534/1 462.7 M9：1 405/1 580/1 496.5	1 370/1 533/1 468.6 1 414/1 575/1 495.5 1 402/1 565/1 494.8 1 433/1 606/1 502.6
cIcG～LA	6×6	20,20	H1 55/59/57.5	H2 **55/59/57**
	10×10	150,2000	971/1 044/1 017.1	**969/1 066/1 025.6**
	20×5	150,2000	1 214/1 310/1 260.2	**1 192/1 321/1 260.5**
PSO	6×6	20,20	W=0.2 58/62/59.5	W=0.3 **55/60/58.4**
	10×10	150,2000	999/1 060/1 037	974/1 110/1 059.9
	20×5	150,2000	1 284/1 361/1 317.2	1 254/1 325/1 289

注：在表 4.3 中 C1,C2 和 M3,M4,M7,M9 分别代表 GA 中的交叉与变异；H1 与 H2 代表 LA 中的互相学习策略；W 代表初始 PSO 算法的惯性权重。黑体显示 GA,初始 PSO 算法及 cIcG～LA 搜索到的最小值,斜体显示他们搜索到的最小均值。

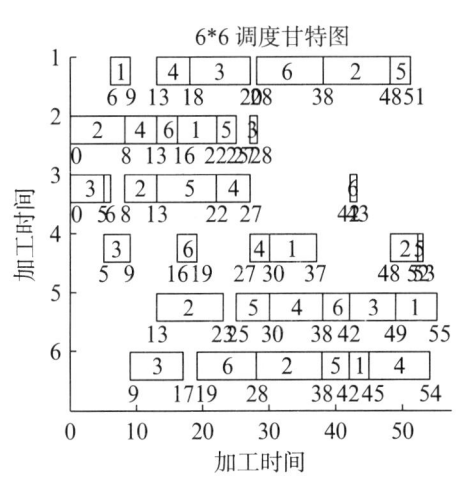

6*6 调度甘特图

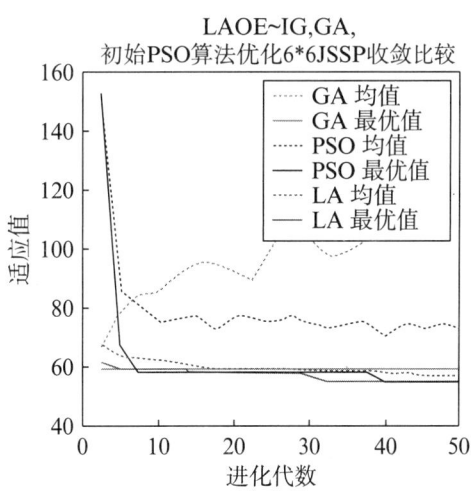

LAOE～IG,GA,初始PSO算法优化6*6JSSP收敛比较

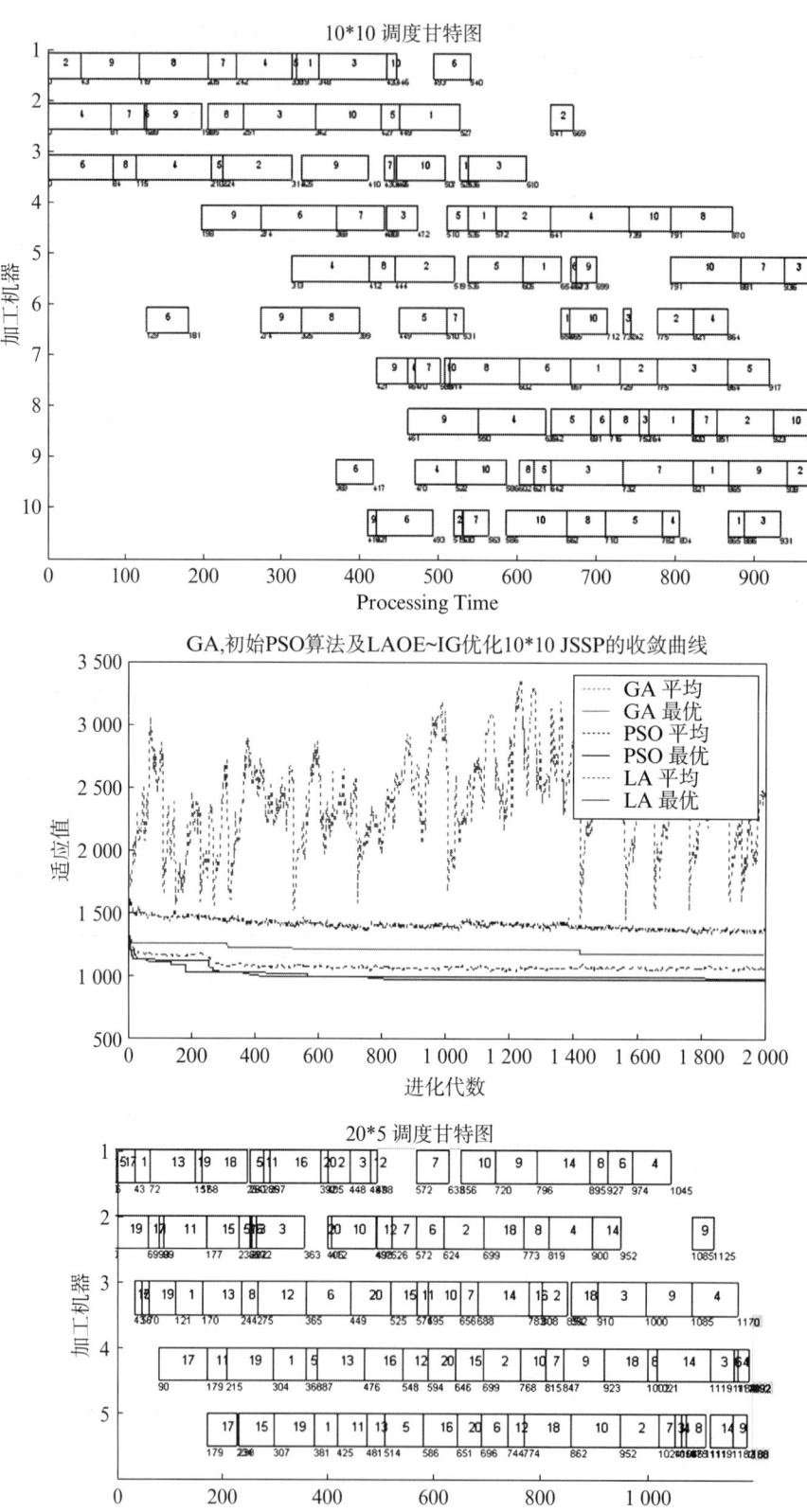

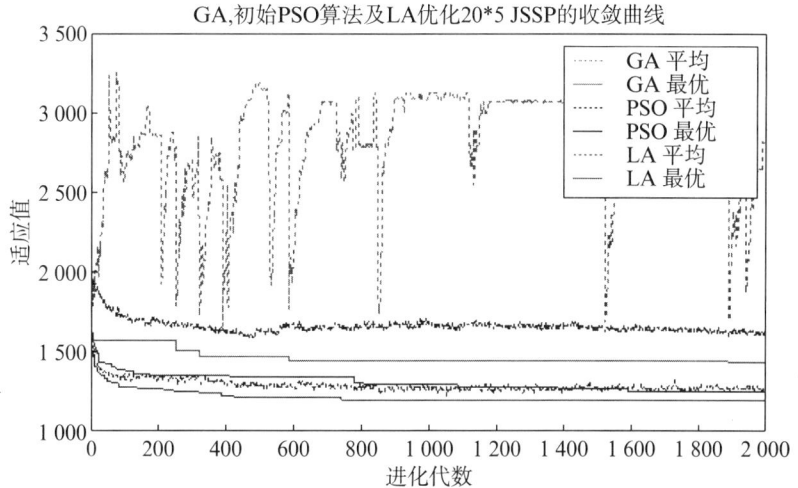

图 4.9　GA，初始 PSO 算法及 cIcG～LA 型学习算法优化 6 * 6，10 * 10，20 * 5 JSSP 的甘特图及收敛曲线

从实验数据及仿真的收敛图分析判断，LA 用于优化基于最小化 Makespan 目标的 JSSP，明显比 GA 及初始 PSO 算法搜索的解效果更优，并且收敛速度快，特别是优化小规模的 JSSP 问题效率显的更明显。

JSSP 相比 FSSP 更为复杂，上面的仿真实验表明新型学习算法可有效优化 JSSP，显然优化 FSSP 也可靠有效。作者曾仿真过采用新型学习算法优化 FSSP，发现其优化效果比 GA 算法优良，收敛速度快，搜索到的值更优。具体仿真过程，本书不再赘述。

4.6　小　　结

在实际生产调度中，对于工件的加工排序和对设备的选择都是调度过程中的变量；工件的工艺路线和相互之间的关系等都是对变量的约束。生产调度问题的优化就是求解函数的问题，对于问题规模稍微大一些，加之生产调度问题为 NP 难的，寻找最优或者次优调度方案非常困难，对算法的要求非常高。算法不但寻全局最优效率要高，搜寻速度也要快。到目前为止，在前辈们的努力下，优化调度问题的算法提出了很多，但效率有一定的局限性，不同算法也许适合优化不同问题。生产调度，工序排程是 MES 的核心，也是生产组织部门面临的困难。本章提出泛 PSO 算法，并将其成功应用于制造业的生产调度优化。也介绍了新型学习算法优化直接排产到生产执行部门的计划模式，和优化生产任务详细排程的具体方案。这些方法可嵌入 ERP，或者 MES，实现制造业自动化、最优化排程。

第5章 装备制造企业生产运作体系构建与优化

5.1 引 言

装备制造企业生产管理面临众多问题,如生产所需的原材料或供应数量不足,或供应时间不准;生产管理部生产任务下达不科学,未按照生产资源动态产能合理下达,造成产能负荷不均衡,一会超负荷一会空载地运行;生产制造部门未精准优化排产,造成大量无故等待时间;零部件生产不配套,半成品(在制品)和外购件库存积压严重;产品生产周期过长,劳动生产率低下,工人工资极其低廉;资金积压严重,周转期长;市场和客户多变、快速的要求等等使企业的经营、计划系统难以适应等。信息化实施程度,是制造业先进程度的重要标志之一。信息化程度高的装备制造企业,越容易实现精益生产模式,即通过重组生产组织结构、优化生产流程,去掉一切无效(不增值)的生产过程和环节,通过减少生产过程中的一切浪费来缩短生产周期、降低生产成本、保证生产质量、提高产品利润。

特别是大型复杂产品制造的典型代表船舶建造,其由大量不同的系统、单元构成,其中不少单元本身就是相当复杂的具有特定用途的产品或产品组合(如主机),其特点是结构层次多。由于产品功能复杂涉及不同的行业工种,其功能由众多的专业系统支持,涉及机械、结构、电子、电气、动力等专业系统,完成产品的设计与制造需要大量时间,整个过程存在很大优化空间。船舶制造是一项复杂的系统工程,生产过程中有大量零部件的加工制造,又有繁杂的逐级装配,它除了上述的普通制造业面临的问题外,还面临如何组织科学搭载、舾装、总装、涂装,并拉动式组织整个生产系统的优化问题。造船过程涉及物资、经营、设计、计划、成本、制造、质量、安全等各个方面,这样一个复杂的系统需要科学的组织架构与职能、优化简洁畅通的流程、完善精准的数据、非常强大的信息处理能力。制造业的信息化实施过程不是简单地将生产实际的过程、流程搬进软件系统,而是一种彻底的变革,信息化实施前需要做充分的基础工作,如对整个生产组织体系进行革新重组、流程再造与优化、相关数据的规范与完善等。本书依据我国制造业生产实际,以船舶制造为例,构建船舶制造生产运作体系、生产组织流程等,并提出优化方案,为制造业信息化实施提供支撑。

5.2 信息化制造基础搭建

5.2.1 机构重组与职能明确

制造业信息化实施,不是简单地将实际生产模式、组织架构、流程拷贝搬进系统,而是以提高效率、降低成本、增强效益、提升质量(简称"提、降、增、提")为目标、以信息化实施为手段和载体,对企业整个管理组织体系、运行系统进行全面的革新、重组、改造、优化。

目前,我国装备制造企业普遍存在机构设置多,层次多,干部配备多,造成管理人员与生产工人的比例严重失调。从公司高层到中层,除了各部门副职设置过多外,还设置相当多的助理,造成多头管理现象,和尚多了无水喝。另外,还存在部门职能划分不清,造成部门工作中推诿、扯皮,影响流程的畅通性。为适应企业现代制造模式运行管理的需要,建立了新的装备制造生产管理体系,进一步减少管理的中间环节,实现扁平化管理的高效运作方式,各个管理层次职责分明,部门间的分工明确,完善健全管理制度。特别一些重要的工作,如标准工时、工艺设计、物料 BOM 等是设计部还是生产管理部做?配套跟踪是由生产管理部、配套部、各制造部门中哪个部门负责?这些大是大非的问题在信息化实施前必须划分明确,一切以"提、降、增、提"为目标。为缩短装备制造周期、提高竞争力,将先进的生产组织形式和管理模式与自身生产特点相结合,按设计、生产、管理一体化,重新组织和划分生产指挥体系与职能。作者认为,一般船厂的组织架构与职能如附件的图 5.1 所示。

附图 1 是一般情况下的组织架构与功能,各船厂的产品不同,经营的侧重点不一样,故可根据附图 1 进行重组。如生产军民产品的船企,因保密要求,需要成立军品事业部,组建相关运营部门。有些船厂经营规模很大,分管经营的副总的工作量太大,可增加副总分管,或者设少量助理分担。其实,如果整个系统规划合理,各司其职,高效运转,高层工作量不是很大的。若有些三级部门太过庞大,管理不顺,可将其提升至二级机构,对其再细分产生三级部门。另外,整个组织架构要以事设机构或者岗,不能因岗派事。一些任务,哪个部门管理顺畅,效率高就应划归其管理。如同样是车,公司的小轿车应由总经办的秘书综合服务室管;公司通勤大巴应由总务部管;运输卡车、叉车、吊车等应由保障部管。总之,职责要清楚、责任要明确。

5.2.2 流程优化与再造

业务流程的优化是业务架构的重要组成部分,业务流程的分析与优化需要公司各级人员全面参与。对每一个业务流程的各个环节深入剖析,其信息流入、信息流出、流程节点部门负责人等进行确认。分析该流程是否可精简优化?是否为多余的流程?可否删除等?趁信息化实施过程,必须根据 LP 思想对企业流程进行思考和彻底的优化再改造,建立起灵活、反应快、效率高的组织机制。按照工艺流程和工序服从的原则,依照"按制度管理,按程序办事"准则,简化高效。我国制造业长期以来一直忙于转模工作,忽视了流程建模与优化工作。流程优化与再造重点如下。

(1) 简化精简流程:分析流程的各个活动,减少不增值的活动。精益生产和工业工程理论认为,任何不增值活动的存在就是浪费。可通过先进和最佳的物流组织(作业区域的确定)减少非生产时间。生产系统改造的原则就是提高劳动生产率、改善生产物流秩序、节约原材料和减少能源浪费,实现"零浪费"。现代装备制造整个过程常常在时空交织、交叉、交替中实施完成。一般情况下,装备制造企业的实际情况不同,生产组织模式也不一样,生产流程区别较大。作者借鉴先进造船企业生产组织模式,提出船舶制造核心总流程,如附图 2 所示。

(2) 各产品制造"流水线"化：在制造过程中，按照产品零件、部件、中间产品的工艺过程的相似性，尽量组建各种各类生产线，流水线化，从而提高生产效率。

装备制造应按中间产品的专业化生产组建整个生产系统流程，变事后处理为事前管理。事后处理越多，非生产性活动越多，人员越忙碌，整体绩效越差。作者仅仅给出了造船过程的核心关键流程，其实每个节点还有其他详细的流程，船企应根据生产实际优化与再造。造船流程应根据业务的发展，不断地优化、改造，甚至重新设计，从而提高工作效率，直至达到一种无法在原有基础上继续提高的极限状态。

5.2.3 数据的完备性与一致性

装备制造过程有大量的数据需要处理，如产品数据、库存数据、材料定额数据、生产计划数据、加工工艺信息、工时定额、工序信息、物料消耗、员工信息、设备信息、成本核算信息等等。系统的数据主要来自三方面：其一为人工加工处理完善写入信息系统；其二为系统采集的信息；其三是信息系统经过模型、规则运算，产生的有用信息。装备制造系统需对生产信息的监视、控制和生产过程的管理，能进行大量实时数据的采集、存储、共享、计算、分析，产生各类统计分析报表等。装备制造企业要实施信息化管理，从而达到"提、降、增、提"目标，必须收集好以下关键的基础信息：

(1) 技术中心需完备的重要数据：具体主要包括 Work Breakdown Structure（WBS）、产品模型数据、中间产品/组装区域/涂装区域的划分标准数据、标准零件明细表；产品图纸数据、图纸标准目录、各专业设计工时、图纸出图标准节点；物资需求标准数据、材料标准定额数据；Bill of Material（简称 BOM）数据、理论工时物料数据、制造提前期；标准涂装作业数据、标准检验项目数据、质量检验数据；标准托盘数据、编码数据等；还有产品历史数据，如计算分析数据、设计 CAD 图、三维图、产品配置、产品试验数据、CAE 分析数据、匹配要求、技术文档、设计经验及各种变更文档等等。历史数据的有机整理和保存，形成规范格式的文档，服务于产品设计开发，避免重复劳动，并提供第一手借鉴资料。

(2) 生产管理部需完备的重要数据：具体主要包括制造月滚动计划；各大、中、小日程计划数据；制造资源数据和资源动态能力数据；工艺项目标准数据、生产物料数据、标准派工单及定额工时数据；总装标准数据、测试计划标准数据、中间产品建造计划数据、WP/WO（下文详细介绍）划分标准数据等。

(3) 设计理论与生产经验相结合的工时物量：目前的工时制度实际上是一种承包式的工时制度，是一种层层讨价还价式的工时制度，不能反映产品生产的实际情况。工时定额不准，对实际生产中零件的加工工时与设备利用情况无法进行定量分析，造成编制生产计划与进行生产调度决策的依据不足，计划与排产误差大。装备制造的工时物量应该由设计的理论计算结合生产工时共同组成，即设计与生产工时物量应以"权重和"等某种规则结合构成。数学描述如下：

$$w \times 设计理论工时物量 + (1-w) \times 生产经验工时 = 生产理论工时 \quad (5.1)$$

设计理论工时是根据物料、物量、工作量等科学计算出来的理论工时，其未考虑生产现况对加工的影响；生产工时物量是根据历史的工时记录，或者相似产品制造消耗的工时物量比较后获得的。装备制造应该建立准确的历史工时数据资料库,然后结合中间产品重量、材料特性(高强度钢还是低碳钢)、焊接长度、工艺阶段、作业区域等各种因素,制定适合本厂的工时标准。这些历史工时数据和设计理论工时标准就成为船厂制定工时计划的依据。工时计划与作业计划是一致的,并且工作量严格按照工时结算,杜绝因工时多少而相互扯皮、赌博式的层层承包等怪现象。工人的熟练程度持续提升,设备不断改进,故工时也要隔一段时间进行压缩调整。

(4)实时采集数据:完整采集装备制造过程中每日、周、月各工种、各工作的实绩工时、物料消耗、设备负荷、人工负荷、制造周期、生产进度、工序状态、产品质量、人员绩效、部门绩效统计、成本分析等情况。提供在建产品和完工产品定额、实动工时的对比分析,为定额工时的修正、生产部门的生产管理、产品工费成本的控制提供可靠依据。采集的数据经过信息系统处理,以图表形式输出完工产品的各类汇总、人员、部门绩效的分析报表,为制定和压缩新产品计划定额提供参考资料,同时也为劳动力资源需求计划工作提供完整的基础信息。

数据的真实、实时、完整是企业实现信息化管理的基础。数据的录入、管理和维护是保证生产管理系统正常运行的关键。各部门依据机构部门职能职责,必须按时、按质、按量完备自身任务要求的详细数据,杜绝因数据不完整造成停工、等待、浪费、缺损件等严重后果。基础数据还包括库存信息、加工中心信息等,一些数据如何详细完善后面将分析介绍。

5.2.4 制造业的产品 WBS 制定

作为一项极其复杂的工程,制造业的制造过程总是被分解成许多模块、单元、作业来执行,这种作业分解称为产品工程分解,即 WBS。复杂装备制造 WBS 是设计图纸目录、制定与执行生产计划的依据,所以 WBS 相关数据必须完整准确。现代制造模式将最终产品按其形成的制造级,从中间产品的角度出发将产品分解成零件、部件、组件等,再按照成组技术相似性将其分类成组,以组为单位安排生产资源(人员、场地、设备、物料等)组建成组生产单元或分道作业线组织生产。产品制造的 WBS 其分解依据、方法、细粒度不同,其结构截然不同。整个产品 WBS 分解的最小粒度为工序。各中间产品也可以看作是一个个模块。本书给出船舶制造的 WBS 分解模型,如附图 3。在 WBS 分解过程中,最重要的是中间产品或中间件的划分,其影响涂装、总装、吊运等工作效率。中间产品划分要考虑使总组、涂装、总装集成作业最优,生产效率最高,需注意以下原则。

① 有利于中间产品高效制造:中间产品划分要合理安排中间件制作和吊装的次序,保证生产安全和建造精度,同时还要最大限度地减少脚手架、减少起重和翻身的次数,以及提高钢材利用率等,使中间件在结构、尺寸、重量和形状上尽可能相似,形成固定的中间产品生产线,实现均衡连续的分道作业,以获得其高效制造。

② 有利于高效总组集成:中间产品划分要考虑总组集成次序和脚手架搭建等的施工工艺便利性,使产品的中间件结构尽可能有足够的刚性,尽量不采用局部加强,减少变形。优化装配、总集成、涂装和焊接的作业方案,使中间产品能够连续高效地总组。

③ 有利于高效预舾装和涂装:中间产品划分要有利于方便、扩大预舾装和涂装作业,必须考虑各种舾装/涂装作业是在哪一个阶段实施,包括地点区域、时间阶段。有利于均衡分

段预舾装和涂装的作业量,形成合理均衡的生产负荷。在考虑起重能力、舾装和生产节拍的前提下,中间产品划分越大越好。这样可以减少中间产品数量,可使用宽板,减少焊缝,同时还可提高舾装效率。

以船舶制造为例,区域造船实现了壳舾涂一体化,船舶建造的壳舾涂作业是以分段为中心,以中间产品为导向的造船作业体制。船舶制造过程的阶段,作业的先后次序基本也是按照本书 WBS 的第五层到第一层的递进过程。作业类型为船体、舾装、涂装三大类。船体制造一般分五个阶段,即零部件加工/钢材加工、部件制作、构件装配、分段搭载、船体大合拢;舾装一般分为单元组装、分段预舾装、总段舾装、船上安装等;涂装一般分为预处理、分段涂装、跟踪补涂、完工涂装等。附图 3 所示的 WBS 主要是船体的构成,它的每个中间产品完成中基本都包含着预舾装和涂装。在建造过程中,所有生产进度、造船精度、质量保证和资源配置好坏,都与船体、舾装和涂装的交叉作业优化程度相关。在中间产品制造过程中,以分段为例,按照作业类型划分其 WBS 的子结构如下:

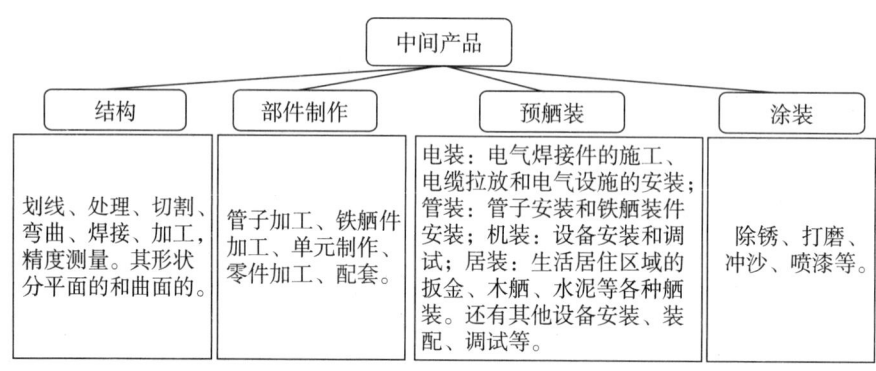

图 5.1　中间产品 WBS 的子结构

造船以船体合拢为节点,分为先行中日程和后行中日程。总段搭载之前的所有作业如预处理、单元、组立、总组、分段(总段)制造及预舾装、涂装等即为先行中日程。后行中日程包括所有坞内和码头的舾装作业、区域涂装、密性试验、系泊试验、航行调试,以及部分配套作业等。部分舾装按照作业系统分解,如动力、轮机、辅机、燃油、消防、救生、照明、装卸等系统。舾装作业的区域在如机舱、货舱、船艇、上层建筑、甲板、组立(小装配)区域、分段制造区域等。设计部制定的 WBS 基于指导图纸设计和生产制造的便利,它将给出船舶最终产品形成的结构、理论工艺逻辑,理论工时物料等。生产管理部基于设计的 WBS 和生产约束,把零件的加工分解成相应工序的加工次序;补充各 WP、单元/零件、组立、分段、总段的制造及预舾装提前期、标准工时、生产工艺、交期等,将其扩充完善成生产 WBS 为生产假话的制定提供保障。

5.2.5　制造业 WP/WO 分解

5.2.5.1　WP/WO 划分

任务包或工作包,即 Work Package,简称 WP。它是完成某一中间产品的所有操作指令和服务指令的集合,是上层计划任务的综合描述。经典的 WP 分解理论是根据系统、区域、类型及阶段的划分与组合来形成的。Work Order(简称 WO),即生产订单。为了便于生产管理,将某些生产订单即 WO 打包构成 WP,即称为任务包。产品导向型工程分解最终是形成许多代表作业的 WO。将整个产品制造过程分解成最合理的各个基本生产作业任务 WO,它将设计、物资和生产有机的进行结合。生产管理部的核心工作是制定好生产 WBS、保证质量、控制成本、优化生产流程、采集实绩与数据等。而且,生产管理部需要根据装配(搭载、总装)时间节点,下达的 WP 包含需求数量、质量(检验标准)、物料、工时、提前期、交期、区域、施工图纸等。一般来说,物量根据设计信息确定,工时根据物量与单元确定,作业提前期由生产经验和理论工时决定,而交期由总组集成计划网络、中日程计划、后道序生产的开始时间等来确定。每一个 WO 都是一项基本的生产作业,必须有一份施工图纸与之相对应。为了便于设计与图纸管理,一般一个 WO 只对应一份图纸,而一份图纸可以对应几个 WO。

WP 划分时,如任务包过大,不能有效地控制材料、工时和进度;而太小,又起不到 WP 打包加工提高效率的作用。在现实生产中,有些部门为了省事,没有按照生产需要科学划分 WP、WO,结果导致在生产执行阶段不得不付出数倍的时间与工作量进行补充划分,在 WP、WO 下派生出了许多东西,造成更大的浪费,产生巨大的无效工作量。WO、WP 划分问题,应该提出统一的标准及流程(或按照不同部门的实际提出标准);WP 一般由设计部和生产管理部共同完成,以设计部为主,生产管理部补充完善;WP 分解成 WO 应该由设计为辅,生产管理部为主来完成。理论上来讲,WO 分解成工序应该由生产管理部完成,然后下发生产制造执行部门,但这样造成生产管理部工作太重,并且他们对生产现况的了解没有制造执行部门深入,WO 的分解可能不够完美。故 WO 可由各制造部门按照和生产管理部商量的标准分解划分,提交生产管理部门确认,然后下发生产执行。当然,生产管理部能分解好,制造部门只执行会更好,具体按照那种组织模式由各企业讨论商定,哪种模式生产效率高就按照其执行。同样的作业内容(WP)在不同的作业阶段施工,因工作环境差别其工时消耗可以不一样。因此,在划分 WP 时,应该选择最佳作业时机,追求最高的工时利用效率。随着建造经验的积累,船企应持续优化 WP、中间产品体系,以获得最高效率。一般情况下,WP 划分符合下面条件:

(1) 每一个基本 WP 的作业周期 2~3 周。周期过长或工时过多都将使 WP 难以跟踪与管理;

(2) 每一个基本 WP 的加工完成后,就是一个或几个中间产品;一个 WP 也许是其他 WP/WO 的物料或者毛坯。若一个 WP 是其他部门的毛坯或物料,则该 WP 在前责任部门完成后流转至其他部门,而且其他部门在信息系统内能查看到该 WP 的所有信息,以便安排生产;

(3) 每一个基本 WP 尽量能在同一个制造部门内完成,这样便于 WP 的投放与管理。

一个 WP 包含数个或一个生产订单 WO,一个 WO 包含数个或一个工序。一般情况下,WO 以操作工序划、车、铣、刨、磨、钻、镗、焊、钳、电、管、磨、冲沙、涂、舾等分解为工序。有些船企按工种划分工序并派工,作者认为存在很大缺点。工种即工人专业属性,表示他可适合做的主要工作。工种表示该工人有这个能力,但不能说他没有其他能力,派工是参考,不是一定按工种派工。现在因各船企培养了许多复合型工种,即一个人可干多种工序的工作。追求复合工种,简练,容易管理。而作者了解到某些船企,人力资源部将生产工种分了300多种,生产部门精简后还有90多种,感觉太繁琐,没必要,不利排产,更不利信息化系统实施。有时特殊情况A工种干B工种的活,怎么报工?按工种下达任务与报工会造成管理混乱。岗位即工作属性,表示干某工作具有某种能力要求。岗位和人有多对一的关系(一个人适合多个岗位);或一对多的关系(一个岗位需要人的多种技能)。作者曾参加某船企高层会议,其副总提出废掉工种,只留岗位,作者认为不恰当。因为某工人有工种属性,调任某岗位时可参考。生产任务与工人/工种有多对一关系(多个任务,一个人可以搞定);或一对多的关系(一个任务需要很多工人或工种完成)。工序是人为划分的,可长可短,根据生产实际情况。按照工种划分序不科学,越细越"好"也是南辕北辙。具体怎么划分要以提高生产效率为准。举例如下:某任务需要磨——焊,其工序可划分为以下几种:

(1) 若某复合工种的工人既可磨也可焊,无相关部门或个人想知道磨是否结束,那就划分为一个工序;

(2) 若两位工友搭班合作效率更高,且无相关部门或个人想知道磨是否结束,则划分为一个工序,工时他们自己分配;

(3) 两位工人分开干效率更高,则分为两道序,磨与焊;

(4) 若某复合工种的工人既可磨也可焊,相关部门如车间要了解是否磨完,要抽派焊机给该工人,故磨完要迅速报工,故划分为两道工序磨与焊。

根据WBS,执行完数个或一个工序即完成一个WO;完成一个或数个WO即完成一个WP;完成数个WP即结合成一个制造单元(某些单元即由一个WP构成,部分单元其实就是零件);完成数个单元和WP即组成一个组立;完成数个组立、单元和WP即组合成一个分段;完成数个分段、单元和WP即合拢成一个总段,其他依此类推。在生产过程中,可能存在很多临时WP。生产完成后按WP报工,WO报工还是按工序报工,应根据生产实际及管理需要而商定,如报工报些什么,由谁来报,什么时间报,相关惩处措施等。若有些部门或者人员关心工序完成状态,即按照工序报工,否则按WO或WP报工。一般情况下,操作员或班组报工至生产执行部门,由系统按照规则自动处理报工至生产管理部。报工尽量以个人名义报工,若特殊情况可以班组形式报工,其工时由系统按照规则合理分配结算。总之,要不断细化完善WP、WO和工序,使其能够便利排产派工,指导生产。

5.2.5.2 派工单生成

制造方针和中间产品体系/WBS确定后,所有作业任务按不同的中间产品分解成WP,再由WP分解为WO,它是下达给生产制造部门或作业区一层的生产作业/任务。生产管理部下达生产任务至生产执行部门的称为WO,即生产订单,再由生产执行部门添加开始和结束时间等后,下达生产加工,其称为派工单。派工单就是直接指导工人加工、操作的信息指令,它是由一定的作业量和工时组成的。生产管理部是以WO形式作为生产订单下达任务,生产制造部门以派工单形式组织生产。作业区还有多个作业班组,要实现生产班组的作业管理,可由班组执行工序。工序是在 WO 分解基础上按具体工序细分的最小生产作业单位。生产管理系统中，WO、图纸和托盘零件表三位一体，将生产、设计和物资的信息统一。WO 指示的是在什么时候在哪里完成什么事；图纸/工艺路线指示如何做，做成什么样；托盘零件列表则表明用的毛坯、零部件或材料。三种信息集成为一张称为工作指令的派工单（派工单的号码可以沿用 WO 号码的），工人按照它施工，班组长按照它管理。与派工单对应的生产作业所需的物资以托盘的形式配送，一份派工单可能会对应多个托盘，有时多个派工单对应一个托盘。

生产制造部门在生产管理部 WO 的基础上，完善修订为派工单，下发至生产班组或个人执行。派工单的模板格式，里面包括哪些信息需要根据企业实际情况，各部门讨论商定。本书设定派工单的格式如表 5.1 所示。

表 5.1 派工单格式

项目	定义	信息完成部门	责任人	完成时间	备注
序号	生产订单的序号	生产管理部	某某	时刻	
产品号	生产订单所属船号	设计部			
WP 号	该派工单所属的 WP 号码	设计部			
派工单编号	派工单的编号，即 WO 的编号	设计部	…	…	责任部门或生产管理部
订单名称	该生产订单或者零件的名称	设计部			
图号	该订单的对应图号	设计部	…	…	
出图时间	图纸完成传递到生产管理部时间	系统带			传递图纸时自带
修改单号	该派工单返修时的编号	生产管理部	…	…	
数量	该生产订单的生产数量	生产管理部			
内容描述	该派工单主要属性说明	生产管理部	…	…	责任部门或设计部
执行部门	加工完成该派工单的作业部门	生产管理部			
物料清单	加工该派工单的毛坯、物料种类、型号、单位、数量等	设计部	…	…	
物料集配申请	生产执行部门依据生产小日程计划，所需物料清单、配送日期提交集配申请	执行部	…	…	生产任务执行部门
物料集配	物管部依据设计部的物料清单集配，依据集配申请配送物料	物管部	…	…	
理论总工时	完成该订单的理论有效总工时，是各工序工时之和	设计部	…	…	不包含等待、吊运时间
生产总工时	完成该派工单的有效计划工时，基于理论工时与实际经验的权重和，也是各工序工时之和	生产管理部	…	…	不包含等待、吊运时间

(续表)

项目		定义	信息完成部门	责任人	完成时间	备注
理论总物量		完成该订单的理论物量信息，包括切割长度、装配长度、焊接长度、涂装面积等	设计部	…	…	
提前期		完成该派工单的一般时间跨度	设计部	…	…	包含等待、吊运、准备时间等
交期		基于装配、搭载等后工序的时间节点要求，该订单必须完成日期	生产管理部	…	…	时间格式为：日期＋小时
工艺		该派工单的加工工艺、方法、性能要求	生产管理部	…	…	
质检标准		该派工单是否合格的检验标准	设计部	…	…	
下达时间		该派工单下达生产制造部门的时间	生产管理部	…	—	
计划开始时间		该派工单计划开始加工日期时刻	执行部	…	…	生产任务执行部门
计划结束时间		该派工单计划完工日期时刻	执行部	…	…	生产任务执行部门
实际开始时间		该派工单实际开始加工日期时刻	执行部	…	…	生产任务执行部门
实际结束时间		该派工单实际完工日期时刻	执行部	…	…	生产任务执行部门
派工单状态		表示任务的状态：初始、执行、完成、暂停、终止等状态	生产管理部	…	…	各相关部门也可
订单优先级		表示任务的优先级程度：特急、紧急、正常	生产管理部	…	…	各相关部门也可
工序	工序编号	该派工单的工序编号	生产管理部	…	…	生产任务执行部门
	工序描述	该工序主要属性说明	生产管理部	…	…	生产任务执行部门
	工序类型	工序所属类型	生产管理部	…	…	生产任务执行部门
	工序交期	该工序必须完工的日期	执行部	…	…	
	工序工时	工序的生产计划工时	执行部	…	…	
	检验标准	该工序完工是否合格的检验标准	生产管理部	…	…	
	班组	该工序作业完成的班组	执行部	…	…	
	工人	该工序作业完成的工人姓名或工号	班组	…	…	

(续表)

项目		定义	信息完成部门	责任人	完成时间	备注
工序	作业区	加工该工序指定区域	执行部	…	…	
	设备	加工该工序指定设备	执行部	…	…	
	工装	加工该工序所需工装	执行部	…	…	保障部
	实际交期	该工序实际完工时间	执行部			
	实动工时	工序的实际生产所用工时	加工人	…	…	报工录入
	检验结果	录入工序检验结果：良、合格、返修、报废	质保部	…	…	
	报工时间	报工的具体时刻	系统带	…	…	报工时，系统自带
	报工人	该工序加工完后，报工人姓名或工号	班组	…	…	
派工单检验结果		录入派工单检验结果：良、合格、返修、报废	质保部			
派工单报工人		质检合格，报工人姓名或工号	执行部			
实动工时		派工单所有工序实动工时之和	系统带			

表 5.1 是最普通的派工单格式，当然，实际生产中，各企业的运营情况不一样，该格式里面的好多内容无须填写。建议各装备制造企业根据实际生产组织模式、流程，再结合本派工单格式，制定符合自身实际生产运营的派工单格式。根据公司管理细粒度的要求，产品制造过程的实绩反馈，以工序还是派工单，或者 WP 反馈进度与所耗工时，需要深入研究、分析、探讨而定。在派工单中，派工单编码将体现该订单所属的阶段。如果数个派工单的属性几乎相同，可以并单为一个，增加加工数量即可，具体什么情况下可并单，根据生产实际而定。

生产管理部和制造部门要合理设置作业区/班组/区域/设备，即设备与工序的关系（某设备能加工哪些工序）。除了加工主要工序外，还能辅助加工哪些工序，以便优化排产。生产订单/派工单犹如一条藤，工序如藤上的果实，其他物料、物量等可以理解为叶子。那么，订单的这根藤将整个生产流程紧密地串联起来了，并以它组织、查询、考核更为便捷与高效。

5.2.6 制造业 xBOM 的制定

产品物料清单(Bill of Material，简称 BOM)是生产某种产品所需的重要数据，描述了构成产品的物料及其物料之间的关系等信息，它是产品数字化定义的重要内容，是连接企业产品工程设计和生产经营管理的桥梁。然而，一些船厂的 BOM 管理存在缺欠，具体表现如下：

(1) BOM 数据不完整：设计部门缺乏统一完整的 BOM。BOM 历史数据未归类沉淀，在产品策划阶段，很难对新项目做出科学评估。同类产品的开发与制造，也不能借鉴，造成重复劳动；

(2) BOM 管理工具落后：有些船企用 Office 软件管理 BOM，而未采用先进的管理工具。无法显示每个组合件之间的关系,层次感不强,维护容易出错;所有的更改工作都在一个 EXCEL 表上进行,无法清楚表达更改前后的状态和记录;最新的大量图纸、更改单、工艺文件和数据报表在各部门间传递采用手工或邮件方式,繁琐,容易丢失,而且效率低;

(3) BOM 数据管理不完善:BOM 数据维护更新不及时,造成设计与生产不一致的,而且无准确唯一的 BOM 统计产品制造成本等。

BOM 是一个广泛的概念,按照产品生命周期不同阶段的应用,BOM 分为设计 BOM、工艺 BOM、制造 BOM、成本 BOM 等。具体如下[40][41][42][43][44]:

(1) 设计 BOM(Engineering Bill of Material,简称 EBOM):EBOM 是用来组织和管理生产某种产品所需的零部件物料清单,用来管理产品的结构、装配关系和装配数量的信息。常见文本格式包括产品明细表、图样目录、材料定额明细表等。它是产品设计工程师在完成产品设计后获得的,是设计部门向工艺、生产、采购等部门传递产品数据的主要形式和手段,是产品数据的源头;

(2) 工艺 BOM(Process Bill of Material,简称 PBOM):PBOM 是在设计 BOM 的基础上,根据企业工艺装备特点,编制的产品装配件、零部件和最终产品制造的工艺规程,包括确定了零部件的加工设备、工装夹具、刀具、辅具等工艺信息。它是产品工艺计划阶段的BOM,对于单件小批生产企业尤其重要。其他各种 BOM 都是在设计 BOM 和工艺 BOM 的基础上结合其应用领域的信息转换而来。在制造过程中,它对于组织工艺设计、安排生产计划、制定采购计划都具有重要的作用;

(3) 制造 BOM(Manufacturing Bill of Material,简称 MBOM):MBOM 是在 PBOM 的基础上,增加详细的工艺、材料、制造资源(工装、刀具、设备等)、工时定额、材料定额信息,是详细描述产品制造过程和制造数据的基础性数据。它是生产的依据,是生产管理系统运行所需的基础数据。

(4) 成本 BOM(Cost Bill of Material,简称 CBOM):CBOM 是财务部根据 MBOM 中自制件、外协件和采购件的信息,设备折旧费、人工费等计算产品及零部件的最终成本,用于制造成本控制和成本差异分析;

(5) 编码 BOM(Code Bill of Material):它是根据一定的编码规则,对于部门、职工、物料、零件、设备、场地、区域、各中间件、单元、WP、WO 等的编码进行分类树型结构化的管理,为其他 BOM 的编制提供支持。

还有如采购 BOM、销售 BOM、质量 BOM 等,通称为 xBOM,本书不再一一赘述。BOM 在不同部门中的演变过程为(见图 5.2):设计部提供 EBOM→在工艺部转换为 PBOM;采购部门根据 EBOM 和 PBOM 以及库存情况,确定需要购买的零部件清单 BBOM;财务部根据加工产品的复杂度、材料费用、人工费用以及产品管理费用等计算产品成本。xBOM 内相同的数据具有唯一性,每项数据都有责任部门或者人,数据互相共享访问,如 EBOM、PBOM、MBOM 的相关数据,可直接导入生产订单/派工单,组织生产运作。

5.2.7 标准化的编码体系建立

装备制造企业编码是现代化制造的一项极其重要的基础工作。然而,当前好多装备制造企业没有公司统一的物资编码和中间产品等编码,各部门各自编码,重码现象严重,造成交流不便,效率低下。需要建立合理的编码体系和基础数据架构,把信息流和物流进行分类,应用编码技术,基于编码对象静态特征信息建立编码数据库。能够对设备、物料、WP/WO、人员、托盘清单等大量基础信息进行统一管理。为了便于应用信息化系统,实际建造过程的 WO、图纸,以及托盘三位一体管理,它们的编码应当具有紧密的内在联系。这样将派工单的建造信息、图纸信息和物资配送信息集成在一串编码之中,这是制造业信息化的基础。本书提出船舶制造如下编码规则:

(1) 船号编码:船号一般为大写字母加四位数字。其中大写字母表示船的型号,字母表示该型号的序列号,如 L1688;

(2) 总段编码:总段的编码用船号编码加两位数(最多可编 100 个总段,目前一般的船型是 50 个总段,航母也不会超过 100 个总段),加的两位数字表示总段的序列号,如 L168818;

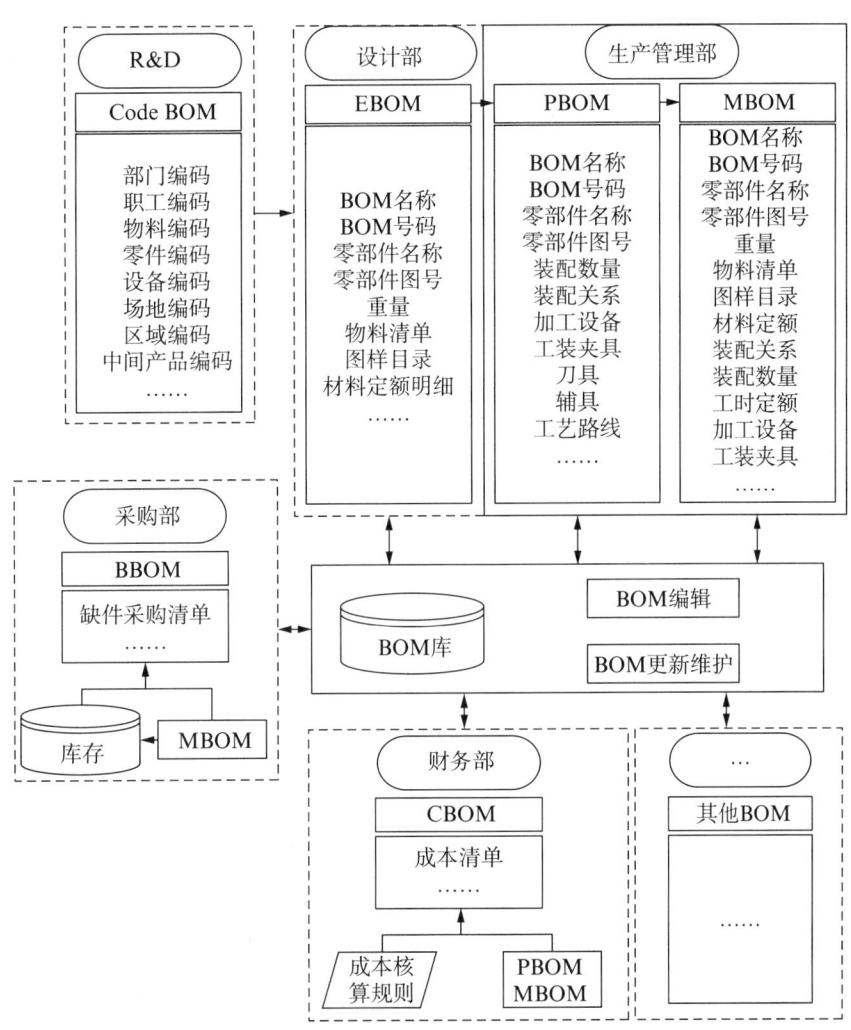

图 5.2 船舶制造主要 BOM 关系

(3) 分段编码：分段的编码用总段编码加一位数或一个大写/小写字母(若一个总段包含的分段数量超过 10 时，若加的是字母 B/b，表示该总段的第 12/38 个分段。该方法一个总段下可最多编 62 个分段)，加的数字或者字母表示分段的序列号，如 L168818F；

(4) 大组立编码：大组立的编码用分段编码加一位数或一个大写/小写字母(若一个分段包含的大组立数量超过 10 时，若加的是字母 C/c，表示该分段的第 13/39 个大组立。该方法一个分段下可最多编 62 个大组立)，加的数字或者字母表示大组立的序列号，如 L168818Fd；

(5) 中组立编码：中组立的编码用大组立编码加一位数或一个大写/小写字母(若一个大组立包含的中组立数量超过 10 时，若加的是字母 C/c，表示该大组立的第 13/39 个中组立。该方法一个大组立下可最多编 62 个中组立)，加的数字或者字母表示中组立的序列号，如 L168818FdC；

(6) 小组立编码：小组立的编码用中组立编码加一位数或一个大写/小写字母(若一个中组立包含的小组立数量超过 10 时，若加的是字母 A/a，表示该分段的第 11/37 个小组立。该方法一个中组立下可最多编 62 个小组立)，加的数字或者字母表示小组立的序列号，如 L168818Fda；

(7) 单元编码：单元的编码用小组立编码加一位数或一个大写/小写字母，加的数字或者字母表示单元的序列号，如 L168818Fdac；

(8) WP 编码：WP 的编码用单元编码加一位数或一个大写/小写字母，加的数字或者字母表示 WP 的序列号，如 L168818Fdacl；

(9) WO 编码：WO 的编码是 WP 编码加一位数或一个大写/小写字母，加的数字或字母表示 WO 的序列号，如 L168818Fdacl8；

(10) 派工单编码：派工单编码沿用 WO 的编码，如 L168818Fdacl8；

(11) 图纸编码：派工单的图纸编码用 WO 编码后面加 D(Drawing)和一位数或一个大写字母。D 表示图，数字或大写字母表示图纸序列号，如 L168818Fdacl8D8；

(12) 托盘编码：派工单的托盘编码用 WO 编码后面加 S(Salver)和一位数或一个大写字母。S 表示托盘，数字或大写字母表示托盘序列号，如 L168818Fdacl8S8；

(13) 工艺线路文件编码：派工单的工艺线路文件编码用 WO 编码后面加 T(Technics)和一位数或一个大写字母。T 表示工艺线路，数字或大写字母表示工序线路文件序列号，如 L168818Fdacl8T6；

(14) 工序编码：工序的编码用派工单的编码后面加两位数。数字表示派工单序列号，如 L168818Fdacl808；

(15) 中间产品阶段属性编码：总段、分段、组立、单元、WP、WO 等中间产品的编码后加下划线和两位数或两个大写/小写字母，加的第一位数字或者字母表示该中间产品最终完成的责任部门，第二位指该中间产品所属阶段，如 L168818Fdacl8S8_XX。

中间产品编码如图 5.5 所示。在编码过程中，不能只使用数字，因为个位数字只有 10 个，要充分利用位置和英文大、小写字母，最好它们区别对待，这种编码法的一位编码就有 62 个号，编码号多，且位数较少。上面主要讲了中间产品编码，还有物料(采购的物料和标准件、配套的中间产品)可按照它们的类型、阶段等属性编码;机构代码按照层级公司、部、室(作业区)、班组分为一、二、三、四级,各用一位、两位、三位、四位数/英文字母编码,该码确定后就基本不变,它是其他编码的一个参照;人员按照其工种等属性编码,一般用5位数字即可;设备按照其加工属性,所属部门等属性编码,一般用七位数字/字母,前四位表示所属部门,第五位表示能加工的序(设备类型),后两位表示设备序号;还有工程编码、区域编码、工位编码、仓位编码、中转区编码、设计专业码、制造阶段码、图样文件编码、舱室码、船体结构类别码、管路系统编码、管径分类码、管子材质分类码、管子焊接方式码、管件试压码等等。这些编码需要 R&D,设计部、生产管理部、制造执行部、信息技术部、物管部等讨论协商确定规则,由 R&D 全面系统建立编码体系,为信息化实施提供基础支持。

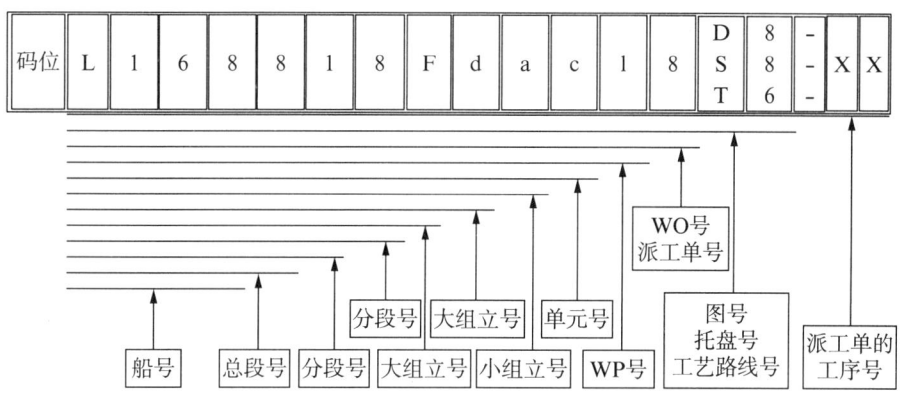

图 5.3 船体制造编码体系结构

5.2.8 最优制造工法工艺设计

工法是建造技术和工艺方法的总称,主要研究生产流程与布局设计;提供使用新工艺、新技术、最适合工装、新材料应用的建造方案;提供最佳的制造流程、流程中各节点责任的科学划分,产品制造的总装顺序、工法工艺的改进。如船舶制造的采用巨型总段造船技术,单船多点并行搭载的平移工法,取消嵌补分段、扩大施工作业面、缩短船坞周期;单元化延伸到各个区域,单元制作尽量提前,包括机舱、泵舱、甲板和上层建筑、分段、总段、区域等;采集工法工艺执行信息、收集意见和建议并及时优化改进;时刻关注、收集、分析、学习、吸收国内外先进的制造工法工艺,不断改进本公司制造技术。工法工艺的不断优化改进,将为效率提升起到巨大的促进作用。工法工艺技术需要长期积累与积极主动学习,包括工法工艺知识库、工艺路线方案库、工法工艺管理数据库、工装设计图样、工时定额、材料定额、工序划分标准、零件/单元制作工序分解库、物流流转路线方案、工装管理等的建立与完善,从而形成一个完整的工法工艺管理体系。

韩国造船业对造船工法研究颇为深入全面。国内外高桥公司关于造船工法的研究比较多[45],较早成立了工法技术室,江南造船厂也成立了工法部。造船的工艺很重要,同样的工作条件,采用的工艺不同,可能就有不同的效果。建造过程中,舾装件实现功能性单元、管子单元、管子或附件的小单元、模块制作等,实施地面组装成块,再整体吊装的工艺方法,变立体交叉施工为平面分散组装,缩短舾装时间。大量实行预舾装,将原来集中在船台和码头施工的舾装工作大量前移到分段阶段和总组阶段施工,合拢阶段只保留分段合拢口位置的接口工事,缩短船台安装时间;按派工单的工位进行托盘物料配送;预舾装后的分段连同预舾装的舾装件整体油漆,提高中间产品完整性。

5.3 先进制造管理体系构建

5.3.1 制定合理的建造计划

生产管理的一个核心计划是生产管理部与总装部按照产品交期和总体生产安排的要求共同制定的总装配计划,即总组集成网络计划。根据总组集成网络计划、主要关键时间节点计划汇总成全公司的年度和月度生产计划。从该总组集成网络计划出发,根据中间产品流水线的生产节奏,包括涂装、预舾装,以及板材型材、零件和管子加工等等,按照设计 WBS 的层次关系,生产资源的约束,倒推出中间产品、单元、WP 的制造交期。这些交期的设置,也是一种产能负荷综合平衡的"阶段中日程计划",里面已隐含了建造大日程计划、中间产品制作计划(含舾、管、电、预装和涂装),并可按类别从交期的时间段里搜索各种计划;机、电、舾等的周、月、季度的生产任务与计划。同时,按照该中日程计划,相关部门制定其周、月、季度生产准备(含图纸、设备、材料供应等)计划。制造业建造过程,依据制造 WBS 最终分解成带交期的 WP/WO,是一个复杂的系统工程,需要借助 MRPII 或 ERP 系统产生,然后人工参与分解产生车间生产任务。车间根据生产任务 WO 的产品结构 BOM、工艺路径、交期、自身生产资源(人、设备、场地、工装、时间)等优化排产,自动生成日生产调度、周计划,即小日程计划。包括主要有:作业内容、作业量以及作业的起止时间等。生产单位(班组或者车间)制定各自的小日程计划、物料计划和劳动力计划,向物管部提出物料集配需求,做到作业计划和物料计划、生产资源计划的统一与匹配。现代造船要求工人为复合工种、具备多种岗位技能,实行一岗多能的作业体制。一岗多能的工人越多,就越利于制造业推行精益制造、高效制造。

除了上面介绍的总组集成网络计划、生产管理部的中日程计划、制造执行部门的小日程计划,还有设计出图计划、管子制造计划、舾装件制作计划、主要机电设备装配计划、劳动力计划、采购计划、调试试车计划等。它们的相互关系如图 5.4 所示:

5.3.2 均衡制造能力负荷

装备制造传统调度式生产计划的编制是孤立的,没有负荷计划和资源配置计划作依托,对动态产能的掌握不够精准,计划制定时下达任务不合理,计划的可控性不强,造成下游生产有淡旺季之分,实际产能未真正发挥。作业日程计划是某个时间段要完成的生产作业任务;负荷计划是生产任务对生产资源的需求;资源配置计划是根据生产日程计划安排的生产资源配置计划。要制定均衡能力负荷的生产计划,需将作业日程计划、资源配置计划和负荷计划三者彼此有机地连接起来,即做到以下几点:

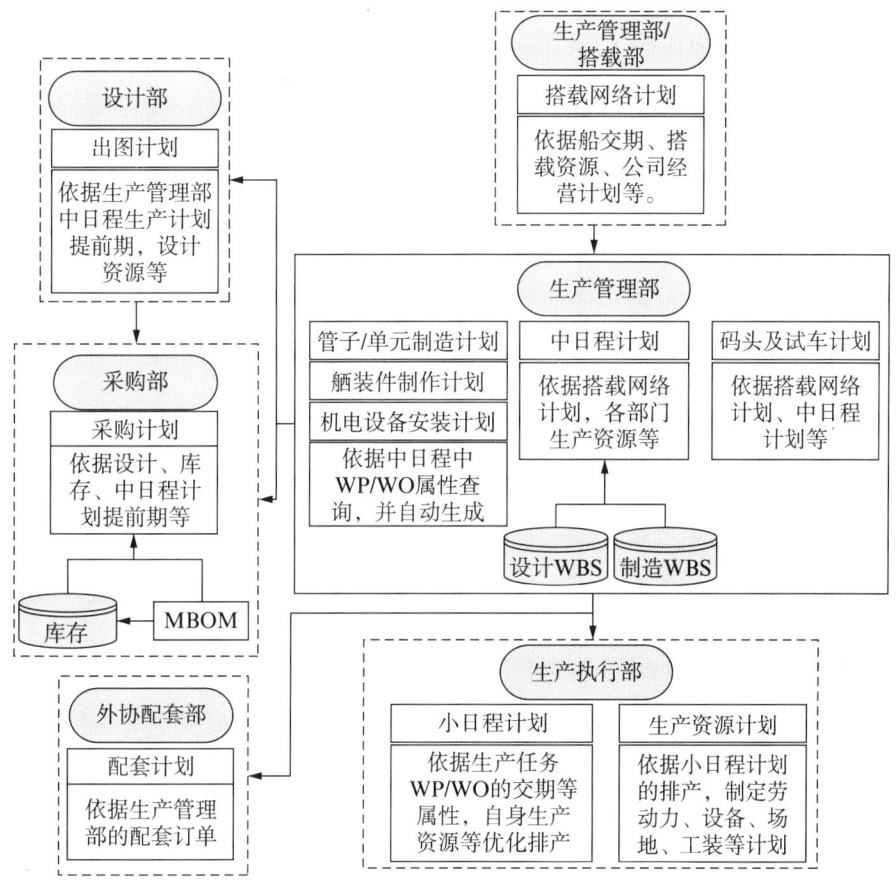

图 5.4 船舶制造各计划相互关系

(1) 精准实时掌握产能:生产管理部需通过 MES 终端时刻采集所有工序加工时间、辅助时间、各种作业类型负荷(装配、涂装、钢材切割、加工等)、设备负荷(各种加工设备、吊装、平板车等)、人工负荷(各工种)、场地负荷(工位、胎位等)等,从各种维度统计资源产能。以中间产品、部门(工作中心、班组)、作业类型、工序类型、工种等为单位,对各工艺阶段的工时和物量进行负荷核算,形成各种分析数据,为生产计划制定提供支持。

(2) 建立生产资源负荷平衡计划:计划管理建立在对实际数据统计分析的基础上,是修正偏差不断优化的滚动式计划,需要及时得到生产资源的准确数据并进行生产计划的综合平衡。根据生产任务对设备、场地、劳动力工时的需求,以及现有可分配的生产资源进行增减或加班等进行生产资源负荷平衡工作。在平衡过程中若某个工种或特殊设备的需求量超出在考虑加班等情况下的能力上限,调整一专多能的复合工种或可加工多种作业类型的设备,然后再次进行平衡计算。如果还是出现工艺阶段的工时量或物量超过能力上限,则需调整建造方针和外协瓶颈工序,使之适应建造工时物量平衡的负荷计划,保证生产计划的可行性和合理性。制定好全厂生产能力与生产任务/工作量(负荷)的初平衡计划后,编制各工艺段的工时和物量负荷计划,更加详细地作出各中间产品的各工种,具体的工时和物量,并进行负荷累计计算,确定瓶颈产能的时间和工序,然后制定拓展瓶颈产能的小日程计划,以保证作业任务的圆满完成。

（3）制定符合产能负荷的生产计划：根据生产作业任务需求和生产资源限制，优化配置资源，合理安排生产计划；科学下达任务，避免任务过多引起堵塞，或任务过少造成巨大空闲，实现产能负荷均衡生产。基于粗能力满负荷制定生产计划，各制造执行部门计算生产任务所需要的生产资源和工时数据，根据生产任务生成详细劳动力、设备、场地需求计划，再统计现场生产资源的使用情况，制定详细的拓展瓶颈产能的小日程计划，并在此基础上得出工费成本的预算数据。保证连续生产，同时又能满足产品需求的节奏，让生产处于有节奏的状态当中，实现组织均衡生产（Level Production）。

生产计划与产能负荷平衡关系如图5.5所示：

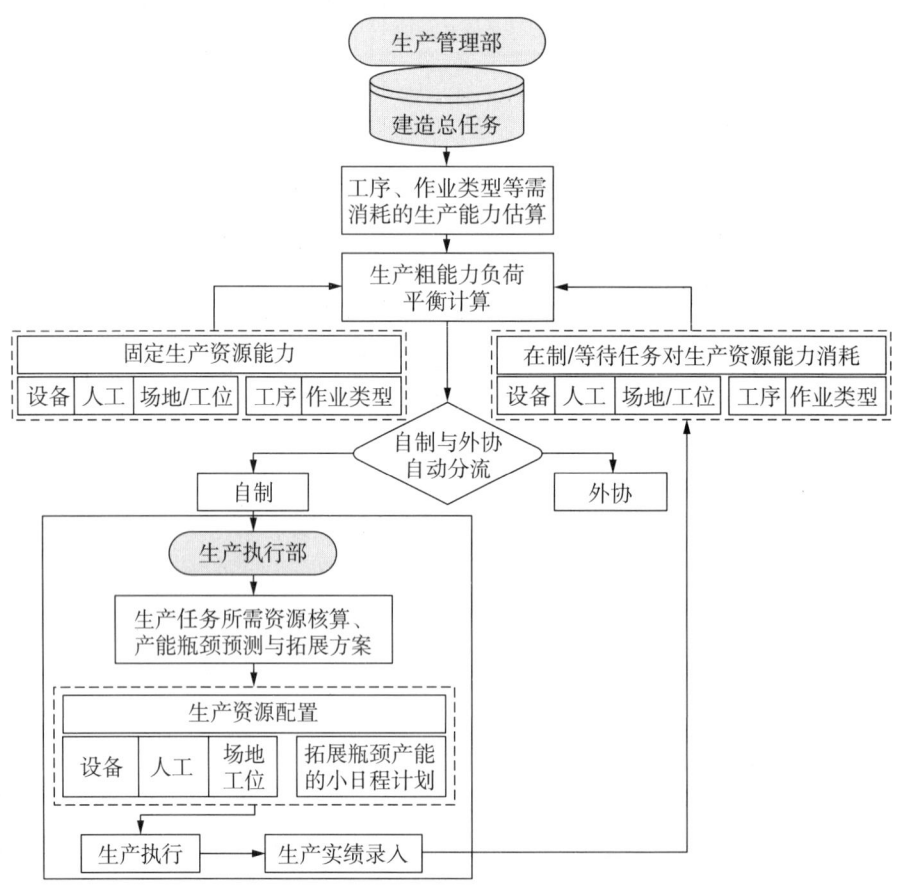

图5.5 装备制造生产计划与产能负荷平衡关系

5.3.3 托盘管理

在装备制造过程中，为了方便中间产品的生产加工，把与中间产品生产相关的物资和生产资源集中在一起管理。就是把作业任务、作业进度、材料清单、设计图纸、生产场地和设备、作业人员与中间产品对应起来集中管理，充分满足有节拍的均衡连续的准时生产（JIT），即称为托盘管理。托盘管理将造船设计、物资和生产三大主体有机地结合在一起。以 WP/

WO为单位的标准化设计和托盘化管理还可以在后续建造中重复使用,一方面可提高生产组织效率,反过来又可大大提高生产设计的效率。托盘化管理特别适用于装备制造生产和控制,它在各个生产环节和加工工位之间的分解重组传递过程中,减少物流量和供应工作,确保各工位按计划工作。托盘化管理依赖于生产设计部和生产管理部所提供信息的及时和准确性,而且还必须要求设备材料、外购件、外协件一定要按期到货。托盘集配的三个关键环节是托盘大小划分、集配计划编制和配送。托盘大小划分:托盘分组大小直接影响企业物流中转速度,从而影响生产效率。托盘分组若太大(极端情况下,是所有物料放在一个托盘,其实没那么大的托盘可以放),一方面车间生产急需物料生产,而另一方面集配中心因未集配满而迟迟不能送达,造成生产无故等待浪费;托盘分组若太小,极端情况下是一个物料放一个托盘,这样生产区的托盘像蚂蚁一样到处送达、到处串,造成效率低,而且成本极大。托盘集配一般以一个WP或WO生产所需的毛坯或者物料为构成元素。特殊情况下,根据生产实际的区域、工艺要求、集配效率等,集配时多个WP/WO及其物料可以集配一个托盘;一个WP的物料也可集配多个托盘。具体如何划分要根据船厂设计、WP大小及生产实际情况而定。托盘的集配和配送详细管理过程下章详细介绍。

5.3.4　流通过程的全面实时监控

制造业企业生产物流是指按照工厂布局、产品生产过程和工艺过程的要求,实现原材料、配件、半成品等物料在工厂内中转点与车间、车间与车间、工序与工序、车间与成品库之间流转的物流活动。因缺乏物料跟踪管理,不能准确及时提供库存情况。生产借用情况普遍,导致库存混乱,加工进度又不明确,极易产生漏/缺件影响总装,物资供应难以保证,加工过程中难以实现物料快速准时集配,影响生产加工,同时造成库存的积压及资金的占用浪费。本书提出基于RFID的物资流通过程全面监控管理。物料管理部改变原来以保管为主的职能,需负责各类进厂物资和物资消耗数据管理、仓储物料的总调度和物资库存平衡,托盘集配等。

基于RFID的电子标签对装备制造过程的物料、中间产品、托盘进行全面实施监控管理。如电子标签的钢材管理:钢材到场后,检验收货,并指定堆放于确定库位。将该钢材的相关数据、库位(库位号、层等)直接导入电子标签后台的管理信息系统,并和电子标签一一对应的绑定。钢材的位置、形状、加工处理的任何形式变化,都从手持终端或电脑输入。现场工程师直接可用RFID终端扫描钢材电子标签,查询其相关信息,或从钢材管理系统登录,查看相关钢材信息。基于RFID的电子标签对中间产品、托盘进行管理,从中间产品形成、入库、库存、集配、出库、到中转场地、加工后注销,实现全生命流程的实时全面监控,为生产小日程计划制定等提供决策参考。

5.3.5　全面成本管理

由于装备制造过程的巨复杂性、信息化系统实施不够成熟、管理过程粗放等原因,导致大型装备制造产品成本不能及时准确地进行核算,成本构成不精确,往往辛辛苦苦一年下来进行财务核算,即使在工人工资非常低廉的情况下,经营利润还是微乎其微,甚至亏损。那么装备制造的利润究竟丢失在哪里？装备制造整个过程的成本管理非常重要，而我国这方面的工作比较薄弱。各部门之间缺乏快速有效沟通手段，出现重复采购或错误采购，时间拖延，材料预算和工时定额数据不准确，经常修改，常常影响到物料采购、生产领料和成本计算的准确度，库存资金大量占用，造成成本控制的难度较大。文献[70]以单条船舶为基本研究对象，以产品形成的全过程为主线，运用控制点的思想，建立船舶制造全过程目标成本动态控制体系。本书提出在生产中严格按照BOM领料加工，避免浪费现象的发生，时刻核算设计成本、采购成本、制造成本、其他职能服务费用分摊等，快速及时计算每条船舶的建造成本。建立成本BOM，构建造船成本项目数据库，实现产品物料成本预估、目标成本分解、实际成本反馈等处理，形成完整的成本数据库。真正做到成本计划、成本日常控制与管理、成本计算、成本分析等的全面成本管理。完工后进行项目完工分析，实现对船舶制造成本的全过程控制，形成分解→分析→差异比较→控制的集成体系具体见图5.6。该成本管理方法可为其他制造业的成本管理提供参考。

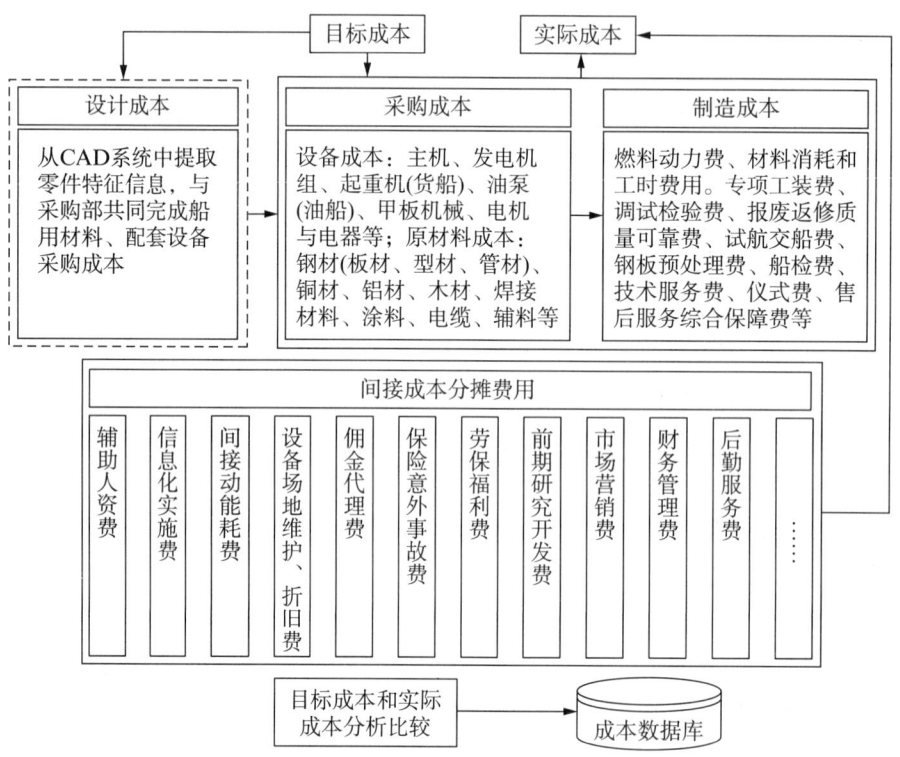

图5.6 船舶制造成本管理分析

5.3.6 绩效管理科学细化与量化

科学的绩效管理将一定程度上激发驱动个人、组织的激情、创造性、积极主动性。然而我国制造业企业因信息化实施不成熟，缺乏相关数据，或者说采集的数据不准确，大部分绩效评测还靠人工打分，容易造成偏差与不公，极大地损害了积极性，造成很大负面影响。绩效管理涉及个人、组织的直接利益，绩效指标需要各方参与讨论设计，要公平、公正、公开，并实施信息化管理。生产管理部、各制造部、设计部、配套部、其他辅助部门的考核依据应基于完成任务的数量、质量、技术、速度、交货周期、服务、成本、效益为依据。另外,绩效管理是一个动态的过程,随企业发展战略的变化其指标体系与方法手段需要不断更新。下面是本书给出的各主要部门的考核指标。

表 5.2 主要部门绩效指标

部门	序号	指标名称	指标权重	份值
生产管理部	1	生产 WBS 制定完成率	Wp1	P1
	2	WP/WO 制定完成率(物料、工时、提前期、区域等)	Wp2	P2
	3	托盘物料清单完善率	Wp3	P3
	4	任务下达前产能平衡准确率	Wp4	P4
	5	下达任务变更率	Wp5	−P5
	6	库存资金占用	Wp6	−P6
	7	工作优化革新实绩(根据效益可分优、良、中、一般四等)	Wp7	P7
	8	办公品等动能源消耗、设备损坏维护费	Wp8	−P8
	9	人均下达生产订单数	Wp9	P9
	10	安全事故损失	Wp10	−P10
	11	投诉条数	Wp11	−P11
	12	5S 表现	Wp12	P12
		……		
生产执行部	1	工时目标完成率	Wm1	M1
	2	小日程计划准确率	Wm2	M2
	3	一次合格率	Wm3	M3
	4	报工及时率	Wm4	M4
	5	单位工时机物料消耗	Wm5	−M5
	6	人均工时产出	Wm6	M6
	7	产值数量(中间产品增值)	Wm7	M7
	8	(车间平均)工序加工效率(超出定额工时比率)	Wm8	−M8
	9	转运/入库及时率	Wm9	M9
	10	设备故障停机时长	Wm10	−M10
	11	库存资金占用	Wm11	−M11
	12	安全事故率/或工伤费用	Wm12	−M12
	13	现场 5S 管理	Wm13	M13
	14	(车间平均)设备综合效率 OEE	Wm14	M14

(续表)

部门	序号	指标名称	指标权重	份值
生产执行部	15	生产BOM准确率	Wm15	M15
	16	工时定额准确率	Wm16	M16
	17	人均编制工艺路线数	Wm17	M17
	18	工作优化革新实绩（根据效益可分优、良、中、一般四等）	Wm18	M18
	19	办公品等动能源消耗、设备损坏维护费	Wm19	—M19
	20	报废/返工损失金额/影响	Wm20	—M20
	21	投诉条数	Wm21	—M21
	……			
设计部	1	设计WBS制订完成率	Wd1	D1
	2	设计BOM准确率	Wd2	D2
	3	WP制定完成率（物料、工时、提前期、区域等）	Wd3	D3
	4	托盘物料清单正确率	Wd4	D4
	5	出图计划准确率	Wd5	D5
	6	图纸交期准确率	Wd6	D6
	7	图纸正确率	Wd7	D7
	8	5S管理	Wd8	D8
	9	工效改善、工艺创新与攻关项数（根据效益可分优、良、中、一般四等）	Wd9	D9
	10	办公品等动能源消耗、设备损坏维护费	Wd10	—D10
	11	图纸错误/返工损失/影响	Wd11	—D11
	12	投诉条数	Wd12	—D12
	……			
采购部/配套部	1	外协/采购订单数量/目标完成率	Wb1	B1
	2	外协/采购件准时交付率	Wb2	B2
	3	外协/采购件抽检合格率	Wb3	B3
	4	外协/采购价格超标物料比率	Wb4	—B4
	5	人均完成外协/采购订单数	Wb5	B5
	6	外协/采购单库存资金占用	Wb6	—B6
	7	安全事故率/或工伤费用	Wb7	—B7
	8	5S管理	Wb8	—B8
	9	工作优化革新实绩（根据效益可分优、良、中、一般四等）	Wb9	B9
	10	办公品等动能源消耗、设备损坏维护费	Wb10	—B10

(续表)

部门	序号	指标名称	指标权重	份值
采购部/配套部	11	报废/返工损失金额/影响	Wb11	－B11
	12	投诉条数	Wb12	－B12
	……			
品质保障部	1	质量损失率	Wb1	－B1
	2	错检漏检率	Wb2	－B2
	3	批量不合格比率	Wb3	－B3
	4	人均检验批次数	Wb4	B4
	5	质检及时率	Wb5	B5
	6	质量培训次数(参与人数)	Wb6	B6
	7	5S管理	Wb7	B7
	8	工作优化革新实绩(根据效益可分优、良、中、一般四等)	Wb8	B8
	9	办公品等动能源消耗、设备损坏维护费	Wb9	－B9
	10	投诉条数	Wb10	－B10
	……			

还有工务保障部、信息技术部、HR部、R&D部等,其详细的绩效指标可参照以上协商提出。表5.2绩效指标的权重、计算方法及具体分值需要根据各企业的实际,共同协商科学确定,部分绩效指标的计算方法可参照文献[49]。总之,要以"提、降、增、提"为最终目标。

5.3.7 数字化环境下的精益精度制造

装备制造是劳动密集型、资金密集型与技术密集型并存的大型复杂制造,其工种、设备、专业繁多,配套企业多、配套产品复杂,产能平衡困难,计划制定限制约束多,排产复杂,立体交叉的生产方式,导致物流、人流、信息流、资金流的时空交织,加之生产过程有很多不确定性。如何科学组织整个生产过程,存在着巨大的优化空间。现代制造是实现数字化环境下的,无缝集成数据共享并可互操作的精益精度制造,要求实现设计/工艺/管理、机电、制造、涂装、装配一体化的工作体制。精益制造包含了及时响应(Just-in-Time,简称JIT)、约束理论(Theory of Constraints,简称TOC)、精益生产及敏捷制造的概念,同时也与以减少错误为目的的六标准差(Six Sigma)互相补足。精益制造主要专注在客户的增值项目上、减少生产的废弃物、浪费以及提倡不断改进生产过程的方法。JIT生产方式基本思想可概括为"在需要的时候,按需要的量生产所需的产品",也就是通过生产的计划和控制及库存的管理,追求一种无库存或库存达到最小的生产系统。如装备制造的典型代表,国内船厂精度管理水平不高,造成大量的修正工作,消耗大量人力和物力。船体建造各阶段的精度没有形成系统,累计误差太大,造成在钢料下料加工过程中均留有一定的钢板荒料,在分段制作结束后再切掉钢板荒料,以保证分段的整体尺寸;为避免大量短尺现象,舾装件制作也不得不留有足够的余量来达到现场切割调整的目的。在现代制造模式中,建造过程中始终贯穿实现精度制造。在制造工程施工过程中,将建造精度作为基本准则,以先进的工艺措施和科学的管理方法对产品的形位、尺寸进行精确分析和有效控制,减少对零部件和中间产品制作后的修整工作量,从而达到提高工效、降低成本、保证质量。精度管理必须抛弃传统观念,以数字化方式来推进精度管理。产品精度管理由设计部负责制定精度控制作业指导书,对中间产品制作的精度给出补偿量要求等。实现装备制造的设计采购、生产、物资流通等各个部门从合同开始就共同策划、密切配合,交叉并行作业,优化生产组织方式,使生产有序化,资源配置合理化。

在上文详细介绍了装备制造流程优化、基础数据准备完善后,如何全面数字化制造,使财务、销售、生产、采购及仓库业务管理的信息化和集成化,达到精益精度造船目的,本书将在第六、七章深入分析构建。

5.4 小　　结

由于大型装备制造是按订单式建造,批量小、数量大、技术复杂,使企业制定生产计划困难大,经常出现有时超负荷工作,有时又无任务可做,生产组织不协调,资源配置不合理,生产过程稳定性差、信息沟通不畅、缺乏柔性、生产周期长等问题。基于当前我国装备制造管理存在的缺欠,本章提出了机构重组与职能划分方案,流程优化与改造方法,数据分类准备、建造 WBS 的制定方式、WP/WO 分解技术,派工单的格式,各种 BOM 制定模板,编码技术、工法工艺改进思想;提出计划制定依据、能力负荷均衡技术、托盘集配管理、物资流通的监控方式,成本管理的策略,绩效管理的指标体系等;建立了一套行之有效的管理流程,使管理的事前预测、事中控制、事后反馈成为可能,真正做到按需生产、优先级排产,生产计划的编排科学合理,避免了盲目决策,为全面实施数字化制造提供基础准备和理论支持。

要实现全面数字化制造,由于大家对传统方式的惯性依赖,即使再好的革新也会遇到很大阻力与压力,故必须组建转换制造模式的项目组班子和核心力量,以领导推进数字化制造的全面改革与实施。班子的带头人应当是企业强有力的、具有最高领导者代表权的、智慧勇敢型的内行决策层人员;项目组成员主要由改革的中坚力量、关键部门负责人和外部专家组成。同时,还要不断培养实施制造模式转变的基层骨干力量。从分析判断企业生产中的问题以及软硬件条件和产品特性入手,围绕现代制造模式的中间产品生产管理方法的要求,采取总体改革方案和阶段性的(规范标准→完善数据→再造流程→优化结构→管理变革)实施计划相结合进行,实现高效率、高效益的数字化制造。

第6章 数字化制造架构设计

6.1 引　　言

以信息化推动制造业现代化、创新地掌握一批高端制造核心技术是中国制造工业追赶国际先进水平的重要机遇。"数字化制造"是以产品制造过程的知识融合为基础，以数字化建模仿真与优化为特征，将信息技术、现代先进的制造技术和模式，综合应用于产品的设计、制造、测试、试验、维护、回收等全生命周期，即实现以数字建模和数字样品为核心的数字化设计，以生产制造过程信息化控制为核心的数字化制造，以虚拟样品和数字仿真为核心的数字化测试与试验，以现代制造模式和业务流程执行为核心的数字化管理，从而对产品的开发、设计、制造、管理和经营决策实现全过程、全系统的最优控制，使制造企业获得最大的经济效益和社会效益。

我国制造业实施信息化管理还处在发展阶段，计划制定和派工还主要靠经验和手工，生产信息主要靠开调度会、工地会解决，难以实现汇总分类和迅速反馈。本章作者设计数字化制造的架构、详细模块功能、各模块之间的关系与数据流，为制造业信息化实施提供借鉴与参考。

6.2　装备制造企业信息化建模

利用现代集成制造的理念、方法和技术体系，将信息技术与现代制造模式相结合，实现产品开发、设计、测试与试验、制造和管理数字化，打通装备制造数字化设计、制造、管理生产组织主线，实现以信息流为基础和依据、物流控制为关键、资金流控制为主线的数字化高效运行系统。我国装备制造企业由于不同阶段实施了很多系统，造成开发平台和应用标准不统一，出现大量异构信息与流程孤岛现象。这些信息无法有效共享和交换，在很大程度上影响了企业的数字化集成应用，降低了信息化的效率。装备制造企业在推进信息化建设的过程中，必须建立统一的企业应用集成架构和平台，能够将自主开发的系统、引进的系统以及将来开发的新系统集成起来，通过信息集成与过程协同实现各类信息系统的信息共享、协调运作和资源优化。以数字化带动中国制造企业走新型工业化道路，使中国制造工业走上"持续、快速、协调、健康"发展的轨道。翟小兵博士后在其出站报告中深入、系统、全面研究过中小企业信息化实施与实践[47]，作者第二站博士后期间研究过船舶制造业 MES 与计划搭载网络优化技术，对本书的撰写有较大借鉴[48]。

装备制造企业的核心业务管理主要包括四方面内容：设计管理、生产控制（计划、制造)、物流管理(分销、采购、库存管理)和财务管理(会计核算、财务管理)。销售、生产、采购、库存、财务各个业务环节信息共享问题,使管理的集中程度提高,信息高度共享,整个管理流程协调一致,快速进行市场、采购、生产的连动响应配合。装备制造企业生产管控核心业务流程如图6.1所示。

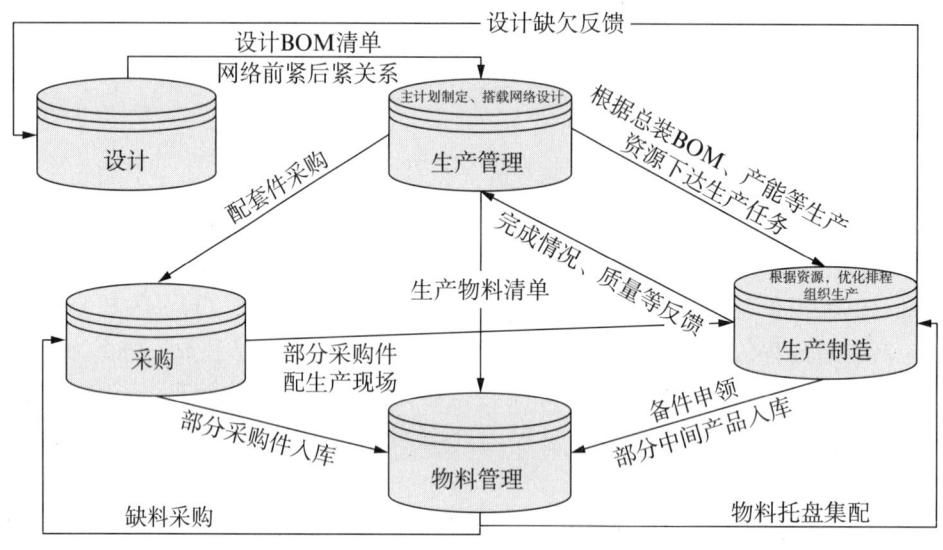

图6.1 制造业务流程模型

大型装备制造周期长,业务系统复杂,需构造中国制造工业实现跨越式发展的信息化平台,全面推进制造业数字化应用,实现制造企业设计、制造和管理一体化,使其对产品/中间产品物流、信息流、资金流的管理更加快捷和高效。数字化制造管理系统应具有提供设计与制造 WBS 制定的支持,对产品中间件自动分解的支持,对分解的子中间产品的优化配置形成 WP;支持制造企业间的动态联盟,建立基于网络的设计集成平台,保证企业间模块信息的共享等。针对装备制造实际过程的复杂性,参照先进造船信息化管理经验,在江南造船(集团)有限责任公司信息总体架构的基础上,本书设计船舶数字化制造系统架构如图 6.2 所示。基于数字化造船管控系统,本书设计其主要模块功能如附图4所示。该系统各模块不是独立的,数据可共享,根据相应的权限实现互查询与操作。如生产模块提交的配套件数据,采购可查看并执行,生产模块可查看执行状态等。各模块功能需要根据具体造船企业实际流程实现,一些非主要模块,如区域管理、查询管理、用户管理等在此不再赘述。

ERP 是一个集成平台,对于不同行业、专注不同产品类型的企业,各模块的应用重心及复杂程度是不一样的。信息化在实施过程中,不能为了政绩,所有模块都上,如电子商务对船舶制造企业就不需要,其重心应该是设计、生产等。不必一定要上 CRM(客户关系管理)、SCM(供应链管理),他们的主要功能在营销模块、采购模块可以完美的实现即可,使销售、生产、采购、库存、财务各个业务环节应紧密衔接、数据信息及时充分共享。

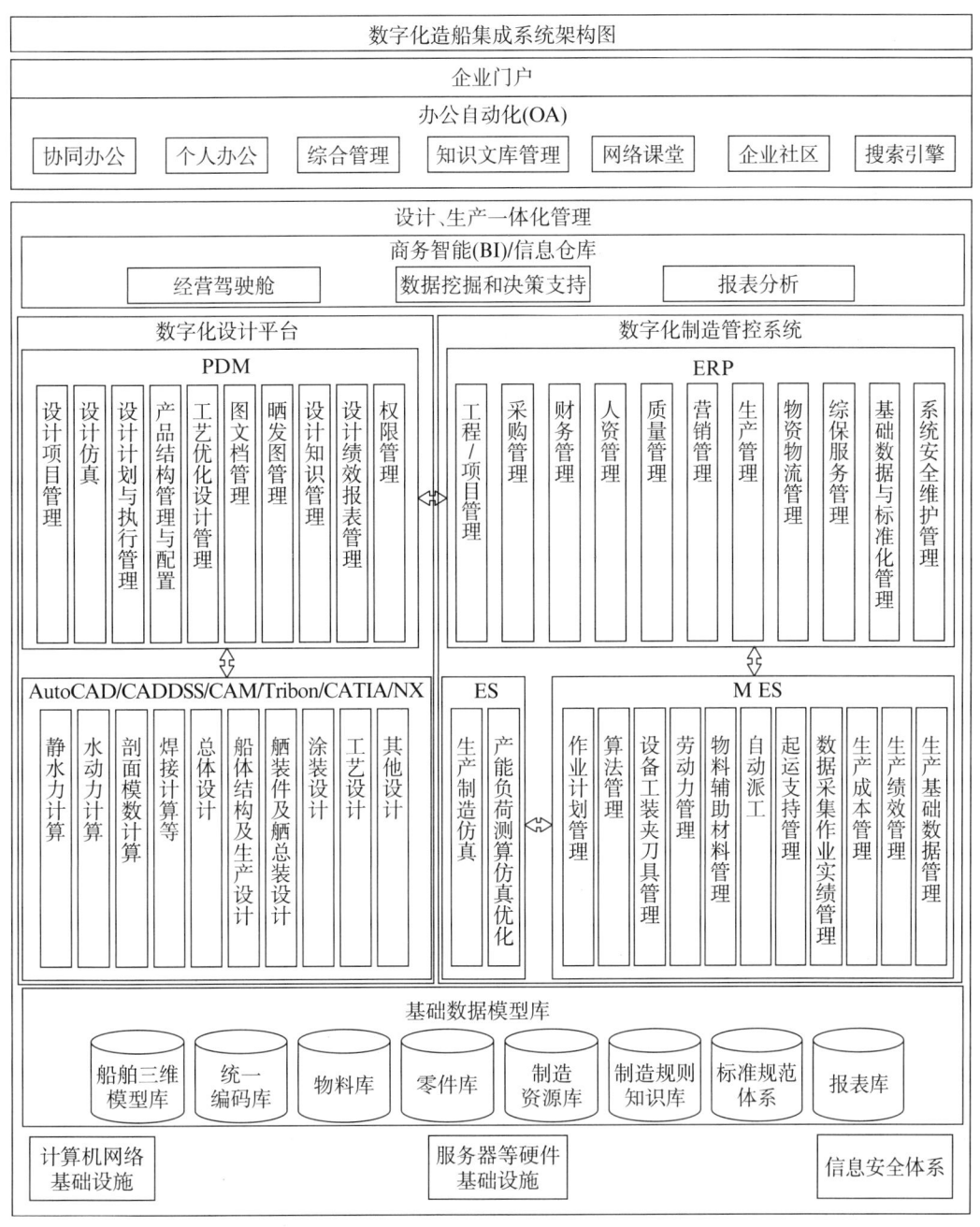

图 6.2 船舶制造业务流程模型

6.3 装备制造企业 OA 平台

实施信息化管理的现代企业,日常管理主要办公流程需全部纳入 OA 系统管理,包括协同办公、个人办公等,实现信使服务/即时通讯、邮件管理、电子签章、公文管理、各类申请与审批等功能。即时通讯功能类似与 MSN,实现即时沟通的功能,支持附件发送、在线用户查询、消息群发等。各种申请工作联络单可查看其流转的节点。它使广大用户能时刻、同地或异地更便捷地查询数据、处理办公事宜,节约大量纸墨和时间,提高工作效率、降低成本。装备制造企业 OA 平台模块功能具体如图 6.3 所示。

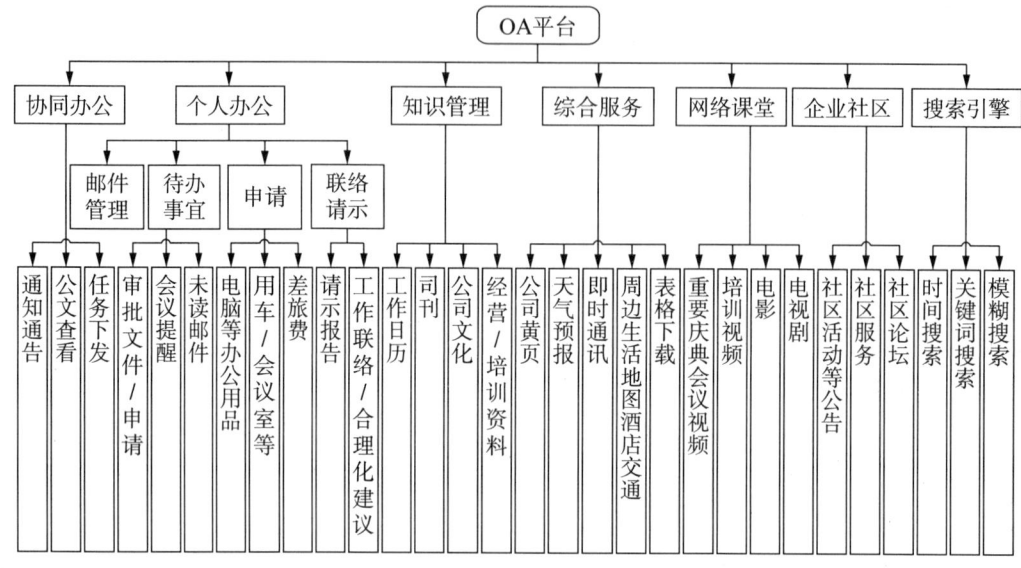

图 6.3 制造业 OA 平台模块功能

6.4 数字化制造管控系统模块功能设计

6.4.1 数字设计与管理

6.4.1.1 数字化设计

设计、工艺、制造是离散型制造水平高低体现的关键。设计软件的功能制约设计的水平和效率。CAD/CAPP/CAM 是实现产品设计和制造自动化的关键技术,在产品开发过程中,引入该技术进行产品概念设计、工程与结构分析、详细设计、工艺设计以及数控编程,可以提高产品的性能和质量,创造效益。基于某产品 AutoCAD/CADDSS/CAM/ Tribbon/CATIA/NX 的制造数字化设计平台,涵盖产品设计的全过程,包括概念设计、初步设计、详细设计、生产设计等各个阶段,内容包括产品类型设计、总体布置设计、结构设计、管路和线路布置、舾装、强度分析、仿真等各个专业,实现把总体院所设计系统(典型为 CADDS5 系统)中的产品结构、机电设备、基座、电缆模型、管子模型等电子三维模型转换到制造企业三维设计系统(典型为 TRIBON 系统)中(三维电子模型),经过一定的校验、比对后形成基础布置模型,缩短建模时间,提高设计效率。对于船舶制造企业来讲,设计平台需具有的功能如下:

(1)强大的各种计算功能:① 静水力计算。包含舱容表、纵倾表、装载及装卸货顺序计算、完整稳性和破舱稳性以及极限重心高计算、总纵强度、倾斜试验、干弦计算、持续浸水和可浸长度计算、吨位计算和下水计算等。② 水动力性能计算。包括用船模试验得到的阻力结构替代经验的估算；船舶在深水/浅水/平浮/纵倾状态的操纵性预估（包括由船体阻力和舵引起的非线性影响）；可采用切片理论进行耐波性分析，重量和阻尼系数的增加与波浪励磁力组合，计算船在规则/不规则的海况下任何位置（考虑主动、甲板上水、螺旋桨应急和晃荡）的响应。③ 焊接计算。提供装配过程中所有节点和相关焊接轨迹的计算，焊接计算首先定义装配内零件之间的节点，然后根据工厂的焊接规则和装配基面计算此节点内的焊接数量，焊层的数量，焊角和焊接的总长度。计算所得的焊接可在应用程序内编辑，添加或修改焊接位置，焊脚尺寸，焊接方法，测试程序和注释。可输出用户化的焊接报表，列出每个组立的焊接节点及其属性。装配和焊接轨迹的几何信息可以抽取出来用于焊接机器人的接口。④ 剖面模数计算。主要纵向构件模型创建后，可在任意的剖面位置进行剖面模数计算。

(2) 船体设计：① 船体结构设计。A. 船体主要构件定义和布置：高级的分段拆分功能可按照客户自定义的分段缝将基本设计结构转换为生产分段。详细设计和生产设计的无缝过渡，在并行的视图中共同维护同一个模型数据库。结构工程师创建并维护设计板架，生产设计师维护生产板架，生产板架由设计板架通过分段拆分功能来创建。B. 船体钢结构模型的快速生成：可参数化生成船体结构，包括板，开孔和加强筋，模型的执行是通过给数据库中的曲面定义增加信息来实现。② 船舶生产设计。提供广泛的用户化智能造船标准，其中包含肘板、型材、角隅、贯穿孔及开孔等，其自动适应它们被使用的位置结构形式。船体详细设计模型会保存定义数据、拓扑信息和船厂设计特殊类型标准。船体详细设计自动利用设计内容信息执行放样工作和确定定义零件形状及特征的精确坐标信息。所有必要的生产信息都可自动或半自动地从船体模型中生成、外板加工样板、包含逆直线数据的纵骨、肋骨和肋板加工表、草图和机器人信息。可生成带有套料草图的数控切割及划线数据。

(3) 舾装设计。数据库能保存一个项目所有的舾装原理图数据，可利用图形工具来开展全部项目的原理设计。① 设备设计。为所有的设备建立三维模型，从泵和热交换器到复杂的设备比如反应塔和压缩机，并可应用于各种规划，布置和通道或者干涉检查中。选择一个相关的模板并输入一些必要参数便可生成一个设备。设备模板可定义具有复杂参数的设备。② 暖通系统设计。提供专门的模块应用于各种类型的通风系统的设计。可建立一个纯三维的风管模型、提供自动填充命令，在通风管路上自动填充适当数量的直管段、系统能够自动生成管段图形和 ISO 图形。③ 铁舾设计。能够生成各种设计图、布置图及零部件详图，包括精确的重量和材料信息。梁、柱设计功能可定义并操纵一个通过节点网络完全联接的钢构架，包括联接及配件的细节。节点网络带有在模型中定义负荷的功能，能够支持与应力分析软件无缝连接。④ 电气和仪表设计。把所有的电气和仪表包括电控箱、变压器和开关箱等布置到三维模型中，用于布置、目测、碰撞检查及生成布置图。电气设备及仪表的三维模型可由参数化的模板来生成。阀件及同轴仪表通过规格书从零件库中选择，工作流程完全与管路设计一体化，所有的电气项目都可以被细化。⑤ 管路设计。在基于零件数据库及工程规格书的基础上建立所有管路系统的详细的模型，可对管子模型进行弯管及法兰转角的检查。从管路模型可自动生成管路布置图、ISO 图和物料清单,比如法兰和垫片的自动选择。零件可直接定位也可通过捕捉模型的特征来定位。管路组件等可作为一个整体添加到模型当中。⑥ 电缆托架的 ISO 图能够根据生产的需要自动生成。⑦ 舱室设计布置。创建、细化和修改各种大型船舶的上层建筑。门窗布置、家具设计、楼梯设计等。⑧ 多专业支架设计。可生成同时支撑管子、风管、电缆通道的多专业支架。可自定义支架、管夹的类型及规格能够自动生成详细的制作、安装图形。提供多种类型及规格的支架、管夹供选择(可根据项目的要求进行配置)。

(4) 涂装生产设计:将详细设计给出的涂装技术要求,结合涂装工程的工艺措施、管理方法、安全技术等,按分段、区域或单元绘制涂装作业的图表和文件。① 确定分段涂装相关的物量。包括计算涂装面积、油漆用量/预定罐数、除锈工时、涂装工时等。② 确定分段所包含的相关区域。编制分段涂装示意图、确定涂装规格。

(5) 图纸和报表:所有的图纸由模型数据库直接生成,图形的注释和尺寸标注也是由模型数据库直接生成,确保图形与设计保持一致。图纸的更新能够根据设计的最新变化自动完成。自动加亮功能能够清晰地显示与前一版本相比已发生改变化的地方。灵活的报表生成程序能够直接由模型数据库生成各种类型的报表和清单,比如阀件清单或者管嘴清单,能够生成 CSV 或者其他格式的报表。可以根据项目、单位、区域等生成精确的 MTO(物料清单)。报表选项包括表面积、重量和重心等。

(6) 材料信息、零件库和工程规格书:① 材料信息。包括材料分类、类型、规格、尺寸等详细信息。② 零件仓库。涵盖各个行业、国家和国际标准,包括管子、钢结构、风管、吊架、支架和电缆托架零件库,每一个零件库提供所有零件必需的尺寸系列、压力和类型的参数定义。对所有的管子零件,连接类型、物理尺寸和公称尺寸、材料代码和连接螺栓需求都被保存在数据库中。联接零件库包含夹板、端面板、端切等,联接的定义是完全参数化的,当与联接相连接的型材尺寸发生变化时,联接的尺寸会自动对应变化。标准零件库可以只定义一次并在多个工程中共用。③ 工程规格书。指导设计人员在设计过程中从零件库中选择零件。零件和规格书更改的控制容易并且迅速。一个零件的修改将会自动的更新与其相关的零件。

所有模型和数据都运行在同一技术平台上,能共享所有数据和功能。碰撞检查和可定制的数据完整性检查规则能够指出整个设计过程中的错误及不足。即使对于有几百个设计人员参加的大型项目,常规的图纸发布、修订及更改控制过程都能在系统中完成,而不会产生大的消耗。带图形控制手柄及数字反馈的三维编辑技术、图形能够跟着模型的修改自动更新。精确的物料信息可在每一页图纸或整个图纸上生成。Undo 和 Redo 可被广泛应用,整个项目或者项目的一部分可被回滚到项目早期的任意一个状态。模型与相关图纸间保持着关联性,减少设计时间。数字化造船各设计软件所需功能如图 6.4 所示。

CAD 等设计软件无法把产品加工信息传递到后续环节,影响数字化造船效率。为了实现设计生产的自动化,船舶 CAD 模型解析,几何属性数据的管理和标准化导入,实现 CAD/CAM/CAPP(统称 3C)的集成。通过工程数据库及有关应用接口的开发,PDM 系统是 3C 最好的集成平台,它可以把与产品有关的信息统一管理起来,并将信息按不同的用途分类管理,且不同的 CAX 系统都可从 PDM 中提取各自所需要的信息,再把结果放回 PDM 中,从而实现与 3c/4c 的真正集成[50]。CAD/CAPP/CAM 集成系统中需要管理的数据包括:工程设计和分析数据、产品模型数据、产品图形数据、专家知识和推理规则、产品的加工数据等,本书下节详细介绍。

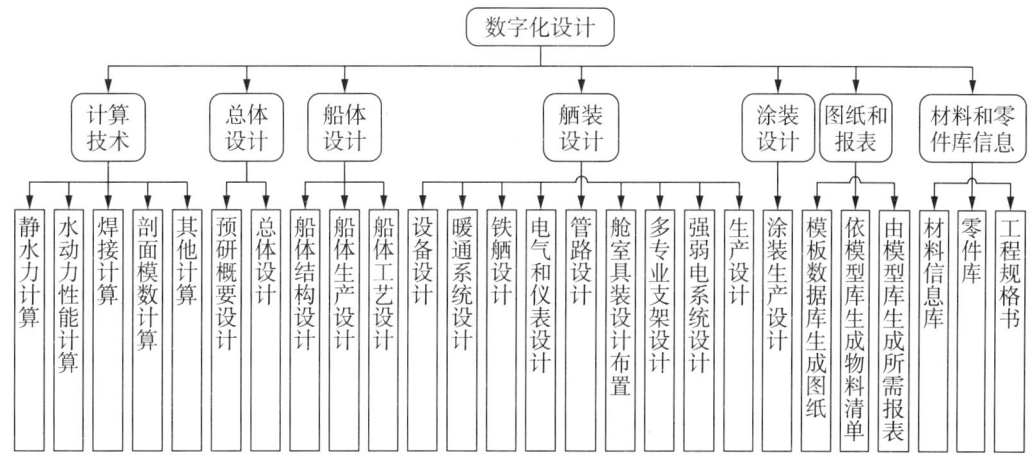

图 6.4　数字化设计软件功能

6.4.1.2　设计数据管理/PDM

目前,已有许多性能优良的独立 CAD/CAM/CAPP/CAE 系统(简称 CAX,统称 4C)。它们分别在产品设计自动化、工艺过程设计自动化、数控编程自动化和工程分析方面起到了重要作用,但不能实现系统之间信息的自动传递和交换。如 CAD 系统设计输出的图和有关技术文档,不能直接为 CAPP 系统所接收。进行工艺过程设计时,还需人工将这些图样和文档等纸面上的文件转换成 CAPP 系统所需的输入数据,并通过人机交互方式输入 CAPP 系统。使用 CAM 系统进行计算机辅助数控编程时,同样需要人工将 CAPP 系统输出的文件转换成 CAM 系统所需的输入文件和数据,然后手工输入 CAM 系统。设计数据未全面集成共享,造成容易出错,效率低下、成本高等问题。把 CAX/NX 等设计软件和生产制造结合成一体,才能进一步发挥信息化的强大作用,提高生产力和加工精度。PDM(Production Data Management)最早出现在 20 世纪 80 年代初期,是企业 CAX/ERP 系统集成之间进行数据传递的桥梁和有效途径。通过开发 CAX/TRIBON/CADDS5/CATIA/SPD/ERP 等系统与 PDM 之间的集成接口,建立制造业数字化设计集成平台,实现离散型制造产品数据结构化管理、产品 BOM 管理等。PDM 以软件技术为基础,以产品结构为中心,管理所有与产品相关信息(零件信息/物料清单、配置、文档、CAX 文件、结构、生产成本、开发过程、开发人员、权限信息等)和所有与产品相关过程(加工工序、加工指南、信息更改与审批等所有处理流程)的技术。PDM 系统以网络环境下的分布式数据处理技术为支撑,采用数据库技术保证数据的存储和管理,通过网络技术提供数据的通信和传送,以实现产品数据全生命周期的信息管理。根据产品设计和建造的特殊性,在不同阶段按不同的组织方式(系统、托盘等)管理各设计阶段产生的BOM等加工和工艺信息。PDM已成为很多大中型企业重组(如技术重组、产品重组、信息重组等)和发展的一项必不可少的重大基础技术。PDM的功能模块架构如附图5所示,其主要模块功能如下:

(1) 设计项目管理:产品设计以项目管理模式管控(一个产品即一个项目)。子模块有:① 项目创建。提供快速创建与母型产品相同或类似项目结构,做必要调整可形成新项目的功能,并对此新建项目的内容、参数、图纸目录及结构、计划、设计派工规则、项目团队人员配置等进行设置和管理。根据权限来控制用户对不同项目、特定项目内容的访问。也可将当前的项目及其项目结构和内容保存为母型产品项目模板。② 项目执行管控。项目团队成员可在主页上查看项目信息。以日程和业务驱动项目进行,可多项目日程进度的汇总分析。通过系统提供的设计资源,按照部门和个人分析资源负荷情况,均衡设计师的工作负荷。项目执行发生异常时,系统自动预警和报警。

(2) 设计仿真:该子模块研究产品装配可行性校验、产品建造工艺编制及产品运行维护功能性校验、产品中间件及整体产品的虚拟装配游,实现产品三维CAD模型在虚拟制造系统中的动态再现和漫游性检查。使客户、设计师和建造师较早在虚拟环境下对产品设计布置的合理性以及中间产品的整体吊装、设备、装备的系统模块安装等生产过程的可装配性、可维护性和安全性进行虚拟仿真,检查产品设计和工艺的合理性,从而优化产品制造模型,预测产品的可制造性,减少重复性试验与返工。该仿真模块集成流体动力分析、结构的线性与非线性分析、声学分析、电磁场和爆炸分析、多物理场与多体优化分析等功能软件。链接CA模型向分析模型和分析模型向虚拟现实模型的自动转换,协同数据管理对产品进行工程分析和作业协同或同步处理验证分析。对设计方案反馈,达到快速设计和系统资源优化的目的,实现设计分析并行协同,实现设计、测试和验证一体化的有序、高效、流畅运行,满足现代船舶产品预研、创新设计和验证要求。

(3) 设计管理:对产品数据进行跟踪与控制,如设计产品及其零部件信息的提交、会签/圈阅、浏览、校对、批注、更改、审核,以及与产品相关的基本属性参数设置,相关人员的通知等。子模块有:① 设计计划管理。基于生产日程计划节点,制定图纸设计计划。包括计划审批(显示审批状态、添加意见)、计划查看、计划和图纸目录关联、计划考核和预警、计划变更对关联计划提醒等。② 设计任务/派工管理。基于生产WP/WO手工或自动创建设计派工单(包括编号[自动创建和WP/WO具有关联的图号]、步骤、内容、设计工时以及完成时间、完成人等),派工单与图纸目录关联。自动创建与图纸设计有关的任务,并可对任务状态查询。提供设计派工从创建到完工的跟踪管理,包括完成日期、审批备注、执行状态等过程信息自动记录在系统中,为用户后续查看、追溯和报表提供数据。用户登录CAD等设计工具后系统会自动提醒设计的相关任务,同时查看与此任务关联的图纸目录、设计指导书等信息,完成任务并上传交付物至PDM预报工,等待审批。支持手工上传文档、集成CAX工具等的文档自动导入。图纸和模型发布到系统后,能够自动建立多个对象间的关联关系。③ 送退审管理。记录送退审信息(日期、状态、意见、批注等)。通过可视化工具,用户能够对三维模型和图文档进行包括圈阅、添加文字等形式的批注,并可将这些批注作为依附于模型或文档的内容保存。校审意见与派工单是关联在一起的。④ 设计更改管理。通过更改流程(申请、审批)、派工单指导控制更改过程。发生变更的文档、产生新版图纸以及相关内容建立关联,同时更新,并通知关联方。⑤ 工时管理。包括图纸设计工时、制造的加工工时。给出各类图纸设计工时计算方法及其标准等,为设计派工单工时提供导入或参考。根据作业类型分类定义各种中间产品建造工时的计算公式和标准工时定额计算方法和规则。如中间产品制作及总组集成工时根据区域、安装阶段、工序和操作方式、规格、型号、板厚、焊脚高度等计算出各工序工时定额标准等。⑥ 物料物量管理。计算产品建造过程中各作业阶段的设备和设施在一定作业时间内产出对象的物理量。给出各中间产品制造、WO 的工序等加工时物料的理论标准定额测算计算公式和消耗标准定额。

(4) 产品结构管理与配置:把所有与产品相关的数据和文档按一定规则有效管理,并在一定目标或规则约束下,向用户(设计、采购、制造等部门用户)或应用系统(CAX/ERP 等)提供产品结构的不同视图和描述。提供详细的产品与零部件信息,依据需要单独建库。如产品造型设计可以是一张照片或简单的草图,但面向制造则需要所有零部件的规格尺寸以及构件组装的详细参数等。子模块有:① 设计 WBS 管理。提供人工可干预的设计 WBS 自动生成模型,包括中间产品、单元等划分功能。② BOM 管理。定义统一数据结构,物料单结构与建库的模型等。利用模型结构,为设计部、采购部、生产管理部动态生成各种 BOM,计算生成钢材订货清单、批量。生产设计 BOM 可多视图生成,工艺 BOM 由生产设计员和工艺员完成,工厂场地 BOM 和资源 BOM 相对固定,由专人维护。③ 关联与配置。将各种技术文档(图形、图像等电子文档)与产品及其零部件的相关属性元素建立联系。结构管理中 BOM 表与工程图及零部件信息可单向、双向关联,实现关联对象自动更新,并可依据工程变更序号追踪变更。④ 托盘清单管理。基于 WP/WO 生成生产所需的托盘零件清单表,并和图纸、工艺单关联。

(5) 工艺优化设计管理:该模块制定、编辑、完善各种中间产品零部件的制造工艺、装配工艺、涂装工艺等。由设计部或生产管理部的工艺师实施。工艺制定的派工单与其制作图纸相对应,完成后由系统自动关联,传送至 ERP。工艺设计管理,也可以在 ERP 里直接完成。一般情况下,工艺路线由工艺设计室编辑完成,工艺设计室可划归设计部或者生产管理部管理。

(6) 图文档管理:组织、管理和维护所有设计中生成的各种格式技术文档、图、设计指示书、数据资料信息等。系统可自动根据设定条件,为所有图文档指定版本,并提供在设计变更和审批过程中,版本变迁的机制、记录。还为其他业务过程,如送退审管理、图纸晒发管理提供内容支持。子模块有:① 图纸目录管理。创建图纸目录,需经审批流程,审批意见、结果直接添加或显示在图纸目录上。审核若需修改图纸目录,则生成修改任务通知图纸目录编制人进行修改后重新提交。修改时可直接在系统中手工编辑需要调整的图纸目录,也可将原图纸目录导出编辑后重新导入。支持不同类型的图纸目录,但需保证同类型提供唯一正确的图纸目录。系统在图纸目录条目和图纸对象间,依图号等维护关联关系,使用户通过图纸目录,便可查看与其相关的图纸内容,快速链接到图纸内容对象。② 图文档分类。对已有的产品和零部件、图文档信息进行分类管理,并分别以用户可配置的位置和结构进行存储,以便最大程度地重新利用现有原型进行设计。③ 图文档检索。提供可利用图文档的图号、图名、关联信息等,在图文档存放结构中,进行简单查询、多选项查询、高级查询、模糊查询。

(7) 晒发图管理:从创建请晒单、晒发审批到生成图纸发放清单并发图的整个过程管控。请晒单需添加晒发图纸的版本、份数和晒发部门,并在系统中产生晒发记录。

(8) 设计知识管理:提供标准设计实例、推理规则、智能计算方法、建造方针、工艺术语、工艺手册、施工要领、焊接规范、分段分解规则等知识。各类船型的母型船项目结构和内容,包括其 WBS、图纸目录、BOM、晒图标准、设计指示书、设计文档以及设计工程师与设计任务关联信息等的存储和组织结构。

(9) 设计绩效报表管理:提供报表工具对各种数据进行统计和发布。如设计任务状态、图纸晒发、设计计划完成率、送退审情况、设计更改、设计工时统计报表等。根据设计报工情况,系统自动计算总任务的完成度、项目任务的完成度。该模块提供设计员、部门的实际工时和质量记录,以及统计分析功能。

(10) 权限管理:用户直接用本企业的域用户名和密码登录系统。系统可通过将资源添加为某个角色的成员,自动根据其所属的角色给予相应的权限。管理者可按层级给下级授权,按项目任务赋予权限,不属于该项目的人员无权限查看项目信息。项目内容也针对不同角色进行限定,只有特定角色的人员才能访问、编辑特定内容。根据业务规范,不同重要程度的图文档对应不同级别的审批流程,并限定不同角色对图文档等的访问权限。

(11) 高级搜索:系统提供对数据库中信息的搜索功能,可根据各种属性来对系统中的图、文档、报表、知识等进行搜索,并支持通配符进行模糊搜索、关键词搜索(文档中包含的)等。系统可根据用户提供的产品数据某些特征,如产品代号(编码)/名称/设计人员等,迅速找到相应的电子资料,并查看电子仓库中存储的数据内容(如图像或图形文件)。

总之,PDM 提供一种可视化协同设计集成管理平台,使产品数据、工艺数据和成本数据在设计和生产运作中成为唯一共享的数据源和标准。它支持 svg、pdf、dxf、dwg 等多种格式图文档类型和三维模型的查看、批注、讨论,并支持对模型的多地点、多部门和多用户协同工作能力。而不依赖于具体的设计工具。PDM 产生的产品 BOM 是 ERP 系统进行生产计划、物料需求运算的基础,故上游集成 CAD 等设计系统,下游集成 ERP。通过和 CAD 工具的集成,可方便实现各种设计数据进入系统,如模型、图纸等;和其他管理信息系统的集成,可实现信息流转和管理。

6.4.2 生产管理

6.4.2.1 生产计划准备

(1) 生产 WBS 管理:该子模块是从 PDM 直接自动导入设计 WBS,然后根据生产加工需要及模型规则自动生成初始生产 WBS,再进行二次编辑处理,完善加工所需要的信息,形成生产 WBS。生产 WBS 和设计 WBS 的最大区别是,前者分解更为详细,且每个分解好的中间产品增加了制造完成交期,加工工时。另外,图纸目录的制作是基于生产 WBS,根据生产需要,设计提供所需要的产品图纸,工艺师提供详细的加工工艺路线,它们各自数据关联对应,变更时共同刷新自动更新。PDM 的设计计划是产品在详细设计和生产设计阶段进行日程管理和控制的实施计划,它以产品制造 WBS 各中间产品完工交期为编制依据,满足制造、舾装、总装、零件加工的需要,按要求完成出图。关于 WBS 的分解层级及细粒度,在本书 5.2.4 造船 WBS 制定做了介绍。根据产品中间件总组装配流程,每一阶段的制造半成品对其制造所需部件的需求是相关需求,生产管理部在该模块以树型结构呈现生产 WBS。一个产品即为一棵树,根节点为成品,各级枝节点是制造各级组成部件,并可自动简化组成不同视角如结构、舾装、总装、涂装等 WBS,以便于检索查看。

(2) 生产 BOM 管理:设计 BOM 是基于产品详细结构和建造的理论物料需求,而生产 BOM 是基于设计 BOM,考虑了生产加工的环境变化因素,是实际生产物料需求。该子模块从 PDM 直接自动导入各中间产品制造时的设计 BOM(理论物料需求),然后根据生产加工、采购、成本管理等实际及模型规则自动生成初始各种 BOM,再进行二次编辑处理,完善相关信息,形成生产 BOM、采购 BOM、成本 BOM 等,即利用 PDM 系统提供的设计及产品结构信息、建造过程规范、托盘清单、物量需求清单及标准等基础数据、各中间产品的计划交期等辅助完成外购设备、材料、生产耗材等,辅助生成相对准确的产品生产建造物料需求计划,保障生产所需物料计划的制定和及时提供。制造 BOM 的物料清单自动关联于 WO,即挂在 WO 上,以便和图纸、工艺路线单等共同打包下发生产执行部门组织生产,或者采购部门组织标件或外协配套采购。

(3) 生产 WP/WO 管理:该子模块基于生产 WBS 分解的最小粒度,采用 WO 生成模型规则,自动生成初 WO,然后二次编辑完善相关数据,如生产工时、生产物量定额、计划交期等,形成 WO,再根据打包规则,自动打包形成 WP,包括中间件、涂装、总装、电装等 WP。WP 包含详细物料清单、图纸、工艺路线单、确切交期、加工部门/区域等详细信息,然后下达给生产执行部门和物流/物管部、设备/保障部等资源保障部门进行实施,并通过信息动态跟踪和反馈处理,确保生产计划有效实施,达到有效缩短制造周期、确保产品质量和降低成本的目的。

(4) 生产托盘清单制作:从 PDM 自动导入设计托盘物料清单,生产管理部基于生产实际需要,将托盘物料清单进行二次编辑完善,附上托盘集配完成的指导时间,然后自动下达 MES,供物管部进行托盘集配。这里特别注意托盘集配完成的考核拖期时间是生产执行部门托盘申请中的集配到位时间。

WO 各字段包含的详细内容可查看本书 5.2.5,WP 包含的所有图文档资料,打包下达时,在该子模块必须更新关联好所有相关数据,使生产执行部门具有派工条件。生产执行部门完善相关信息自动生成派工单,从而优化排产派工,组织生产实施。

6.4.2.2 生产计划管理

生产控制管理模块是 ERP 系统的核心所在,它通过主生产计划、物料需求计划、能力需求计划等,对各施工工艺阶段的日程周期(提前期、交期)进行有机的安排和合理的衔接,以及钢材、主要设备和大型铸件等外购件交货期的节点、设计工作出图日期,作为设计、物资、生产执行部门的工作总规划。该子模块主要通过软件系统,依据企业生产计划制定模型自动生成(人工可编辑修正)三年滚动计划、年度生产计划、总组集成搭载网络计划、各产品大中日程计划、双月滚动计划等主要计划。该模块能根据资源自动绘制计划总组集成网络,即给出最早网络、最晚网络、自由时差、总时差、关键路径。总组实际时间节点、资源消耗(场地、设备人、班次)报工后保存,为总组分析提供数据知识。总组集成网络的计划与实际时间差异分析,计划资源与实际资源消耗对比分析;生产管理部、总装部、制造执行各部、可方便的掌握总组集成网络计划、资源、执行状态的情况,提高网络执行效率;所有历史总组集成网络计划时间、资源安排等沉淀,为总组集成网络的制定提供数据。在产品中日程计划的基础上,自动生成并人工编辑编制出物资需求计划,并同时提出大型舾装件和单元需求计划(某时间段的需求清单及详细交期)。总之,该模块需依据某种约束,完成所有计划的自动化生成、编辑修改、显示、查询,基于总组集成计划时间要求的中间产品按交期分批下达等功能。

6.4.2.3 生产计划模拟检验

该子模块模拟检验计划的可行性,预测未来生产加工的瓶颈工序、设备或场地,预算单产品的工时和各类物料消耗。生产管理部根据预测的工序瓶颈,测算各工种的需求。根据人员/工种测算数据,编制人力资源需求计划。可在不同部门、作业区间相同工种人员自由调度、并报备人力资源部录入 HR 模块。

6.4.2.4 生产执行实绩反馈

该子模块反馈生产任务执行进度和结果。包括定义各类中间产品进度率的规则,自动计算从不同角度进行统计的进度率。根据已定义的 WP 工时进度率规则,及计划工时和反馈的实动工时,计算 WP/WO 的工程进度率。提供按不同部门统计其任务完工率,单元/WP/WO 等中间产品进度,图纸工艺设计、托盘集配、主要设备采购进度,这些进度数据从 MES/其他模块每日报工后自动导入。具有各种任务可能拖期的预警,具有拖期的报警功能。提供按整产品计算的进度率统计,单产品建造进度在电子看板上查看,已完工的生产任务可追溯其历史。工时、物料消耗时刻从 MES 报工反馈后自动导入。对物量进行分类统计,从单产品角度提供按部门、按月度的统计数据和图表,如钢板材消耗类型、数量、电缆长度等。提供计划工时和实际消耗工时对比分析,对单产品工时反馈情况,按部门、月份对计划工时、完成计划工时、实动工时、可用工时、出勤工时等进行统计和对比。按照作业分类与工时关系,统计各部门待工工时与原因,提供分析图表。

6.4.2.5 生产制造执行(MES)

MES 的任务是根据上级下达的生产任务,充分利用车间的各种生产资源、生产方法和丰富的实时现场信息,快速、低成本地制造出高质量的产品,其生产活动涉及生产排程、设备管理、库存管理、成本管理,以及质量控制、性能分析及人力资源管理等,它们之间存在大量交互信息。MES 本质上是 ERP 一个制造模块,但因其功能庞大、业务复杂,生产实际存在很大不确定性,特别是涉及优化排产的巨复杂性,工程实施时便将其独立成生产制造执行系统进行管理。如世界 ERP 实施巨头 SAP,在推进制造业信息化时,就只做到上层管理,即生成生产订单 WP/WO 导出,下发至车间,然后人工派工,完工后再报工反馈的。本书将在下一章全面阐述、设计制造业的 MES 的实施方案。

6.4.2.6 生产绩效管理

该子模块统计分析各部门、个人的月度绩效,使管理人员可随时随需访问最新的统计数据。以本书 5.4.6 提出的对各部门的考核规则,采集相关数据进行分析,并以各种报表形成呈现。主要包括:库存占有资金统计;部门/个人完工工时物量统计;部门的设备、场地、人负荷统计;各部门任务执行的拖期项数及其拖期时长;从质量模块导入生产执行的质量统计;工时分类统计,对部门按工序类型统计各类工时详情,计算各类工时占总工时的百分比;统计分析各部门勤怠率、加班率、出勤率等。

生产管理模块的核心任务是将生产任务分解成 WP/WO,结合生产资源负荷,将任务科学下达与实时管控。计划制定严密,但需留有裕度,以响应不确定性。该模块的功能如附图 6 所示。

6.4.3 TQC 管理

离散型制造的质量管理应实现符合质量体系认证要求的采购、加工、检验、出厂、售后服务过程中的关键环节或重要工序的质量数据,以及大型、复杂机电产品逐个产品的质量档案,纳入管理信息化系统,实行全过程质量动态分析和控制。质量管理体现在物流和生产的每一个环节,包括质量决策、质量检测与数据采集(采购的验收检验、车间的生产过程检验、半成品检验、成品的验收、发运检验等),质量分析与评价,质量过程控制与跟踪等。按角色授权及密码权限控制,以相关领导、项目组成员、检验员、设计员和质监员等为用户,进行查询、审批等工作,并可按区域及专业提取交验验收证明书、无损检测报告、质量信息反馈单、不合格品通知单等质量文件。质量管理模块主要功能包括(见图 6.5):

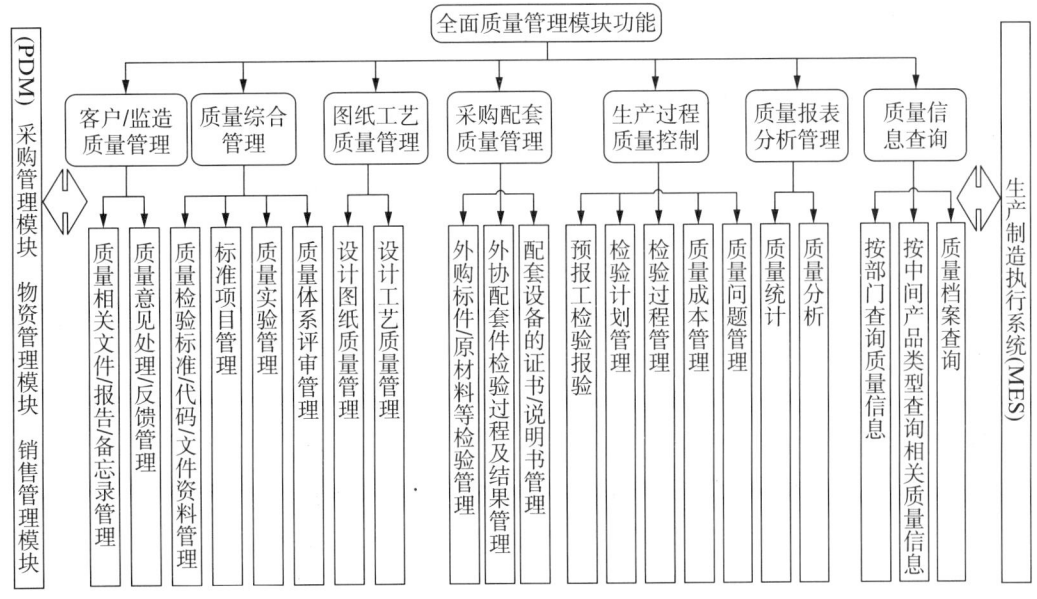

图 6.5 全面质量管理模块功能

(1) 客户质量管理：客户/监造师对产品实现过程的意见、反馈、质量相关文件、报告及备忘录等分类管理。

(2) 质量综合管理：① 建立产品质量检验标准和代码、文件资料。② 标准检验项目管理。③ 质量实验管理。与产品质量有关的试验,控制/设备/计量的检验、维护等工作信息记录。④ 质量体系评审管理。各部门的质量体系内审/外审制度、资料、评审过程及结果管理。

(3) 设计图纸/工艺质量管理：① 设计图纸质量管理。已下发图纸错误/缺陷的反馈、统计、记录、处理过程管理。② 设计工艺质量管理。已下发工艺错误/缺陷/更改的反馈、统计、记录、处理过程管理。

(4) 采购配套质量管理：① 外购标件、原材料等检验过程及结果管理；② 外协配套件检验过程及结果管理；③ 配套设备的证书/说明书管理。

(5) 生产过程质量控制：① 预报工检验报验。总组集成、中间产品、单元、WP/WO、工序完工后提交报工,该任务项若需质保检验的则为预报工,同时自动生成相应的检验申请单,检验通过后即转为正式报工,否则进入不合格流程；若该任务项不需质保检验则直接报工。② 检验计划管理。对所有检验项目申请按照紧急程度、检验项目类型、外检/内检等进行自动分类,然后制定检验计划,合理科学安排检验员检验。③ 检验过程管理。对应 WP/WO 中由设计部确认的质量检测项目及检测标准进行检验,检验结果记录、检验报告单反馈,不合格交验项目处理(返修、重做、报废)等。每道生产环节检测的质量信息可全程跟踪,并在系统中共享。④ 质量成本管理。生产过程中的质量成本数据分类、采集等。⑤ 质量问题管理。现场质量问题分类、分析、解决过程记录、反馈、处理意见满意度管理等。

(6) 质量报表分析管理：① 质量统计。自动完成企业质量管理活动的各种数据统计、以日/周/月按部门(部、车间、班组等)进行分类汇总。具体包括检验项目报验一次合格率；焊接 X 光片透视一次合格率；质量损失率；交验项目一次合格率；锻件废品率；机械加工工时综合废品率等。② 质量分析。以报表的形式,给出设计质量、制造质量、采购质量、售后服务质量、质量体系审核结果、质量成本分析等。

(7) 质量信息查询：① 按部门查询质量信息。按单位检索各产品质量指标完成情况(即以部、车间、班组、外协企业为单位)。② 按中间产品类型查询相关质量信息。③ 质量档案查询。

6.4.4 财务管理

6.4.4.1 预算与决算管理

设立预算管理评审组,建立预算评估制度和科学标准的预算体系。把成本预算作为约束指标分解到企业的各个单位/部门,并通过系统实时地对成本指标进行统计、核算、分析并与成本预算进行比较、风险预警等最终使企业财务管理有效地运行。预算管理具体包括：(1) 项目预算与决算管理；(2) 部门预算与决算管理；(3) 公司预算与决算管理；(4) 产品成本预算管理。

6.4.4.2 成本管理

建立科学的目标成本分解和产品成本核算体系,对设计、采购、制造过程中工、料、费的目标成本进行分解,并应用有效的核算手段,在生产过程中进行成本管理与控制,实现目标控制。具体包括:

(1) 产品成本核算:① 材料核算。按单产品核算基本生产材料成本。② 工时消耗成本核算,按每个产品统计的工时分类及其工种工资价格核算,单产品的工时数据来源于工作包中的定额工时。③ 专项辅助费核算。气/水/电/车、场地、拖轮/吊装费、调试试车费等等。④ 质量成本费。⑤ 其他费。预研费、设计费、入级费、保修费、佣金、代理费等。

(2) 管理服务公共费核算:① 各部门管理、消耗品成本核算。② 非工时结算工资的部门工资及福利费核算。③ 管理服务公共费分配。无法直接计入哪个产品的成本按材料消耗、占用时间、占用人次等类型方式以比例分配核算。

(3) 成本对比分析:① 物料成本对比分析。以项目为主线,将材料部分的报价成本、目标成本、实际采购成本进行关联对比分析。② 人工成本对比分析。以项目为主线,将人工成本部分的报价成本、目标成本、实际成本进行关联对比分析。③ 其他费用对比分析。以项目为主线,将其他费用部分的报价成本、目标成本、实际成本进行关联对比分析。④ 全面成本对比分析。选择同类型产品对多项目,将报价成本、目标成本、实际成本关联全面对比分析,形成工时物量、价格、费用等差异明细,为成本动态监控与成本考核提供参考依据。

6.4.4.3 财务会计管理

该子模块主要处理日常财务会计业务。具体包括:(1) 核报销费用;(2) 借款申请与审批;(3) 资金调拨;(4) 佣金发放;(5) 工资福利发放;(6) 开票申请等。

6.4.4.4 管理会计

该子模块具体包括:(1) 股票/债券管理。公司员工持股/债券、非公司员工的大股东持股/债券管理。(2) 公司债权/债务管理。(3) 子公司财务监控。建立集团财务系统和子公司财务系统的接口,实时读取子公司的财务数据,实现对子公司的实时财务监控。(4) 税务管理。公司、员工缴纳的各种税赋记录、清单等。

财务模块与其他模块,如采购、库存、生产、质量、设备、销售、人力资源等实行数据共享与互访,当各子模块发生与财务会计有关的任何活动事项时,系统应会自动获取业务数据,完成相应凭证的生成、费用计提和分配、账务登记等操作。财务管理模块的具体功能如附图7所示。

6.4.5 人资管理

人力资源模块主要使招聘、人事信息、薪酬福利管理等的信息化,实现信息共享,联动更新,合理配置劳动力资源,从而提升人员使用效率,减少人力成本。其具体子模块包括:

(1) 组织、岗位管理:① 组织结构管理。包括组织架构图、代码、名称、各层组织中的人员等(以树型结构可浏览)。② 岗位管理。组织配置的定岗、岗位代码、名称、岗级、岗位分类、岗位说明书等。③ 人力资源需求计划。系统针对岗位设置人数和实际人数对比,自动生成人力资源需求计划,以及人员利用率分析等。

(2) 人事信息管理:① 在职人员信息。正式员工、准员工、委派员工、退聘人员、短期租借人员、技校实习生等各类人事基本信息的管理,包括员工业绩、荣誉、培训、专业资质及相关证书信息,联系、党政、教育、家庭等一系列信息。② 职员档案管理。包括在职员工、离职人员等档案信息管理。

(3) 招聘调配管理:① 招聘管理。包括人资需求申请、审批、招聘计划、应聘者资料分类管理、面试信息、录用等管理。② 离职管理。办理员工离职信息,包括离职时间、原因、离职类型、是否违约、违约金额、离职交接手续完成等。提前一月预警退休员工情况(包括正常、特殊工种提前退)。对离职、退休返聘人员的所有记录都将被激活继续使用,并记录返聘原因、返聘时间等信息。③ 劳动合同管理。合同信息管理、合同变更、续签管理、合同文件上传等。④ 员工调配管理。包括员工入职、试用见习管理、记录试用见习关键信息,试用到期预警。内部调配申请、审批、人员信息迁移等管理。各种人员移动同时关联薪资。

(4) 薪酬福利管理:① 薪资管理。设定公司薪资架构体系,薪资体系弹性配置,支持外部扩展数据接入功能,将工作绩效等相关信息自动导入,按照工资计算模型计算出员工工资,包括薪资计算设置(计薪人员范围、计薪区间、类型、薪资计算模型等)到计算、中间结果调整、确认结果到维护(转银行、转会计、打印)、存档等。② 奖金管理。根据员工每月实际出勤数据和生产实绩反馈,统计出每位员工的总工时数,然后依据工种系数、技能级别系数、补贴标准、单位工时费、员工绩效考核分数计算员工的奖金。③ 社保、公积金管理。设定公司保险缴纳体系,员工基数、含各种保险的缴纳方式、比例或金额等。④ 系统参数设置。可灵活方便地设置所得税标准(税率表)、奖金标准、津贴标准、薪资科目、薪资等级及金额和其他薪资计算所需的公用基本参数值。

(5) 绩效管理:① 绩效评估。支持 KPI、180 度、360 度等考核方式。包括各单位/部门的组织绩效、员工绩效,员工考核情况分析表。② 时间管理。通过与一卡通的考勤系统建立接口,获取员工假勤信息,并将假勤信息转入薪酬管理子模块,自动参与员工薪资计算。

(6) 教育培训管理:① 培训计划。编制维护培训计划信息、培训规则。② 培训过程管理。包括报名、课程、讲师(企业内外部讲师资料信息管理)、结业、培训记录维护等。③ 培训评估调查。启用线上问卷调查表单,员工参与线上培训意见调查,评估培训效果,为下一步培训改进提供参考。

(7) 查询:组合查询,包括组合字段、设定排序条件、设定筛选条件,将系统中所需数据查询出。

6.4.6 营销管理

营销管理模块以客户管理、销售合同执行、销售信息管理等为重点,并和生产、质量、财务等模块信息共享,根据要求实时生成相应的管理报表,对销售业务数据汇总和分析。具体子模块包括:

(1) 市场管理:① 市场信息收集分类管理。收集国内外同行业产品类型、价格、市场需求、潜在市场等相关动态信息,公司内发布浏览。② 竞争对手信息。包括竞争对手名称、地址、联系方式、经营规模、设计能力、生产能力、产品类型、近期动态等。

(2) 客户管理:① 客户信息管理。包括客户代码、名称、地址、分类、客户间关系、银行账户和地址、联系人等详细信息(可编辑维护)。客户资信评估/客户等级评定,并指定信贷额度作为欠款发货额度的依据。② 客户需求管理。通过中间商、重点客户跟踪、投标等手段接受客户实际的订货需求,在系统中生成需求草约,并与相关部门共享草约信息。

(3) 报价管理:① 产品成本项目库管理。该模块共享 PDM、MES 等系统或模块信息,及时获得产品报价设计 BOM、物料成本等,为产品造价成本预估提供详细数据支持。② 快速准确的报价。建立产品报价模型,确保报价的准确性和及时性。报价过程包括方案准备、配置与设计、成本估算、市场行情调查、价格和合同条款及条件确定、内部审批,最后报价单形成。与客户协商、根据客户反馈意见修改方案及报价单,并实现报价单版本控制。老型产品报价无需经设计阶段,直接根据客户要求及工艺,掌握主要设备市场信息,参照相同或相似产品的历史成本信息等报价。新型产品报价需经过技术论证,结合市场资源及价格计算报价。③ 销售价格管理。收集主要物料、设备市场信息,积累以往同类产品报价基础数据。

(4) 合同执行管理:从接受客户订单直到交付产品的整个流程管理。① 销售合同管理。合同编码设计,交货方式、计量单位确定等。催收合同预收款,回款。跟踪合同的设计、采购、生产执行情况,并根据需要将信息反馈给客户。② 合同评审管理。采用工作流方式,将合同在相关部门间流转进行评审管理,包括设计能力、制造技术、生产能力、结算方式、法律评审等。

(5) 售后服务管理:① 售后安装指导服务。合同相关技术资料管理。根据产品结构及机电设备的保质期及维护期设定,制定相应的维护计划,实现主动维护。② 产品问题异议处理。异议处理主要包括接受用户投诉、做质量鉴定、与客户协商达成处理意见、签订处理协议、执行并结算等。建立保障产品工程师工作日志档案,保障产品过程中出现的问题及解决方案作为知识库传至设计和生产制造部共享。③ 客户调查与沟通。将客户使用调查信息反馈给质量部门,由质量部门制订改进措施,下发相关部门实施。

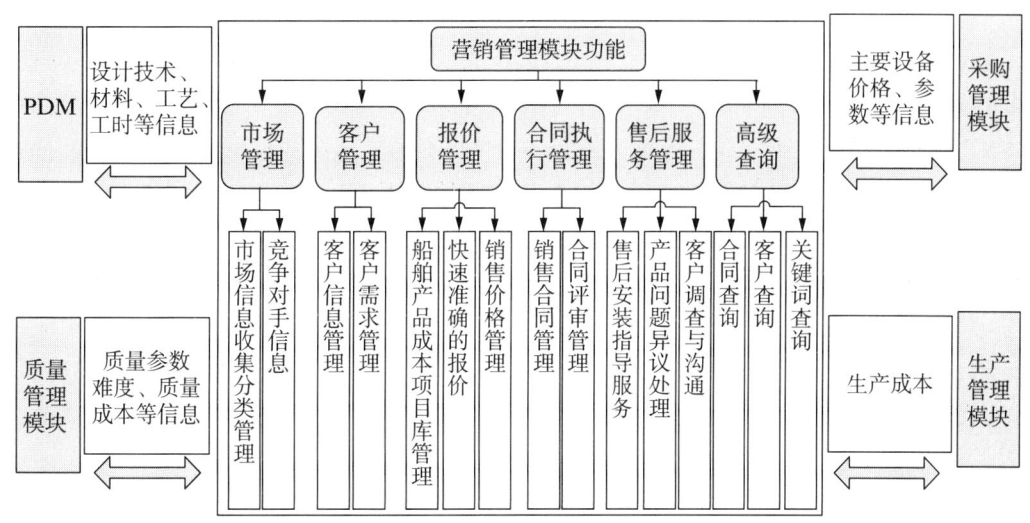

图 6.6 营销管理模块功能

6.4.7 采购管理

采购管理模块是确定原材料、辅助材料、零部件等合理的定货量保持最佳的安全储备、建立优秀的供应商库,跟踪和催促外购或委外配套加工的物料和设备确保按期到货验收。具体子模块如下:

(1) 采购计划管理:将 PDM 的物料 BOM 清单、设备订货清单、候选厂商表、定额等数据自动导入采购模块,建立产品物料需求数据库。自动导入生产管理模块的产品物资纳期计划、参照生产计划(年、月),对照实际库存,经采购模块资源配置后制定物资采购计划,及时准确生成物资采购清单,该计划可依实际情况修改和补充。物料采购应有提前期控制和确定的材料需求日期,一方面避免盲目采购,造成库存成本的增加,另一方面确保供应商及时供货,避免生产缺料怠工现象发生。

(2) 采购过程管理:根据采购计划、市场物资信息库、系列产品数据库,进行询价洽谈,并通过权限控制完成价格审批、合同谈判。从合同签订到执行、从进货到验收,全面记录合同的各种信息,包括合同主要信息、订货明细信息、进货质量验收信息、产品检验证书、设备图纸信息,并可对逾期交货、证书、未交设备图纸进行催交预警。跟踪采购执行结果,记录物料的及时供应和质量的优良,帮助分析实际价格与采购方案的符合程度。

(3) 供应/配套商管理:① 建立供应商的档案。如机电设备等供应服务商档案库,产品档案中保存此机电设备的产品序列号,供维修时参考。② 配套/供应商评估。采购过程中对供应商的绩效跟踪,通过比价、生产能力、质量认证、提前期等分析,提供记分卡,实现基于绩效的采购以及供应商的优选。根据采购追踪与结果分析,更新市场物资信息库、系列产品数据库等。

6.4.8 物资物流管理

6.4.8.1 库存管理

物管部对仓库内物料/物品、设备、中间品、余料等进行合理有效的管理。通过库存管理控制存储物料的数量,以保证生产需求,又最小限度地占用资金。库存管理有些企业设一级库 ERP 系统管理,二级库 MES 管理。作者认为这样会容易造成数据重复与冗余,建议物理上有二级库,但管理全部在 ERP 内实现。具体子模块如下:

(1) 出入库管理:采购物资到货后,入待验区,对其按采购部提供的验收单验收合格后对照制造托盘定额表校验数量办理入库。创建物料出/入库单,根据物料种类、规格、所属托盘等、摆放、标识、集配、搬运、发货的全过程管理。进出库的单据信息和实物料匹配对应,并可编辑、存储和统计。入库时物管协助检验,入库后自动反馈采购模块收货信息,采购模块通知财务模块付款结账。库存管理应做到账实相符,能及时查询各种物料的收发存状况,能及时发现生产所需用料的库存情况和缺料情况。

(2) 物料存储管理:仓储物资/配件按区域进行存放,区分常规材料及特殊材料,并且进行台账登记等管理。① 钢料等堆存管理。钢材料码头的装卸、搬运与钢料堆场的理料管理。② 配套件管理。包括阀件管附件、电气机械设备、钢材、管子、有色金属、内装油料及备品备件的管理。③ 库存信息的实时查询与跟踪,分物料类型实时查看当前库存信息,对库存物料进行合理有效的管理。④ 库存报警。对库存各种标件、物料的安全线以下,进行预警提醒。

(3) 库存盘点:库存不定期盘点、核算数量和金额(入库时单价为实际价格)统计、编报等。库存分析,包括各类物料、设备等分别占有资金、数量、变化、盘点结果实物数据对照等。

(4) 场地库位管理:对一级仓库、生产现场物流库进行场地及库位的划分以及基本信息维护,根据场地的物理位置及存放的物料类型进行划分,并以树型结构浏览查看。

6.4.8.2 托盘集配管理

托盘管理使设计、采购、配送、制造并行模式运行,可采用条形码技术,实现装备制造物资材料和设备等全过程跟踪、控制和管理。变二次领料为一次配送,实现制造物流的通畅性、准时性和为生产现场服务的高效性。具体子模块如下:

(1) 托盘集配计划制定:根据设计部提供的托盘划分基准,安装托盘表的要求/材料设备清单和生产管理部的生产纳期要求,总组集成网络计划(大日程计划)和生产中日程计划,制定适应生产实际需求的托盘集配计划。托盘集配计划的科学制定需设计部、生产管理部、物管部的准确数据,还需 MRPⅡ/ERP 系统提供物料需求计划。

(2) 托盘集配过程管理:集配中心根据托盘集配计划,对未来需用的托盘实施预配套和现场集配,及时了解每个托盘的缺件状态和缺件在不同纳期时间下的预订数量,实现集配协调和均衡,跟踪催促采购部按期执行相关物料采购入库。托盘集配过程和状态相关部门可查阅。

(3) 托盘配送与回收:根据车间小日程计划,制造/总装部等通过 MES 提交的配送申请表,制定托盘配送计划和托盘回收计划。严格对照安装托盘表材料定额核对,办理出库手续按期配送,到达现场制造部门在 MES 内签收确认。

(4) 托盘管理报表分析:托盘配送及时率(因采购拖期或自身集配效率低导致拖期)、准确性等统计,并形成分析报表。

6.4.9 工程/项目管理

项目管理是对新产品预研/开发、工程建设等的计划、组织、人员、资金、设备运行状态的控制与反馈。整个项目建立在工作流程管理基础之上,对项目的全生命周期过程进行管理。具体子模块如下(如图 6.7 所示):

(1) 立项管理:项目管理人员对项目立项阶段的重大事项跟踪管理,包括新项目申报与受理批复、项目建议书、项目团队搭建、项目备案等。

(2) 项目计划管理:包括项目实施计划、编制工作分解结构 WBS、框定项目范围、设备总表清单,工程量清单、设计及其变更(包括设计变更的申请、审核以及实施跟踪)等过程管理。

(3) 项目实施过程管理:包括委托监理管理、进度、成本、质量、风险控制、问题管理等。

（4）完工管理：竣工验收管理，包括竣工验收计划与实绩。项目评价管理，即时间进度、成本、质量等评价分析等。

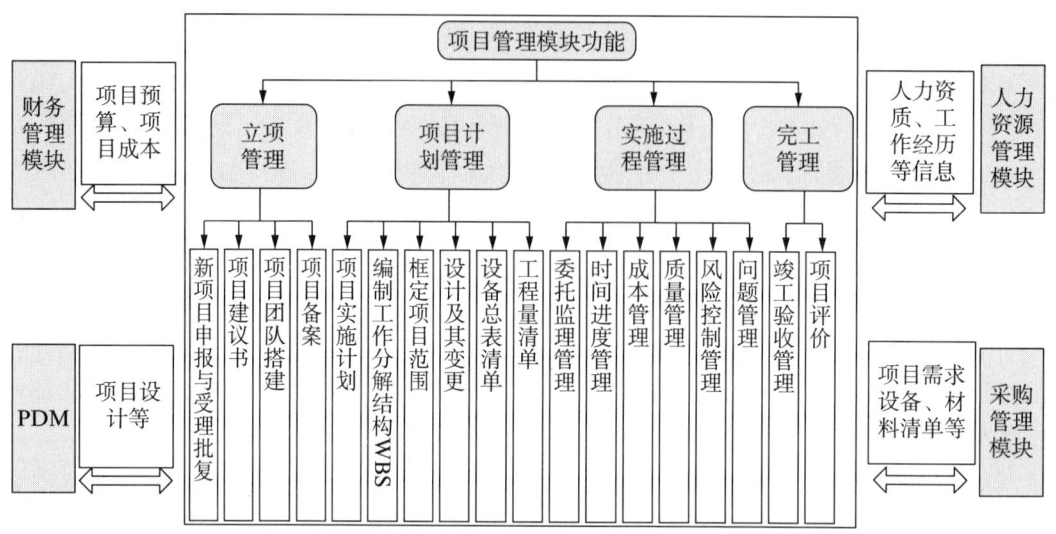

图6.7 工程/项目管理模块功能

6.4.10 综保管理

综保管理即售后服务综合保障管理。综保管理尽可能提升产品的安全运行时间，消除工程、制造、采购、维护以及客户之间的信息交流障碍，实现整个产品全寿命周期数据的可视化管理。具体子模块如下：

（1）In-Service管理（运营过程管理）：获取零部件的寿命期限、跟踪产品整个寿命周期中的使用和维修、更换等历史记录信息，包括运行日志、环境、故障、性能问题与纠正措施等。

（2）维护计划和执行：根据零件的寿命期限和失效分析，总结并预测维护需求和频次，制定主动的维护计划和管理工作，并跟踪计划的执行情况，既确保提供及时的服务，又避免过多库存资金占用。管理产品的各种售后文档：分类、核定、处理等。管理客户的售后要求意见及反馈信息。

（3）售后质量管理：① 售后产品质量问题信息跟踪，将实际性能和可靠性数据与设计的数据对比分析，实现维护到工程、制造等职能部门的闭环信息反馈，进而帮助实现产品的持续改进与创新。② 售后服务中的费用统计。

6.4.11 基础数据与标准化管理

6.4.11.1 编码技术管理

设计、生成、管理全公司规范统一的编码体系，实现经营生产全过程一码到底的编码思路。自动生成的编码需符合唯一性、合理性、可扩充性、适用性、规范性和简单易记性。具体子模块如下：

(1) 编码生成器规则管理:各种编码规则的定义与设置,包产品号、产品型号、组立/单元/WP/WO 等中间件号、作业类型号、工序号、图号、物料号、物量类型、仓库存储区号、配送区域号、员工号、设备号、设备类型号、工具号、工时分类号(直接、间接、正常、加班工时等)、机构代码、部门代码等。设置生成虚拟的 WP 编码规则。根据设定的编码规则,其他子模块创建新产品等时,会自动生成其编码,并自动带出供确认使用。

(2) 编码查询:各种编码规则的查询,并可以树型结构浏览。

6.4.11.2 技术标准/技术文档/技术档案管理

(1) 技术文档/技术档案管理:按照产品结构树,实现对整个制造过程中形成的技术等文档统一管理,包括文档版本、文档自动引用、文档统计和查询,以及文档的加锁与解锁等功能。

(2) 技术标准管理:产品主要技术参数和物量、建造技术质量标准、施工工艺要领标准、建造周期安排、各区域下水前完整性指标、新技术和新工艺的应用标准要求、高效焊接的标准要求、母型产品参考标准等管理。

6.4.11.3 数据库维护管理

(1) 数据管理:维护和管理各模块运行过程中产生的数据信息。主要包括产品数据库、资源数据库、工艺数据库、各种优化算法库、知识库、物料库等。

(2) 工作日历管理:定义不同的工厂日历,为生产计划制定、生产派工提供基础信息。

(3) 其他基础数据维护管理:包括工厂位置基础数据管理、部门档案管理、度量衡单位管理等。

6.4.12 商务智能

商务智能作为企业运作中的一个宏观性管理信息模块,将各模块运行的大量数据自动导入,分类汇集,按照不同的规则和视角建立指标体系,产生各类报表,进行综合分析和决策。对于装备制造企业,商务智能的主要模块包括如下:

(1) 经营驾驶舱管理:公司整个运营过程中的重要数据钻取、查询、以各种图形报表的形式浏览等。① 进度查阅/看板管理。以树型按部门分类展开查询其各自主要工作的进度,如营销合同的进展,产品设计和工艺工作的进度,生产计划的执行进度(以电子版的形式显示产品制造的进度),关键部件的采购进度,全公司的人资分布和岗位配置,公司的经营收入/负债/利润额及其变化曲线。② 质量查阅。以树型按部门分类展开查询其各自主要工作的执行质量,如图纸设计或工艺错误率/拖期率/更改率/缺损率,托盘表清单制作错误率/拖期率/更改率/缺损率,托盘集配错误率/拖期率/缺损率,出入库管理准确率,生产订单/WP/WO 下达错误率/超提前期率/更改率,派工单执行的报废率/返修率/拖期率/物料使用超量值,采购的错误率/拖期率/质量等级,人资流动率,财务结算错误率,设备维修率、事故率、检验及时率等。按单产品查看返修返工统计、废品统计、工人加工不良率统计等。③ 成本查阅。以树型按部门分类展开查询其各自的成本消耗,如营销部合同洽谈分类成本和合同损失,设计部因设计不当造成的额外成本,物管部的库存盘点损失额、不当集配造成的额外费用,生产管理部订单下达不当造成的损失,各制造部派工单执行的报废率/返修率/拖期率/物料使用超量值的费用,采购不当造成的损失,人资流动频繁造成的培训费、岗位缺人造成的损失费,财务结算错误损失费,设备维修费,事故损失费,还有各部门的日常管理运营费等。实现按单产品核算产品的材料成本和工时成本。④ 绩效管理。各部门的运营绩效权重设置、考核规则设计、绩效分类钻取查看。按部门、按单产品考核等不同角度查看。时间效率[49]:制造周期效率、应收账款周转率、财务决算速度、准时交货率、物料配送及时率、劳动生产率等;质量效益:合格品率、产品质量等级积分、信息系统应用质量、生产能力利用率、设备利用率、场地利用率、人员利用率等;成本效益:质量成本效益比、库存周转率、管理费用效益比、成本费用利润率等。该子模块的绩效考核指标参考本书第 5 章提出的部分指标。

(2) 数据挖掘和决策支持:对现有的大量数据进行挖掘,分析数据之间的关联等潜在关系,并将数据挖掘和分析的结果(特别是各种关键绩效指标)以图形化的形式呈现出来,将潜在的经营风险和决策的预期结果及时、快速地呈现在高层管理者面前,为科学决策提供依据。

6.4.13 系统安全维护管理

本模块主要功能是完成用户及密码管理、系统工作日志记录与查询、用户权限管理等功能。

(1) 用户管理:用户部门、岗位、用户名、密码等基本信息管理。

(2) 权限管理:通过配置角色权限为一批账号授权,并可多角色同时给一批账号授权,权限取其并集。单独账号配置权限,操作员权限管理等。

(3) 数据备灾管理:基础数据的维护,每隔 24 小时安全自动地系统数据备份,数据可恢复,系统参数设置管理等。

6.5 小 结

掌握先进核心技术、利用信息化手段、提高管理水平,是我国制造业赶超制造业强国的重要手段。装备制造过程中,首先用三维 AutoCAD/CADDSS/Tribon/CATIA/设计软件,对产品进行图纸设计,用 CAD/CAM 软件解决用户零件的加工编程、舾装/总装的三维模拟及工夹具的设计问题;其次使用 PDM 软件建立企业产品信息及技术/管理知识库,建立产品开发并行工程环境,解决生产过程中工程更改的影响问题,解决繁琐的表格编制及更改控制问题。第三使用 MRPII/ERP 软件,解决生产计划制定、生产任务科学下达、库存管理和准确的财务/成本信息等问题;最后利用 MES 实现车间的生产管控、即排产派工,实绩信息采集。本章详细介绍了装备制造企业信息化实施的关键环节、整体系统规划架构、各主要模块的详细功能、各模块之间的信息交互等,为装备制造企业信息化实施提供技术支持。实现设计、制造和管理向现代信息集成、过程集成,建立数字化制造业。

第7章 制造业生产制造执行系统(MES)实施研究

7.1 引　　言

制造企业关心三个问题：生产什么？生产多少？如何生产？企业生产计划回答前两个问题，"如何生产"由生产现场的过程控制系统掌握，而 MES 可承担生产执行过程的控制。MES 的关键是强调整个生产过程的优化，它需要收集生产过程中大量的实时数据，并对实时事件及时处理，同时又与计划层和控制层保持双向通信能力，从上下两层接收相应数据并反馈处理结果和生产指令。MES 主要实现以下主要功能：① 对整个制造过程的优化，而不是单一地解决某个生产瓶颈；② 可实时、准确、全面地采集生产过程中数据，具有对各种数据的综合、统计、分析和处理能力；③ 与计划层和控制层进行信息交互，通过企业的连续信息流来实现生产管控信息的集成。MES 把制造系统的计划和进度安排、追踪、监视和控制、物料流动、质量管理、设备的控制等一体化，最终实施制造自动化。

目前在装备制造企业制定生产作业计划时，对产品构成活动的划分比较粗略，一般只是分到较大的节点或工艺阶段，没有具体划分到详细的工序，直接用于指导车间生产。同时，生产信息的反馈周期长，生产调度缺乏必要的现场信息，对于生产过程中所出现的各种随机扰动(设备故障或检修、插单和销单等)得不到及时有效的解决。快速领取生产任务，并向上报工。MES 能根据作业区/班组/区域/设备属性，及排产规则找出一个相对最适合加工的任务，形成计划，通过终端下发；能够从 ERP 的生产管理模块接收部门生产任务，也就是 WP/WO 导入 MES，基于物料/图纸/托盘的准备、劳动力/场地/设备/工装夹具等资源进行负荷平衡，采用优化算法运行后即排出生产的前后顺序，即日生产调度/小日程计划，实现精准排产，确保高效制造。

7.2 制造执行系统发展概述

7.2.1 MES 的发展历程

MES 的概念由美国先进制造研究机构(Advance Manufacturing Research，简称 AMR)在 20 世纪 90 年代初提出，目的是为了有效解决 MRPII(或 ERP)生产管理方面的限制和不足，并且能够实时地从底层生产过程控制系统采集数据，提高计划的实时性和灵活性。MES 架起了计划层与控制层之间的桥梁，把上层计划与车间作业现场控制联系起来，在生产作业任务优化调度、生产过程的改进等方面起着越来越重要的作用，并得到了工业界广泛的认可和应用。制造执行系统协会(Manufacturing Executions System Association，简称 MESA)

定义 MES 通过信息传递对从订单下达到产品完成的整个生产过程进行优化管理,是企业实现敏捷化和全局优化的关键。MES 自提出后,其应用与发展历程如下:

(1) 1993 年 AMRC 研究小组在分析信息技术的发展和 MES 应用前景的基础上提出了可集成 MES。1997 年 MESA 提出的 MES 功能组件和集成模型,包括 11 个功能模块,同时规定,只要具备 11 个功能之中的某一个或几个,也属 MES 系列的单一功能产品。2008 年,MESA 已经发布了若干白皮书涉及 MES 相关的功能、标准、市场应用以及融合新的计算机技术和创新的生产模式。在美国国家标准与技术研究所资助下,美国国家工业信息框架协议(National Industrial Information Infrastructure Protocol,简称 NIIIP)协会开展了一项名为 SMART 的研究,其目标是研究一种统一的可集成的 MES 信息框架。MES 在发达国家推广非常迅速,其应用覆盖离散与流程制造行业和领域,如半导体、电子、机械、航空、汽车、医疗、食品、酿酒、石油、化工、冶金等,给企业带来了巨大的经济效益。Vogel,S. and Messer K. 提出了一种基于 WEB 的合作制造执行系统－C～MES(Collaborative MES),研究了虚拟工厂环境下 C～MES 体系结构及信息框架,并在一个面向订单的电子器件制造工厂中验证了该系统;Choi B. K and Kim B. H 在建立柔性制造系统的 IDEF0 功能模型基础上,提出了一种 ERP 环境下管理 FMS 的制造执行系统的二层框架体系结构。鉴于 MES 的重要性,近年来美日欧等工业发达国家非常重视对 MES 技术的研究与应用系统开发,并形成了 MES 软件产业。日本的制造科学与技术研究中心将 CORBA 技术应用到 MES 当中,提出了一个与平台无关的开放式的制造执行系统(open MES)框架规范。伴随着 MES 市场的发展,出现了众多 MES 厂商[51]:① 从自动化设备基础上发展起来的有 GE Fanuc、Siemens、Rockwell 等。② 从专业 SCADA、HMI 厂商发展而来,多是从开发人机界面开始,然后扩展 MES 领域的,有 AdAstra、Wonderware、Citech 等。③ 专业的 MES 厂商有 Honeywell、Camstar 等。Honeywell 先由单一的 MES 功能模块发展到整体解决方案。该产品将经营目标转化为生产操作目标,同时将经过处理验证的生产绩效数据进行反馈,从而形成计划管理层、生产执行层和过程控制层三个层次的周期循环。又将其 MES 解决方案与资产管理、先进控制与区域优化解决方案等应用套件整合为协同生产管理解决方案,成为其广义的 MES 或 MES 功能模块的扩充。EMERSON 提出了 MES 的集成指导原则,即为实现协同工作而进行集成设计,构建标准化、开放性、扩展性、适应性、灵活性、简易性高的技术平台,追求系统的可用性、数据的一致性、安全性和可靠性,降低系统总拥有成本(TCO),保护现有的应用与资源等。④ 从 PLM、ERP 等领域延伸而来的有 Dassault Systemes、PTC、SAP、Oracle 等。美国 ASPENTech 公司提出了企业运营管理的理念并开发集成了相应的软件产品。把 ERP 层、MES 层和 DCS 层进行整合,高效地设计、管理和运营制造与供应链的相关业务,即智能工厂解决方案。MES 的出现和普及,对国外生产管理界也产生了深远的影响,在国外很多行业应用中 MES 已和 ERP 相提并论。

(2) 华语学者的研究动态:台湾半导体产业的激烈竞争促使了 MES 的研究与发展。台湾成功大学制造工程研究所在郑芳田教授的带领下,应用面向对象技术与 CORBA 规范开发了一个集成的 MES 框架,并自行开发了相应的软件系统,使其成为一个适用于半导体制造的集成制造自动化实验工厂[52]。2001 年,郑芳田教授又研究和开发了基于 Holon 的制造执行系统,并具体论述了该系统实现方法。中国大陆 20 世纪 80 年代在宝钢建设初期从西门子公司引进了类似 MES 的概念。MES 功能为订单管理、物料管理、调度管理、生产目标和生产历史数据管理、物料跟踪、物料分配与调整、质量管理、库存管理、故障管理、实绩报表管理等,其中热轧厂还增加了运输控制、先进库存管理、进料优化等模块。近年来,北京航空航天大学、东南大学、南京理工大学、华东理工大学等单位在国家 863 计划资助下,在 MES 理论与应用系统开发方面做了大量工作。如夏敬华、陈杰等提出面向敏捷制造的车间先进管理控制系统(AMCS),试图构建车间级的敏捷制造系统。柴天佑院士[53]针对冶金、电力、选矿、环保等流程工业过程建立包括过程控制、过程优化、生产计划、调度和管理在内的企业综合自动化系统,并将上述技术开发成硬件软件产品。王成恩教授致力于研究基于组件的可重构制造执行系统,并已经在沈阳第一机床厂等企业应用。华中科技大学的李培根教授等对如何把制造执行系统与敏捷制造结合在一起,进行了很深入的研究,提出了一个敏捷化的制造执行系统的概念。大连理工大学 CIMS 工程研究中心[55]在企业信息系统集成和车间管理系统开发方面具有丰富的经验和较高的水平。丁伯慧提出了装备制造企业的 MES 系统架构,详细阐述了生产执行层模块的功能和彼此之间的信息传递关系。张志英提出了基于多 Agent 的制造执行系统的应用框架结构,并对基于 MAS 的制造执行系统的调度系统进行了研究,给出了制造执行系统的调度算法结构。可以预见,随着我国 CIMS/ERP 的发展和车间自动化水平的不断提高,对车间生产管理的集成化、智能化和敏捷化需求将促进 MES 技术在我国的深入研究和广泛应用。

7.2.2 MES 发展趋势

MES 可向制造业中各个系统、ERP 模块之间的经营过程延伸,实现以敏捷制造和企业全局优化为目标的智能化制造企业整体解决方案发展,其将来的发展方向可粗略概括为:

(1) 协同化[51]:MES 是面向车间现场管理的信息系统,它侧重于执行单元内部的管理控制,但执行单元间的系统协作管理功能在敏捷制造和网络制造环境下显得更为突出。它作为协同制造的必要组成部分,向协同的方向发展。

(2) 网络化[56]:随着先进制造模式的不断提出,敏捷制造和网络化制造模式下的动态联盟形成,系统的相应速度需求越来越高,则 MES 必须是分布式的、网络化的。其核心是利用网络,通过企业生产过程的信息集成、业务过程集成、资源共享,对企业开展异地协同、产品制造的协同,提高整个制造效率。

(3) 智能化[57]:实现以敏捷制造和企业全局优化为目标的智能化 MES 将成为 MES 发展方向。例如单独用一种方法来求解调度问题,往往存在一定的缺陷,通过单元内决策算法的集成或机制集成起来,提高系统运行的质量。特别是 MES 需嵌入功能强大的智能算法,充分发挥优化算法的功能,建立基于制造资源约束的负荷平衡计划,车间的最优排产等。

(4) 集成化:MES 可宽泛地理解为 ERP 的一个制造执行模块,它可同 ERP 无缝集成,实现计划到生产执行的全面管理。一方面,ERP 的功能可向下扩展延伸,实现优化排产的功能,从而实现 MES 的所有功能;或者另外一方面,对于小型制造企业,可以直接推 MES,将 MES 向上扩展延伸,实现 ERP 的功能,形成核心基于 MES 的解决方案。

7.3 我国制造业 MES 的应用状况分析

国内对 MES 的研究开发起步较晚,目前主要停留在 MES 思想、内涵、功能、总体方案和实现策略及体系结构方面的研究上,应用系统开发局限于 MES 单一功能,并普遍存在可集成性差、缺乏智能性和敏捷性等问题。对 MES 的各功能细化、系统集成、标准化和具体实现等问题还有待深入研究。针对大型复杂制造业,目前尚无完整的、系统的、经过实践打磨的 MES 解决方案和成熟的软件产品。

(1) 未实现完善的生产准备功能:设计、管理与制造执行过程之间的信息通道不够畅通,导致难以实现车间生产加工执行的相关准备按期完善到位。如托盘物料、图纸等相关生产指令未在生产计划开工前到达指定现场,造成无法开工,从而影响到企业整体生产效率的提升。不准确的物料清单数据会影响生产计划和调度,使得生产计划和调度需要经常调整,生产计划和调度指令的执行能力无法保证。应该通过 MES 的严格管控,在生产计划开工前,托盘物料、图纸、设备、工人、工装夹具、场地等生产相关准备工作能够完全到位,从而能顺利开工,执行生产计划。

(2) 未实现最优化排产功能:各车间接到生产管理部下发的生产订单(生产任务)没有基于生产资源(场地、设备、人、工装夹具等)约束限制组织最优排产,没有在推算的基础上派单,而是根据生产订单交货期和经验来分配任务。最优排产的结果是在能力负荷范围内避免脱期,使无辜等待时间极少。调度问题非常复杂,人脑找不到最优的排产策略,必须基于各资源的在制状态,根据模型设计计算法程序,借助计算机寻找最优或者次优排产策略。因未最优组织排产,造成的主要问题有:一是对生产不能有效控制,因为整个生产过程采用经验主义,而不是建立在理性的推算基础上,脱期工件、瓶颈工序都无法预测;二是造成淡旺季之分,产能不能得到真正发挥。因为没有组织理性、最优计划生产,好多产能用于生产不是急需交货的工件,即先生产交期晚的工件,急需的工件外协,后面又无任务转入淡季。先生产交期晚的工件(或工序),生产出来入库转储,这也是库存资金占用偏高的一个原因。三是拖期问题严重。零部件的制造周期不能满足装配要求的零部件交付期,其实所有脱期件最后都变成了急件,严重影响正常生产过程。四是库存积压严重,资金占用量大。仓库摆放大量零部件、舾装件和半成品,可装配舾装现场仍频繁缺件,库存的零部件不是产品舾总装所需的零部件。五是设备能力不均衡。部分设备能力不能满足生产需求,成为加工的瓶颈,工作班组轮流加班。因未排出详细精准的小日程计划与调度方案,工序之间没有确切的转运时间节点,造成工序之间转运责任不明确,形成无辜严重等待浪费。图形化的排程结果,各种资源的耗用一目了然,迅速的计划调整,对计划的逾期防止于未然。支持为加工任务设定前置任务的功能,满足生产组织的灵活性,支持手工插单功能。

(3) 未实现自动化派工:MES 应实现多生产订单、多工序生产计划的最优化排产后,根据车间各种生产资源的产能限制、设备人员的加工属性等,应可自动生成派工单(派工单的格式查看第 5 章),工作中心或工人每天上班时打卡领取任务,生产完工后从 MES 终端录入报工。工件加工好后尽快能够安装成型,或送现场舾总装,进库转储时间短。派工单生成时,考虑了设备状态、工人出勤率等,实现可视化管理,超高速地、以小时甚至时刻的精度建立工厂的每一台机器设备或者每位工作人员在某时间段的生产安排,即建立高精度的未来生产任务派工指令,提高计划的立案效率及可执行性。

(4) 缺少强大的数据分析功能:MES 应根据以往的生产订单数据分析,找出通用、便宜、加工费时、瓶颈工件,然后对其预投产,使库存数量处在安全性的最佳状态。MES 提供实时绩效评估与预测的关键技术,实现对于生产运作过程的实时决策支持和监控,全面提升车间运作控制和决策管理的自动化与智能化水平。如预测瓶颈工序、瓶颈车床、订单增长变化、故障发生概率、急单出现数量及耗时、工效提高率、产能负荷率等,给决策提供参考。分析历史运行的相关数据,进行建模,模拟预测未来发展趋势。一方面为后续的排产工作提供依据,另一方面为企业制造能力建设提供数据支持。同时支持工时数据的自动调整与修正等,实现数据采集与共享等功能。

7.4 学习算法嵌入 MES 优化任务排产

7.4.1 "cIcG 型"学习算法分析

MES 最核心的功能是优化排产、自动化派工、底层硬件及生产过程的实时数据采集,也是其技术瓶颈与真正价值。MES 的优化排产,自动化派工必须基于产能负荷、采用强大的优化算法,在较短的时间内搜索到满意的小日程(车间层)的优化排程。系统对优化算法的搜索性能要求很高:第一,搜索效率要高,尽可能搜索到近似最优解;第二,搜索速度要快;第三占用的计算硬件资源少。作者曾深入研究过"cIcG 型"学习算法,包括其递推方程、算法流程、应用于 JSSP 问题的编码策略等。"cIcG 型"学习算法借鉴了 GA 部分思想,若采用"整数编码",学习其实就与好解(GA 的染色体)交叉,好解就相当于 PSO 算法中的个体极值 I_{best},全局极值 G_{best}。"cIcG 型"学习算法的学子在解空间追随最优的学子进行搜索。作者曾深入研究了学习算法的三种学习方式:① 向优秀的同僚学习;② 向自己学习(检讨、反思、总结等);③ 向一般的同僚学习(三人行,必有我师。学习过程可以吸取"异端学"的优良因子)。同时用小规模的实例进行了测试,发现其优化典型的离散车间 JSSP 效率良好,故本书第 2 章提出的泛化形式的学习算法可应用于车间优化排产。

7.4.2 学习算法嵌入 MES 优化排程

MES 从 ERP 的生产管理模块接收下达的滚动生产任务,根据生产订单的交期要求、当前的在制任务、生产资源(场地、设备、人工、工装夹具等),建立任务排产模型(若无特殊约束要求,车间的排产模型即 JSSP 的模型),再采用学习算法优化搜索,排出某时间段的车间详细生产计划,指定生产任务实施的时间、施工班组等信息。下面以具体实例分析学习算法在优化排程中的应用。

(1) 排程问题描述:不妨设制造部 2012 年 1 月 18 日从 ERP 接收到 n 个 WP(wp_1,wp_2,…,wp_n),其分别为:

$$WP_{ij} = \begin{pmatrix} wp_1 & wo_{11} & wo_{12} & \cdots & wo_{1M_1} \\ wp_2 & wo_{21} & wo_{22} & \cdots & wo_{2M_2} \\ \cdots & \cdots & \cdots & \cdots & \cdots \\ wp_n & wo_{n1} & wo_{n2} & \cdots & wo_{nM_n} \end{pmatrix} \qquad (7.1)$$

在矩阵(7.1)中 wo_{ij} 表示 wp_i 的生产订单 wo_j。各生产订单需要加工的序分别为：

$$WO_{lk} = \begin{pmatrix} wo_1 & wox_{11} & wox_{12} & \cdots & wox_{1X_1} \\ wo_2 & wox_{21} & wox_{22} & \cdots & wox_{2X_2} \\ \cdots & \cdots & \cdots & \cdots & \cdots \\ wo_l & wox_{l1} & wox_{l2} & \cdots & wox_{lX_l} \end{pmatrix} \qquad (7.2)$$

在矩阵(7.2)中 wo_{lk} 表示生产订单 wo_l 的加工工序 wox_k。各工序对应的加工前后道序约束关系分别为：

$$WO_{lk} = \begin{pmatrix} wo_1 & 2 & 1 & \cdots & X_1 \\ wo_2 & 3 & X_2 & \cdots & 2 \\ \cdots & \cdots & \cdots & \cdots & \cdots \\ wo_l & 6 & 10 & \cdots & X_l \end{pmatrix} \qquad (7.3)$$

在矩阵(7.3)中的数字 N 表示生产订单 wo_l 的加工工序 wox_k 是第 N 道序，即前道序未完工，紧跟的后道序无法开工。各工序对应的加工标准工时分别为：

$$WOT_{lk} = \begin{pmatrix} wo_1 & gxt_{11} & gxt_{12} & \cdots & gxt_{1X_1} \\ wo_2 & gxt_{21} & gxt_{22} & \cdots & gxt_{2X_2} \\ \cdots & \cdots & \cdots & \cdots & \cdots \\ wo_l & gxt_{l1} & gxt_{l2} & \cdots & gxt_{lX_l} \end{pmatrix} \qquad (7.4)$$

在矩阵(7.4)中的 gxt_{lk} 表示生产订单 wo_l 的加工工序 wox_k 的加工标准工时。

工作包 $WP(wp_1, wp_2, \cdots, wp_n)$ 的交期分别对应为 $(wpt_1, wpt_2, \cdots, wpt_n)$。其前后道序的约束关系如(7.5)所示。每个 WP 交期确定了，其包含的 WO 交期也确定。那么，制造部如何排产，使得 Makespan 最小，并拖期时间最短？

(2) 倒排生产任务：每个 WP 交期确定了，其包含的 WO 交期也确定。为了候选解可行(结束时间未超过交期)，各制造部门将接收到的生产任务倒序排产至工作中心或设备，即从 WO 加工序列的最后一个 WO 的最后一道工序到第一个 WO 的第一道工序依次倒序画 GATT 图。当从最后一个 WO 倒序推到第一个 WO 的第一道序时，其开始时间都为正，说明生产管理部下达的生产任务符合生产执行部门的产能负荷，即在有限资源的限制下，可按期完成交货；当从最后一个 WO 倒序推到前面某个 WO 的第一道序时，其开始时间若为负，说明按照该排序方案，不能完成生产任务，需调整排产方案；若调整排产方案后，还是所有方案都有部分 WO 的某些工序开始时间为负，说明生产管理部下达的生产任务不符合生产执行部门的产能负荷，即任务超出了其某个时间段的产能负荷,不能按期完成任务交货。若生产管理部下达的生产任务超出了产能负荷,可通过拖期加工完成或者外协加工解决,就是将排产的方案统一向后移动,使其最早的开始时间成为 0,则相应的排产方案造成了拖期,但只要生产管理部可容忍,也是完成了生产任务;将加工开始时间为负的 WO 选择外协,或加班加点完成;生产管理部也可以在不影响其他 WO 制造、舾总装的条件下,延长某些 WO 的交期。

若生产管理部下达的生产任务符合制造执行部门的产能负荷,则理论上可倒序排出拖期时间最短的排产方案。某订单 WO 的前一道工序 wox_j 和后一道工序 wox_{j+1} 的加工时间存在以下四种关系。为了表示方便,不妨设 E 表示结束,S 表示开始。

① $S_j - S_{j+1}$:表示工序 wox_j 开始后,工序 wox_{j+1} 才可开始;
② $S_j - E_{j+1}$:表示工序 wox_j 开始后,工序 wox_{j+1} 才可结束;
③ $E_j - S_{j+1}$:表示工序 wox_j 结束后,工序 wox_{j+1} 才可开始;
④ $E_j - E_{j+1}$:表示工序 wox_j 结束后,工序 wox_{j+1} 才可结束。

前后道序的约束关系不同,则计算开始、结束时间的逻辑方法不一样。不妨设上例的前后道工序约束关系分别为:

$$WOR_{lk} = \begin{pmatrix} wo_1 & 0 & 2 & \cdots & 3 \\ wo_2 & 0 & 1 & \cdots & 4 \\ \cdots & \cdots & \cdots & \cdots & \cdots \\ wo_l & 0 & 4 & \cdots & 2 \end{pmatrix} \tag{7.5}$$

在矩阵(7.5)中数字 1、2、3、4 分别表示该道序和前一道序 $S_j - S_{j+1}$、$S_j - E_{j+1}$、$E_j - S_{j+1}$ 和 $E_j - E_{j+1}$ 的约束关系,因第一道序无前道序,令其为 0。

(3) 新型学习算法应用于优化排产:本书第 4 章详细介绍了各种类型学习算法,因篇幅所限,不再一一测试其性能及参数对算法的影响。下面简要介绍各种学习算法在优化排产中的应用技术。

① 编码方法:采用自然数编码方法,具体编码后的序列如式(2.57)所示。该类型的编码满足各道序和设备的约束关系,即解可行。
② 学习策略:新型学习算法的各种学习策略可查看第 2 章;算法通过不断的迭代,搜索出 Makespan 最小的排产方案,即系统快速自动生成排产小日程计划。
③ 算法代码:学习算法优化问题(1),其具体代码如同第 4 章将类粒子群算法应用于 JSSP 和 FSSP 问题一样,在此不再累赘。

只有通过算法不断地预排产迭代寻优,才能找到更满意的小日程计划,从而科学精准指导生产实际。

7.5 制造业 MES 的总体构建

7.5.1 制造业 MES 总体架构设计

制造业实施 MES,使车间能根据制造任务或生产环境的变化迅速调整小日程计划,优

化派工,并科学按照节拍组织生产所需要的各种资源,保证生产任务按期完成。一般 MES 的功能模型如图 7.1 所示:

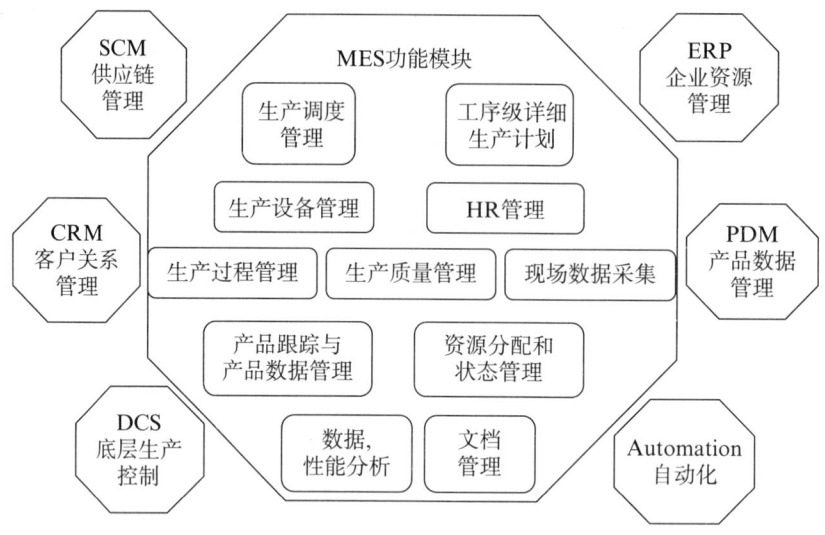

图 7.1　MES 一般功能模型

基于 MES 的一般模块功能,本书提出制造业的 MES 的主要模块和子模块的功能(见附图 8),为其 MES 实施提供技术支持。

7.5.2　制造业生产执行主要流程分析

系统开发时必须将所有业务流程进行重整优化,使其更简洁、高效、责任明确、成本更低,节点清楚,然后绘制出所有流程图,再分析设计系统蓝图。因 MES 涉及许多复杂流程,本书主要介绍 MES 车间排产流程。各车间根据设备资源的产能情况,订单的属性组织最优排产加工。根据实际生产需要,将订单分为 3 个优先级,a 紧急订单(一路绿灯);b 重要订单(不严重影响其他订单生产的情况下,优先加工该类订单);c 正常订单,根据车间实际情况组织加工。若按优先级排产,采用的主要规则如下:

① 按重要程度排产:先加工 a 类,其次 b 类,最后 c 类;
② 按成本(费用)最小原则排产:几台机器同时能加工某件工件时,选择成本低的机器加工;
③ 同订单同工序优先原则:一台机器正在加工某订单的一道工序,若任务池中还有该订单的同道序需要加工,则该台机器首先加工同订单的同工序;
④ 同物料订单优先原则:一台机器正在加工某订单的一道工序,若其物料正好和任务池中某个订单的序所需物料相同,则该台机器首先加工相同物料的订单;
⑤ 按订单交货期前后顺序排产:交货期早的先加工;

结合以上主要排产规则,在 MES 中,车间排产流程如图 7.2 所示:

还有如 WP/WO 加工流程(见附图 9)。其他如车间小日程计划制定流程、设备维护管理流程、自动派工流程、报工流程、不合格品处理流程等,根据企业实际优化制定,在此不再赘述。

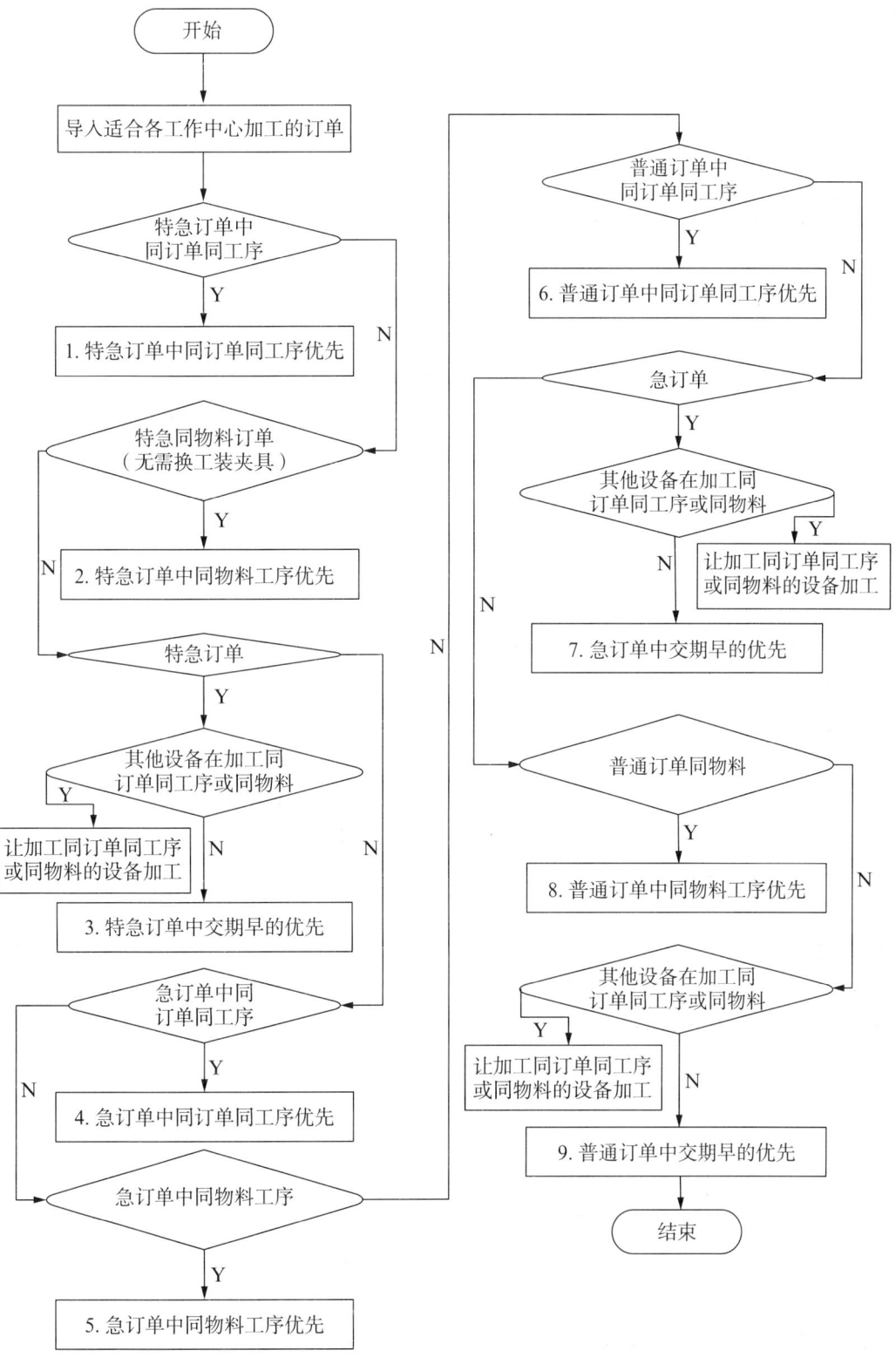

图 7.2 MES 车间排产流程

7.5.3 机加工工作中心任务领取

制造业企业不管哪种主计划制定模式,其最终是将订单排产到工位与机台。车间实现无纸化办公,操作工位和机台与上层需要实时信息沟通共享,底层有信息采集点,并和工作站网络联通。车间基本上每个设备/工位都配备一个智能终端,通过终端"作业计划"按键向车间上位机发出请求,车间工作站向计划服务程序发送获取计划请求,计划服务程序接收到请求后,根据终端的地址可以判断是哪个设备请求生产计划,从设备和工作中心的关系以及可加工的优先级关系,按排产规则或优化算法找出一个相对最适合加工的任务,形成计划,通过车间工作站转发到该设备终端上。即生产部根据当前工作中心产能、设备参数、操作工信息、订单工艺路线、工时、交期等下达到工作中心,工作中心变形成了任务池,员工刷卡领任务,工作站根据排产规则计算后迅速派单给智能终端,如果因某种原因不能加工可撤销(撤销的情况系统有记录,若无正当理由取消,会得到处罚),智能终端即可领到任务。

7.6 制造业 MES 的功能模块设计

7.6.1 车间小日程计划管理

生产单位实际掌握和支配生产资源,所以各生产工序的作业、近期物料需求计划、配员计划应由生产作业单位编制,编制依据是上级计划管理部门下发的生产节点计划、实物量计划和重点计划、标准周期以及生产资源。本模块主要功能是利用各模块信息辅助快速生成各生产部门的小日程生产计划,通过小日程生产计划,掌握后续的生产节奏,为前期的生产准备提供依据,检查物料配套性,平衡资源的冲突,尽早应对拖期和突发事件的发生。检索每个 WP 所需图纸是否已完成,物料集配的状态,优化排产在部门内部审核通过后,各作业区根据作业计划进行作业。该模块的子模块功能如下:

(1) 工序级详细生产计划:该子模块负责生成各部门工序级操作计划,即详细小日程计划。从 ERP 自动导入某个时间段的所有生产任务包(系统自动设置、或者人工干预),基于 WP 的交期等属性,采用优化算法实现车间生产小日程计划的优化排产。依据产品 WP/WO,安排一个合理的序列以最大限度地压缩生产过程中的辅助时间和等待时间,这个计划是基于有限能力的小日程生产执行计划。该小日程作业计划包括产品代号、项目符号、图号、项目名称、项目内容、WP 编号、作业班组、工序类型、工时、各工种作业顺序、计划开工日期、计划结束日期等。

(2) 中间产品作业小日程计划:对工序级详细生产计划进行分类管理。① 各中间产品总组计划。基于总组集成计划网络对中间产品的拉动需求,中间产品的大日程计划,辅助完成各中间产品总组的小日程计划编制,主要包括装配、中间产品总组和预舾装等内容及节点。② 电装小日程计划。辅助完成电气设备区域的舾装工作计划,包括配电室、通信导航等主要电气设备区域的设备、电缆等舾装项目及工作计划。③ 机装小日程计划。辅助完成机械设备区域的舾装工作计划,包括主要机械设备区域的设备、管系和风道等舾装项目、大型舾装件的施工建造计划及工作计划。④ 涂装小日程计划：主要是涂装小日程工作计划，包括除锈、钢材预处理、分段涂装日程等。

（3）生产资源的需求测算及部门产能平衡：根据小日程计划等要求辅助完成人力、工装、设备、场地等生产资源的需求测算与计划，以确保生产资源的及时提供和准备。

（4）小日程计划的变更及版本管理：可以对作业计划的变更信息及版本号进行履历跟踪。

小日程计划制定的流程如图7.3。

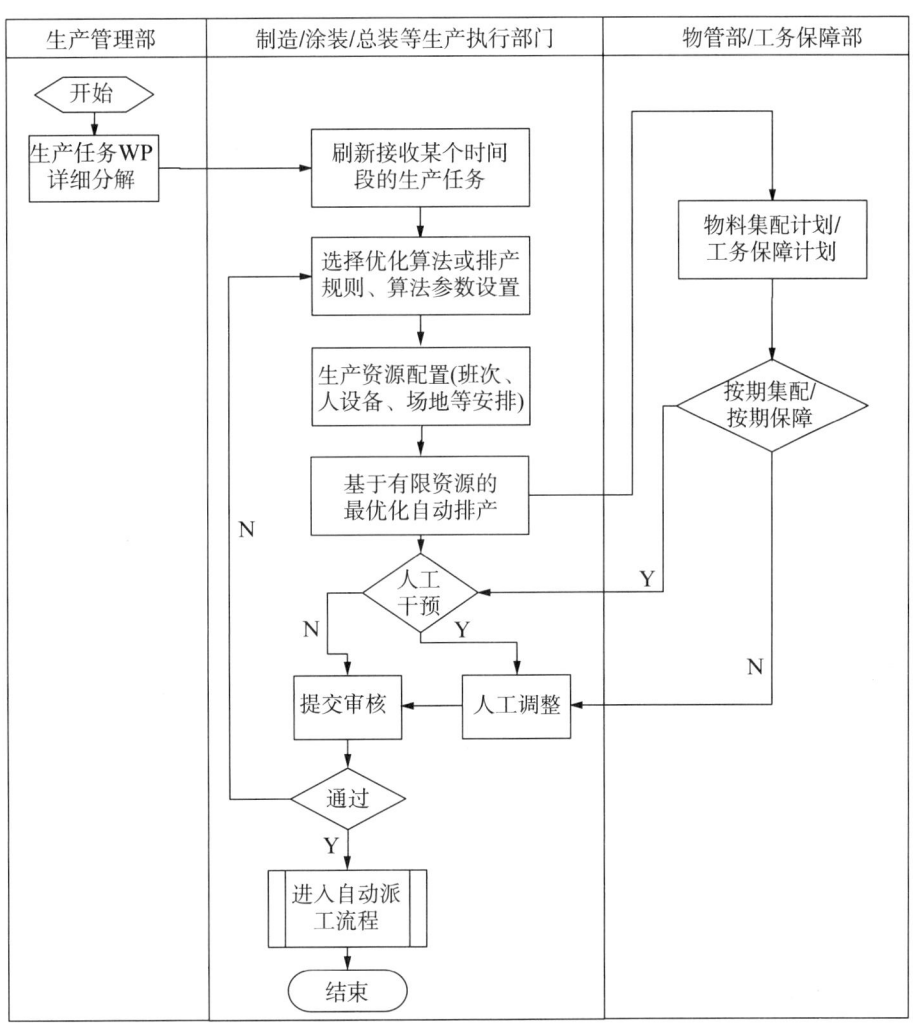

图 7.3 小日程计划制定流程

7.6.2 排产规则/算法管理

（1）调度算法管理：生产调度问题的优化程度和算法效率、算法参数设置有直接的关系，因此在算法应用于排产时，需要对其参数进行配置。对于不同规模、不同约束的排产问题，其算法的优化效率不同，故在解决调度问题时，选择各种算法或组合使用，须完成如下配置：

① 算法选择：如 PSO 算法、免疫算法、遗传算法、模拟退火算法、蚁群算法、神经网络、免役算法、混沌算法、量子算法和协同算法、DNA 算法、专家系统、Petri 网、多智能体方法、混合方法等。本书详细探讨了学习算法应用于排产，包括不同的递推方程，其应用于排产时要选择具体类型。

② 算法交叉/互学策略、变异/自学策略：因各种算法在迭代过程中，有不同演变策略，则在算法优化排产问题时，需选择好用哪种演变策略。

③ 相关参数设置：根据排产问题的特点、设置其参数。如：迭代终止代数，种群/学子集体规模，向不同优秀学子学习后的学子在下一代学子集体中各占的比例，互学与自学学子在学子集体中各占的比例，算法运行次数等参数设置。

以上算法的递推方程、操作算子、相关参数配置好后，导入生产管理部下达的生产任务，基于生产资源优化计算排产，最终导出满意的排产小日程计划。

（2）启发式调度规则管理：启发式调度方法就是将人们在生产实践中所总结、提炼出的很多行之有效的经验和规则（通常称其为调度规则）应用于调度问题中。启发式规则针对调度问题的 NP 特性，并不企图在多项式时间内求得问题的最优解，而是在计算时间和调度效果之间进行折中，以较小的计算量来得到近优或满意解。作者在前面提出了基于优先级的规则排产法，可快速排出小日程生产计划。

若选择采用规则排产，可选一个规则，也可几个规则同时结合使用。另外，有些算法排产时在迭代过程中，结合使用了某些排产规则，故这样的排产技术，既要配置算法，也要选择相关的结合规则，从而最高效率地、最优化地排小日程生产计划。

7.6.3 设备/工装夹具管理

该模块主要管理装备制造企业设备（包括重要及普通设备、工具如刀具、夹具、量具、辅助工具等）在整个服务生命周期中的运行（运行记录、台账）、维护保养（停机记录、缺陷故障、点检、巡检、润滑、事故管理）、故障维修和备件管理、变动（更新改造、报废、迁移等）、特种设备管理等。具有设备故障历史纪录、设备故障预警以及设备定期维护时间表及相应的提醒功能。对设备维护的历史数据及故障的历史记录进行分析，对故障的发生提出预警。建立设备整个生命周期的、完整的基础档案和技术档案，保证设备的正常运行，提高设备的运行效率，减少事故率，减少检修成本。其主要功能包括：

（1）设备基本信息维护与查询：① 设备卡片、台账管理。设备卡片是反映设备的全面设备资产管理信息的记录卡片，设备台账是反映设备的主要设备资产管理信息的记录列表。系统以设备的类型、功能等属性进行分类管理，主要包括编码、名称、型号、技术参数、生产厂家、供货商、保修日期、加工能力信息（加工范围、加工精度、最大持续工作时间、加工能力等）。在设备进入企业后，必须由资产管理员及时立卡，以便为设备资产管理、运行维护管理、维修管理等提供基础数据。② 工作中心管理。由一些设备、人员、工装等组成一个生产单元，即工作中心。这生产单元的结构信息记录了设备和生产单元的对应关系、生产单元中设备的组织类型，如串联或并联，和设备能力分配比信息。③ 设备来源管理。主要包括购置、建造、盘盈等来源。A. 已有设备。在使用本系统之前已经形成的设备,由资产管理员直接建立设备使用信息,完成设备立卡;B. 购置设备。在到货验收后,设备员从"固定资产验收单"导入已验收的设备,完善设备使用信息,完成设备立卡;C. 建造设备。建造设备是在工程结束后,在工程总体验收时需填写"固定资产转固单",资产管理员导入转固单中的设备基础信息,完善设备使用信息,完成设备立卡;D. 盘盈设备。在设备清查后,如果有盘盈设备,由设备员在填写"设备盘盈表"后,导入设备卡片中完善设备使用信息,建立设备卡片;E. 工装入账。凡需按设备资产管理的工装必须在工装入账后建立相应的设备卡片,纳入设备实物形态的管理。④ 设备清查管理。定期对所有设备进行盘点,进行盘盈盘亏处理。

(2) 生产设备运行维护管理:跟踪、指导企业维护设备和刀具以保证制造过程的顺利进行,并产生除报警外的阶段性、周期性和预防性的维护计划,同时提供对直接需要维护的问题进行响应。① 设备点检管理。主要负责采集设备运行时的状态参数,建立设备运行记录档案,记录设备的使用历史情况、设备检修计划、设备完好检查信息。② 设备运行信息管理。包括设备停机信息、设备运行效率信息、设备运行费用等信息的记录、汇总、分析。③ 备件申请管理。设备需要备件时向辅助材料库申请备件,主要包括申请备件的设备编码,备件编码,备件名称,申请原因及数量等信息。④ 设备评估管理。定期对设备加工能力、价值、加工精度等满意度进行评估,从而确定对其变动的计划(如封存、闲置、停用、出租、盘亏、报废等)。

(3) 故障维修:① 设备报修与维修管理。设备出现故障时的主动报修,并记录报修信息,主要包括设备编号、设备名称、型号规格、所属部门/作业区、报修时间、报修人、故障现象、故障发生时间等信息;同时记录维修响应的整个过程,主要包括维修计划用时、维修开始时间、维修完成时间、维修负责人、维修工程师、故障原因分析、维修后建议、维修遗留问题清单、备注等信息。② 设备故障统计管理。基于设备类型、具体设备、操作人、故障类型等不同维度统计故障率,用以绩效管理。

(4) 工装刀模具寿命管理:实现工装刀模具的全生命周期管理。包括编号、名称、规格型号、数量、库存、借入/借出管理,设计寿命、实际寿命等管理。

(5) 设备资产管理:指按固定资产账务管理模式对设备在账务方面进行的管理,覆盖设备从立卡起直到失效为止的整个使用过程,包括设备固定资产编号、入账、迁移、封存、闲置、停用、出租、报废、处置以及设备清查等,对设备进行相应的统计。处置是向企业外处置已经报废的设备,未报废的设备不能转让。将在用、封存、闲置、停用、出租的设备称为在籍设备;报废、盘亏、处置称为实物已减出设备。对于已超过规定使用年限的老、旧设备,主要结构和零部件已严重磨损,设备效能达不到工艺最低要求,无法修复或无修复改造价值,或因意外灾害或重大事故受到严重损坏的设备,无法修复使用等设备进行报废处理。设备迁移后,系统自动将设备卡的"使用部门"由"迁出部门"修改为"迁入部门",将设备卡片"安装地点"由"迁移前安装地点"修改为"迁移后安装地点";设备变动(封存、闲置、停用、出租、盘亏、报废)后,系统自动将变动类型(封存、闲置、停用、出租、盘亏、报废)反馈到设备卡片中的"管理状态",并将变动时间自动反馈到设备卡片中的"状态变动时间"栏;设备封存启封、闲置启用、停用启用后,系统自动将设备卡片中"管理状态"赋值为"在用",并将变动时间自动反馈到设备卡片中的"状态变动时间"栏。设备评估后,系统根据"评估后原值"、"评估后净值"自动修改设备卡片中的原值、净值。

7.6.4 起运支持

该模块主要完成生产制造执行部门对物料、中间产品等转运、起运的申请、保障部对其处理响应的相关过程管理,触发运输指令,完成物料装卸、运输过程跟踪信息等,同时包括运输工具的维护及点检。主要功能包括:

（1）基本信息维护:运输工具基本信息的维护,包括工具类型、编号、基本信息等。运输工具的状态维护及查询,以及运输工具的点检台账记录、申请状态（等待安排、已安排、已完成起运）,同时包含运输信息的跟踪查询。

（2）转运、起吊申请:需要运输起吊的部门提前提交申请单,包括申请单号、申请人、起运类型、货物名称、申请时间（系统自带）、起运时间、起运地点、目的地、联系人、联系电话、作业描述、申请部门、申请作业区接收部门等信息。

（3）起运审批及安排指令:根据起运申请给予审批响应,包括反馈人、反馈信息、起运指令,以及吊运班组、车辆及时间等信息。运输实绩信息的反馈,包括完成时间等。

7.6.5 辅材物料管理

辅助物料管理是对生产过程所必需的资材管理,可以适时提供用料部门的资材,方便收发及盘点,实现常用资材的二级库存管理与控制。资材主要包含生产现场所使用的低值易耗品,如手套、防电鞋、焊条等。在领料单录入时可直接引用派工单的材料定额进行材料的控制,实现限额领用。该模块支持油漆的盈亏调整和作业区备料管理。辅助材料管理主要功能包括:

（1）资材管理:实时查看统计当前库存中的资材信息,合理进行资材申请。具体包括:① 资材基本信息维护与查询。对资材的基本信息进行维护,包括资材代码、资材名称、资材大类、资材小类、规格、单位、用途、库存量等。② 资材申请管理。部门根据资材需要及对常用设定的最低库存补充提出采购申请,并自动接入采购模块,包括需求资材种类、名称、规格、数量等信息。辅助材料安全库存报警与缺货提醒。③ 资材入库管理。根据资材申请自动生成相应的入库信息入二级库,主要包括资材的基本信息、入库量、操作人、入库时间等信息。④ 资材领用管理。根据部门领用申请进行资材出库,主要包括资材领用申请、领用申请审核,资材领用出库。辅料领用按产品、中间件、作业区、班组、人员分别统计与明细查询。⑤ 领用退库报废管理。生产部门使用的一些非消耗品类的工具和剩余材料使用后的退库管理,包括退库申请、申请信息的核实确认。对于一些非消耗品类的工具若需报废,通过报废流程完成相关处理。⑥ 钢材切割管理。生产执行部门从库存领用到钢材后,对其消耗过程进行统计管理。包括名称、类型、规格型号、重量、面积、制品名称、编号、计算出废料面积与重量等。

（2）普通件加工申请与响应管理:各制造执行部门在生产实际中,有些生产部下达任务外的特殊件需要模块部或制造部加工,则可提交申请（包括部件名称、临时编号、数量、需求时间等),并经过部门审批后,自动接入生产管理部的请求加工任务清单,生产管理部审批后,生成 WP/WO 下达加工任务(若需画与设计工艺,则同时下达设计部)。

(3) 辅材成本管理:将部门各项费用指标分解到月度及作业区,汇总实际发生的费用,并与预算成本额度比对,最终实现后期辅助成本方案的有效指导。具体包括:① 费用预算。对财务费用预算进行分解、审核,形成作业区的成本分配方案。② 辅材费用汇总:记录各时段、各级组织发生的辅材费用分类汇总。③ 成本分析。根据财务的统计反馈信息,形成部门的年度成本分析报表,包括超设计额度、低于设计额度的数量、产生的成本等。

(4) 车间物料/中间产品跟踪管理:实现车间内部细分的生产订单执行情况跟踪,提供给车间调度实时信息反馈。实现车间的生产状态查询、生产进度反馈、在制品查询等功能。

(5) 物料辅材基本信息管理:物料辅材领用规则配置,包括岗位工种可领用辅材种类和最大额度配置;辅材存储的二级库代码与位置匹配等。

7.6.6 劳动力管理

装备制造企业车间工人的流动较快,ERP 难以在车间级管理工人的基础数据,因此 MES 必须对车间劳动力管理提供支持。该模块主要对生产部门的劳动力人员基本信息数据维护、考勤管理、人员排班、人员绩效考核等几方面进行合理有效的管理。加强人员调度管理,提升小日程计划与自动派工的配套性。该模块的人员和 HR 模块的信息保持同步,只有一个输入口,减轻繁琐重复输入,提高数据统计的准确性。劳动力管理主要功能包括:

(1) 劳动力基本信息管理:劳动力人员基本信息从人力资源管理模块接收及维护、并自动更新 HR 管理模块的劳动力数据。提供实时更新劳动力人员状态信息数据,包括人员岗位、工种、技能(可能关系到哪些人去操作哪些设备),并实现自动进行基础数据汇总分析、筛选查询等功能。

(2) 劳动力负荷计算:将劳动力工种进行分类,对某时间段内各工种可加工的工序能力进行统计核算,作为某时间段内劳动力负荷标准曲线,再将该时间段内生产任务所需耗用的劳动力工种进行计算,通过曲线拟合生成某时间段内劳动力负荷曲线。也可针对某新产品制造周期和计划工时,对即将制造或正在制造产品的计划工时和劳动力能力进行曲线拟合,预测不同部门、工种、生产周期各个月/周的劳动力负荷。辅助平衡各生产部门、各工种的劳动力负荷,编制劳动力资源需求与配置计划。对历史上完工一定量的同类产品的劳动力工种、工序产能数据进行计算记录,为后续劳动力负荷均衡配置提供数据参考。

(3) 劳动力人员考勤管理:管理劳动力员工的实际出勤、缺勤等数据,并对比员工生产能力参数,为排班提供劳动力数据支持。

(4) 劳动力排班管理:作业长和班组长根据小日程计划安排员工的排班表,管理员工的请假申请,合理安排员工的加班。

(5) 劳务队管理:装备制造行业是一个劳动力密集的制造业,采用了大量外协员工。因此,加强劳务队管理对实现人力资源管理信息化和人力资源管理能力提升有着重要的意义。劳务队管理主要包括劳务队工序产能、生产效率、质量水平、各中间产品外协价格、信誉等指标,并以相关报表形式呈现。

7.6.7 人工可干预的自动派工

自动生成派工单/施工单管理是 MES 的一个关键功能,直接用于安排指导生产。劳动力与设备的资源相互作用来决定最终的任务优化分配派工。该模块能够对详细作业计划进行实时调整和修正,实现某时刻资源状态约束下的优化排产和最佳派工。主要实现功能包括:

(1) 自动生成派工单:在进行任务自动派工时,获取当前生产现场和资源状况(如设备负荷状态、人员配备、物料准备、工具可利用情况等);然后判断是否具有开工条件,归结为设备约束、物资约束、劳动力资源约束和优先等级 4 个约束条件的检查。即从设备管理模块获取设备状态信息,结合劳动力信息、物料信息、图纸工艺信息、优化排产的小日程生产计划任务、并跟踪其即时的工作状态和刚刚的完工情况,通过各约束条件互相作用关联选择,自动生成当日的派工单。以作业单/派工单/施工单、批量等形式依次指定到生产单元具体设备具体操作者进行生产,同时配送物料、工具和生产性文件等到相应工位。自动生成的派工单/施工单包含的详细字段内容见本书 5.2.5,同时也清晰地包括对工艺要求、安措要求及施工注意事项的要求等。为每一派工单确定生产班组/工人,并提交每一派工单的托盘配送申请,为生产加工提供详尽的作业工序、材料定额、安全、工装配置要求,确保生产按工艺规定严格施工。

(2) 派工单的人工干预:该子模块可根据生产过程中出现的随机扰动信息,如现场发生事件或异常时(如设备发生故障、人员不足、质量异常、物料短缺、工具损坏等),最新的在制品、紧急的订单属性等,对一些关键的派工单进行局部的重新调度和优化计算,下达到各生产中心/班组/工人进行生产。对于派工单,人工可干预进行取消、暂停、恢复、插单等编辑处理。该子模块帮助生产现场的调度人员对紧急事件做出反应,同时有效地优化安排生产资源。

(3) 资源分配以及状态管理:对资源状态及分配信息进行管理,包括机床、辅助工具(如刀具、夹具、量具等)、物料、劳动者等其他生产能力实体以及开始进行加工时必须具备的文档工艺文件、图纸、数控设备的数控加工程序和资源详细历史数据。对资源的管理还包括为满足生产小日程计划的要求而对资源所作的协调和预安排。

7.6.8 数据采集/实绩管理

该模块主要采集生产现场中各种实时更新的必要数据信息和结果报告,包括生产进度跟踪、随机扰动警报、完工情况统计等,并将这些结果与过去的历史记录及所期望出现的经营目标进行比较。这些现场数据可以从车间/作业区/工位手工输入或由各种设备自动导入方式获得。该模块的主要功能如下:

(1) 实际加工信息反馈/报工:对执行完的派工单预报工,主要录入生产任务(任务实际开始时间、实际结束时间、实际实施人员、完工数量、报工人、自检结果、物料消耗、备注信息等)。在预报工过程中,系统自动带出实际开始时间和派工单上的计划开始时间相同,实际实施人员、完工数量、物料消耗和派工单上的计划相同。这种自带出数据的方式,若实际实施确实和计划相同就不用重复输入,若实际和计划不同,在带出的数据上直接修改即可,将节省大量数据录入时间。派工单正式报工后,会自动卷积报工到 WP 上,最后完成标准产品的工作包加工信息采集。一张派工单发起于生产管理部,流转各部门录入各自负责的数据后再结束于生产管理部,生产管理部从派工单上抽取需要的数据进行汇总、分析,进行绩效管理,并为以后的生产管理沉淀知识。有些数据不需要录入,信息系统会自动计算、推理、分析得出。如谁的账号在操作报工,即报工人为谁,实动工时是实际结束时间减去实际开始时间。

(2) 生产质量检验信息反馈:生产检验的结果由质检员录入派工单后(质检字段),主要包括检验标准值与检验实际值对比,企业内部质检部门的检测和产品检验的检测,反馈给生产管理部和各生产制造执行部门绩效管理或其他响应(若不合格要返工、报废要补单重做等,还有原因分析、改进措施等)。跟踪和分析中间产品和加工过程的精度与质量,记录巡检过程的违规操作等,以保证产品质量并确定生产需要注意的问题以预防可能产生的质量问题。

(3) 生产过程监控管理:监控生产过程,向用户提供纠正错误的决策支持,修正生产中的错误,提高加工效率和质量。通过监视产品制造中工件在任意时刻的位置和工艺状态来获取每一个中间产品/派工单的历史记录,该记录向用户提供中间产品组的可追溯性。根据某时间段的设备利用率以及工时统计数据,对车间生产过程产能负荷进行分析,工时差异分析,找出生产过程中的瓶颈工序、瓶颈设备、瓶颈工种、拥堵部门等,为后续的生产以及企业决策提供数值依据。

(4) 分类实绩采集与查询:① 预处理实绩。根据预处理计划的完工信息、按预处理类型(矫正、表面清理及防护)汇总预处理加工实绩的信息,也可按预处理设备机组,作业组等汇总。② 构件加工实绩。根据构件的完工信息累加切割加工实绩的信息,按构建种类(平直构件、平面非直边构建、单向曲度构件、双向曲度构件)汇总,也可按加工构建的设备机组、作业组等汇总。③ 小组立实绩。根据小组立计划的完工信息,汇总各种产品构件,如肋骨、横梁、肋板、外板等,按照 WO 及图纸的要求进行单元拼焊组装成产品部件(小组立),如各种焊接 T 型梁、肋骨框架、尾柱、带缆桩等的查询。④ 大组立实绩。根据计划信息将加工制造完成的所有大组立和零件汇总。再将拼焊完工成的中间产品汇总。⑤ 预舾装实绩。对预舾装实绩包括中间产品完成前的所有预舾装操作信息的汇总,也包括单元模块的预舾装及中间产品的预舾装。⑥ 中间产品实绩。根据所有中间产品的总组装配完工最终形成中间件的信息进行汇总,包括中间产品的信息和所需的中间件信息等。

7.6.9 生产成本管理

成本管理是以费用数据为管理核心,实现对生产管理部、生产执行部门整个生产基础费用管理。各种费用成本形成报表,自动反馈 ERP 的 BI 模块,为其提供数据支持。成本管理的主要指标如下:

(1) 直接消耗成本:按派工单对原材料消耗费用、物料消耗费用、劳动力费用、低值易耗品消耗进行汇总统计;按产品号进行原材料消耗费用统计、物料消耗统计、劳动力费用汇总统计等。

（2）管理成本：① 日常管理费用。包括生产运行产生的水费、电费、一次性办公用品费、办公设备折旧费和其他费用的预算与实际费用汇总统计；② 设备维护管理费。对生产设备、工装夹刀具的维修维护费用等的预算与实际费用汇总统计；③ 公共成本分摊。对职能部门产生的管理费用、生产保障部门产生的各种费用、机器耗损折旧成本和其他间接成本按产品号进行分摊的预算与实际费用汇总统计。

（3）质量损耗成本：生产加工过程产生的报废、返修、违规操作造成的设备刀具等损坏成本、工伤事故导致的医疗等成本汇总统计。

（4）成本分析：指原材料消耗、物料消耗、劳动力费用、低值易耗品消耗费用、管理费用、设备维护费用、质量损耗费用等的计划/预算费用和实际发生成本的对比分析、成本效益分析、成本利润效益分析等。结合施工、设备、安全、人事等相关信息，通过长期数据积累，客观分析节省、超支等原因，以达到控制的功能，并为下一产品类型/时期/部门提供成本全面预算和绩效管理的依据。

7.6.10 生产绩效管理

该模块主要对生产管理部、生产执行部、生产准备及保障部门的绩效进行管理。各部门的绩效考核指标参考本书第5章提出的部分指标。生产部门的各项指标绩效自动传递于 ERP 的 BI，可供相关部门和领导钻取查阅。该模块主要功能如下：

（1）工时、物量统计汇总：工时统计分劳动力工时统计和设备工时统计两部分，并按工种、工序类型统计。劳动力工时物量是每天报工后系统自动分类累加计算保存，设备运行时间统计可由人工输入，也可通过底层控制件自动接入系统。系统可对车间/作业区/班组/工人/设备的每天工时物量、周工时物量和月工时物量进行分类统计。通过对各产品和各阶段完成的生产物量以及消耗工时的记录、统计与分析，可以得出较为准确的一定物量下的工时消耗数据，从而为生产计划编制的规范化和科学化奠定了坚实的工作基础，并得出劳动力、部门的工时物量绩效。

（2）产品质量绩效：根据 ERP 的 TQC 模块收集和分析的质量信息，通过产品质量评定，实现利用计算机进行质量数据汇总分析，转化成质量绩效数据，供筛选查询，质量绩效管理。内容包括质量效益、合格品率、废品率、产品质量等级积分、质量成本效益比等，以周/月/季/年度、产品号、部门等角度统计分析与报表形式呈现。

（3）劳动力绩效管理：① 劳动力绩效汇总。根据员工的 WO 实绩和实际出勤、KPI 考核指标、质量合格率等，再参照派工单的难易系数，平衡计算考核项绩效。参照工人的技能水平、月度工时物量、加工质量和其他数据进行统计，并将结果自动传输 ERP 的 HR 模块，在指定时间，按照指定的规则完成工人的工时及工资计算工作。② 人员奖罚金管理。根据采集到的员工每月实际出勤数据和生产实绩反馈，依据工种系数、技能级别系数、补贴标准、单位工时费、员工绩效考核分数计算员工的奖金，或根据其缺勤、质量、拖期、违规操作等计算罚金。

（4）生产绩效报表分析：对汇总统计的各种绩效指标，如制造周期、准时交货率、物料配送及时率、劳动生产率、信息系统应用质量、生产能力利用率、库存周转率、设备利用率统计、场地利用率、人员利用率等，按照产品号、部门、时间段等角度进行分析、对比。形成报表在

MES钻取查看,并自动传输ERP的BI,供领导和有关职能部门查看使用。

7.6.11 生产数据管理

该模块主要对生产现场相关文档、数据、参数、知识等的维护更新和管理,以及MES正常运行所必需的制造数据完整性检查和修正功能,并将反馈于ERP的设计管理、生产管理、物料集配管理等模块,促进生产相关数据的完善与优化。该模块可对生产历史数据进行存储与查询,主要实现以下功能:

(1) 工艺完善管理:生产管理部下达生产订单时自带的工艺数据部分有可能不完全适应生产现场,则生产现场的工艺师对其工艺路线及参数进行修订、工艺规程完善与查询等。更新完善后的工艺数据一方面在MES内沉淀应用于生产执行部门,另一方面反馈于生产管理模块、PDM,为其后面的数据完善提供参照。通过设计数据和现场工艺数据的联动,建立标准产品基础制造信息数据库。

(2) 余料管理:对生产制造过程中产生的余料进行合理的编码及余料入临时库、再利用、销售处理等管理。

(3) 文档控制:统一控制与生产单元、生产过程相关的文档/表单,包括操作指导书、工艺卡(配方)、工艺路线单、图纸、标准操作规程、加工程序、质量信息记录文档、质量体系文档、工程变更通知、交接班通讯、环境健康安全条例等。提供文档的使用历史记录和版本控制等。全面利用可视化技术对文档进行控制后,可实现工厂/车间的无纸化生产。

7.7 小 结

MES强调将车间生产过程中的相关的人力、技术、设备、材料及信息流和物流进行有机集成并优化运行。它将企业全局的业务规则与车间局部的最优化运行有机地结合到管理视图中,使订单的执行状态得到时刻监控,从而使生产过程变成一个顺畅的、优化的价值实现过程。本章针对装备制造过程巨复杂等特点,设计了装备制造型企业MES实施规划,其主要功能是从装备制造ERP系统接收企业的生产任务,通过基于有限资源能力的优化作业排序和调度,经人工干预,制定出车间的加工建造小日程计划,自动生成派工单并发布给工作中心/班组/工人和底层控制系统。这种派工单一般被指定到生产单元上,它同时考虑了作业的优先级、生产资源状态(设备、劳动力、工装夹具等)、工序间的关系以及作业的可重叠或并行等诸多因素,其带有详细作业计划开始时间、准备时间、计划完工时间等。

装备制造企业MES通过缩短工序前后设置及等待时间,平衡工序产能,拓展瓶颈工序优化排程,提高设备和人员等资源的使用效率;分析各项资源负荷,适时调整设备检修,保证资源平稳运行;加速物流速度,使工件工序在车间(物料配备、加工、待工、转运等)花费时间最少,减少生产准备时间,缩短制造周期;提供生产作业排序信息,排产计划图(甘特图)以及结果报表,并对突发性事件,及时进行实时动态调度,加强装配生产/零部件加工协调运作。从而最大限度地削减库存,压缩采购资金,加快企业资金的流转,提升工厂或车间产出效能,同时还可降低物耗,控制生产成本,提高装备制造企业的经济效益。

参 考 文 献

[1] 朱剑英. 现代制造系统模式、建模方法及关键技术的新发展. 机械工程学报[J]. 2000,36(8):1-5.

[2] 李延锋. 制造业企业信息化建设评价体系研究. 博士学位论文. 合肥工业大学. 2007年10月.

[3] Rodarnmer F. A., White K. P. A recent survey of production scheduling. IEEE Trans on Systems Man and Cybernetics[J], 1988,18(6):841-851.

[4] Y. Everdingen, J. Hillergersberg, E. Waarts. ERP adoption by European midsize companies, Communications of the ACM 43(3),2000:27-31.

[5] 马万太,戴勇. MES 的行业应用,中国计算机用户,2003,8(22):33-35.

[6] Eliyahu M. Goldratt. TheGoal[M]. North River Press, 1984.

[7] Badell M., Nougues J. M., Puigjaner L., Integrated on line production and financial scheduling with intelligent autonomous agent based information system, Computers Chem. Engng., 1998,22 (Suppl.):271-278.

[8] 中国船舶工业经济研究中心. 参阅资料. 2001年合订本. 2002.1.

[9] 日本海事产业研究所,日本造船业的国际竞争力. 2003.9.

[10] 徐晓飞. ERP 技术与应用发展综述[N]. 中国计算机用户,1999,(46).

[11] Luo, Strong, D. M. A framework for evaluating ERP implementation choices, Engineering Management, Volume 51, Issue 3, Aug, 2004:322-333.

[12] C. J. C. H. WATKINS, Learning from delayed rewards[D]. PhD Thesis of the King's College, University of Cambridge, England, 1989.

[13] 连志刚. 装备制造企业的计划调度技术与制造执行系统研究及应用. 博士后出站报告. 华中科技大学. 2008年12月.

[14] Cook S. A. The Complexity of Theorem-Proving Procedures. In:P. Clote and J. Krajicek eds. Proceedings of the 3rd Annual ACM Symposium on the Theory of Computing. New York:ACM Press, 1971. 151-158.

[15] Karp M. R. Reducibility among Combinational Problems. In:R. E. Miller and J. W. Thather eds. Complexity of Computer Computations. New York:Plenum Press, 1972,85-100.

[16] Rinnooy Kan A. H. G. Machine Scheduling Problems:Classi-fication, Complexity and Computations. Martinus Nijhoff, The Hague. 1976.

[17] Davis M. D. and Weyuker E. J. Computability, Complexity, and Languages:Fundamentals of Theoretical Computer Science. INC:Academic Press, 1983. (中译本:张立昂,耿素云. 可计算性、复杂性与语言:理论计算机科学基础. 第一版. 北京:清华大学出版社. 1989,242-252.

[18] Wortmann JC, Wijngaard J. Beyond MRP. Production Planning and Control,1992,3(3):225-226.

[19] Dialier D. and Henri P. Fuzzy constraints in job shop scheduling. Journal of Intelligent Manufacturing, 1995,6:215-234.

[20] Michael Pinedo. Scheduling:Theory, Algorithms and Systems. Second Edition. New York

University. 2002.

[21] Peter Brucker. Scheduling Algorithm (Second, Revised and Enlarged Edition). Springer-Verlag Berlin-Heidelberg. Printed in Germany. 1998.

[22] Johnson S. M. Optimal two and three stage production schedules with set up times included. Naval Research Logistics Quarterly[J], 1954,1: 61–68.

[23] Conway R N., Maxwell WL., Miller L W. Theory of Scheduling 1 Reading, MA: Addison Wesley, 1967.

[24] Miller R E., Thatcher J W. Complexity of Computer Computations. New York: Plenum Press, 1972.

[25] Nilsson N. J. Problem-solving Methods in Artificial Intelligence. New York: Mc Graw-Hill, 1971.

[26] Fox M. Constraint-Directed Search: A Case Study of Job Shop Scheduling[Ph. D. Dissertation]. Carnegie-Mellon University, Pitsburgh, 1983.

[27] Agre E. and Chapman D. Pengi: An Implementation of a Theory of Activity. In Proceedings of National Conference on Artificial Intelligence, Morgan Kaufmann, 1987: 268–272.

[28] S. Panwalker, W Iskander. A Survey of Scheduling Rules. Operations Research, 1997,25(1): 5–61.

[29] Orlicky J. P. Material Requirement Planning. McGraw-Hill, New York, 1975.

[30] Wortmann J C., Wijngaard J. Beyond MRP. Production Planning and Control, 1992,3(3): 225–226.

[31] Vakharia A., Chang Y. A simulated annealing approach to scheduling a manufacturing cell[J]. Naval Research Logistics, 1990,37: 559–577.

[32] Foo S. Y., Takefuji Y. Stochastic neural networks for solving Job-Shop scheduling: part 1. problem representation. IEEE International Conference on Neural Networks, IEEE San Diego section & IEEE TAB Neural Network Committee, San Diego, California, USA, 1988,2: 275–282.

[33] Eberhart R., Kennedy J. A New Optimizer Using Particle Swarm Theory[A]. Proc. 6th Int. Symposium on Micro Machine and Human Science[C]. 1995: 39–43.

[34] 金翠云,王建林. 改进的PSO算法及其在PID控制器参数整定中的应用. 电子测量与仪器学报[J]. 2010,24(2): 141–146.

[35] Tasgetiren, M. F. and Y.-C. Liang. "A Binary Particle Swarm Optimization Algorithm for Lot Sizing Problem." Journal of Economic and Social Research 2003,5(2): 1–20.

[36] Z. G. Lian, B. Jiao, X. S. Gu. A similar particle swarm optimization algorithm for Job-shop Scheduling to Minimize Makespan, Applied Mathematics and Computation, Volume 183,2006, Pages 1008–1017.

[37] 连志刚. 粒子群优化算法及其在生产调度中的应用. 华东理工大学博士学位论文. 2007.

[38] 杨国兵. 我国造船业模块化制造网络研究. 哈尔滨工程大学. 博士论文. 2008年6月.

[39] 祁国宁,顾新建,谭建荣. 大批量定制技术及其应用. 北京: 机械工业出版社,2003.

[40] 王国鸿,宁汝新. BOM可视化及其多视图的研究[J]. 北京理工大学学报,2001,21(4): 469–473.

[41] 袁平鹏,陈刚,董金祥. BOM一致性维护[J]. 计算机辅助设计与图形学学报,2002,14(I): 83–86.

[42] 逢淑明,蒋辉,范玉青. 以BOM为主线组织企业CIMS信息流-PDM集成框架中BOM的应用明. 制造业自动化,2001,23(2): 17–19.

[43] 胡敏. 企业集成环境下的研究BOM[J]. 计算机工程,2001,27(6): 22–24.

[44] 李向东,范玉青.PDM 中的 BOM 面向对象模型及其应用[J].计算机集成制造系统-CIMS,2002,8：505-510.

[45] 刘建峰,张海甬.造船工法研究与创新.上海造船.2009 年第 3 期(总第 79 期)56-59.

[46] 孙玲芳,王念新.船舶制造全过程目标成本动态控制体系研究.船海工程.2006 年第 5 期(总第 174 期).111-114.

[47] 翟小兵.中小型制造企业信息化实施方法研究与实践.广东科达机电博士后出站报告.2005.

[48] 连志刚.船舶制造业 MES 与计划搭载网络优化技术研究.江南造船(集团)有限责任公司博士后出站报告.2012.

[49] 卢少华.装备制造系统绩效管理研究——K 公司机加工系统绩效评价与优化.武汉理工大学博士后工作研究报告.2009.5.

[50] 宋立夫.ERP 实施方法体系及诊断模型研究.天津大学博士学位论文.2006.12.

[51] 王霄.基于普适计算的协同制造执行系统研究.大连理工大学.博士论文.2009 年 11.

[52] Cheng F-T,Shen E,Deng J-Y,Nauyen K. Develop of a System Framework for the Computer-integrated Manufacturing Execution system：a Distributed Object-oriented Approach. International Journal Computer Integrated Manufacturing,1999,12(5)：384-402.

[53] 柴天佑,郑秉霖,胡毅,黄肖玲.制造执行系统的研究现状和发展趋势.控制工程,2005,12(6)：505-511.

[54] 饶运清,李培根等.敏捷化制造执行系统研究.中国机械工程,2002,13(8)：654-656.

[55] 王万雷.制造执行系统(MES)关键技术研究.大连理工大学博士学位论文.2005,10.

[56] 严隽琪,倪炎哲.基于网络的敏捷制造.中国机械工程,2000,11(2)：101-105.

[57] BYOUNG K. CHOI,BYUNG H. KIM. MES Architecture for FMS Compatible to ERP. Computer Integrated Manufacturing. 2002,15(3)：274-284.

附　录

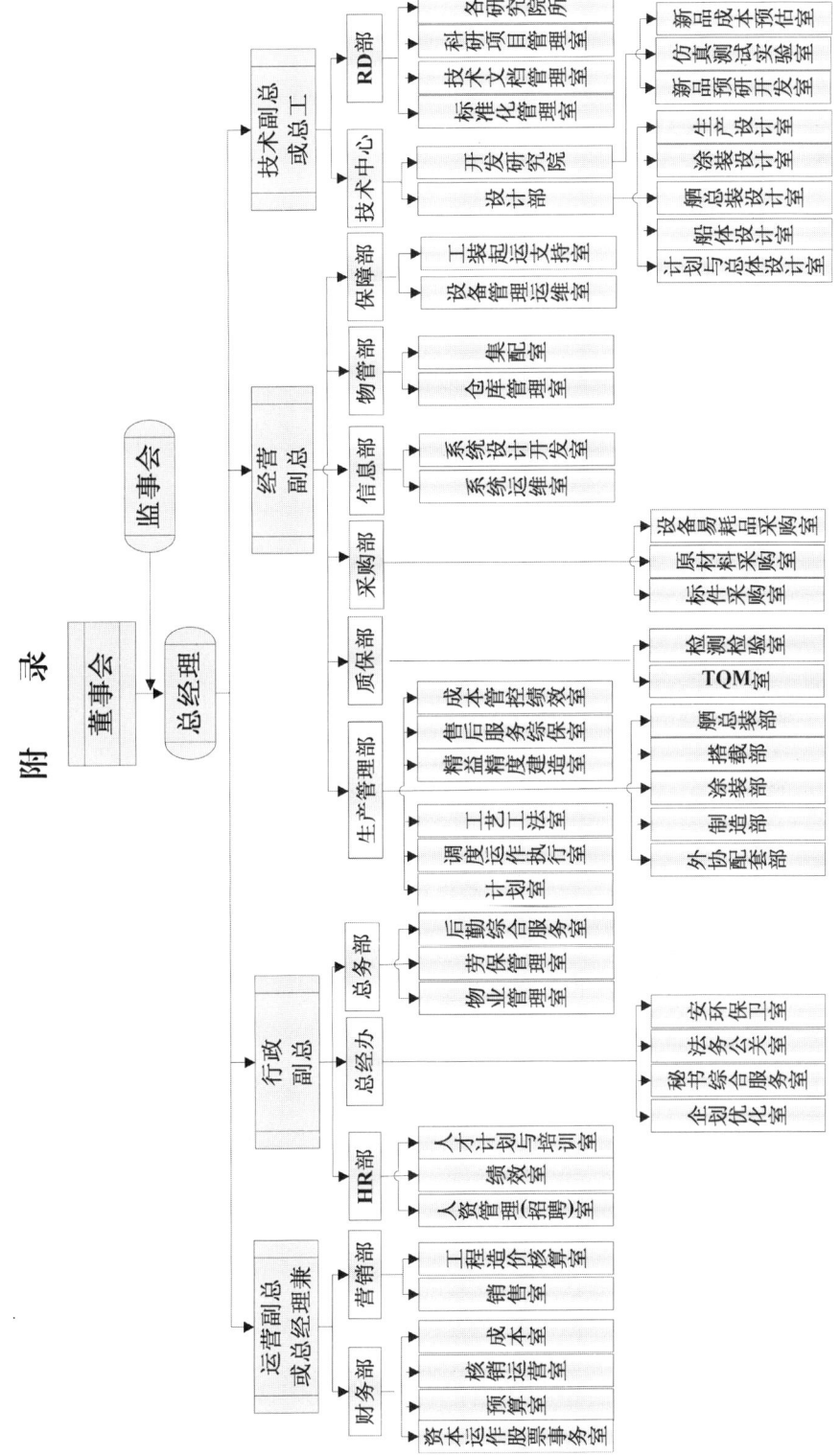

附图1　船舶制造企业组织架构与职能

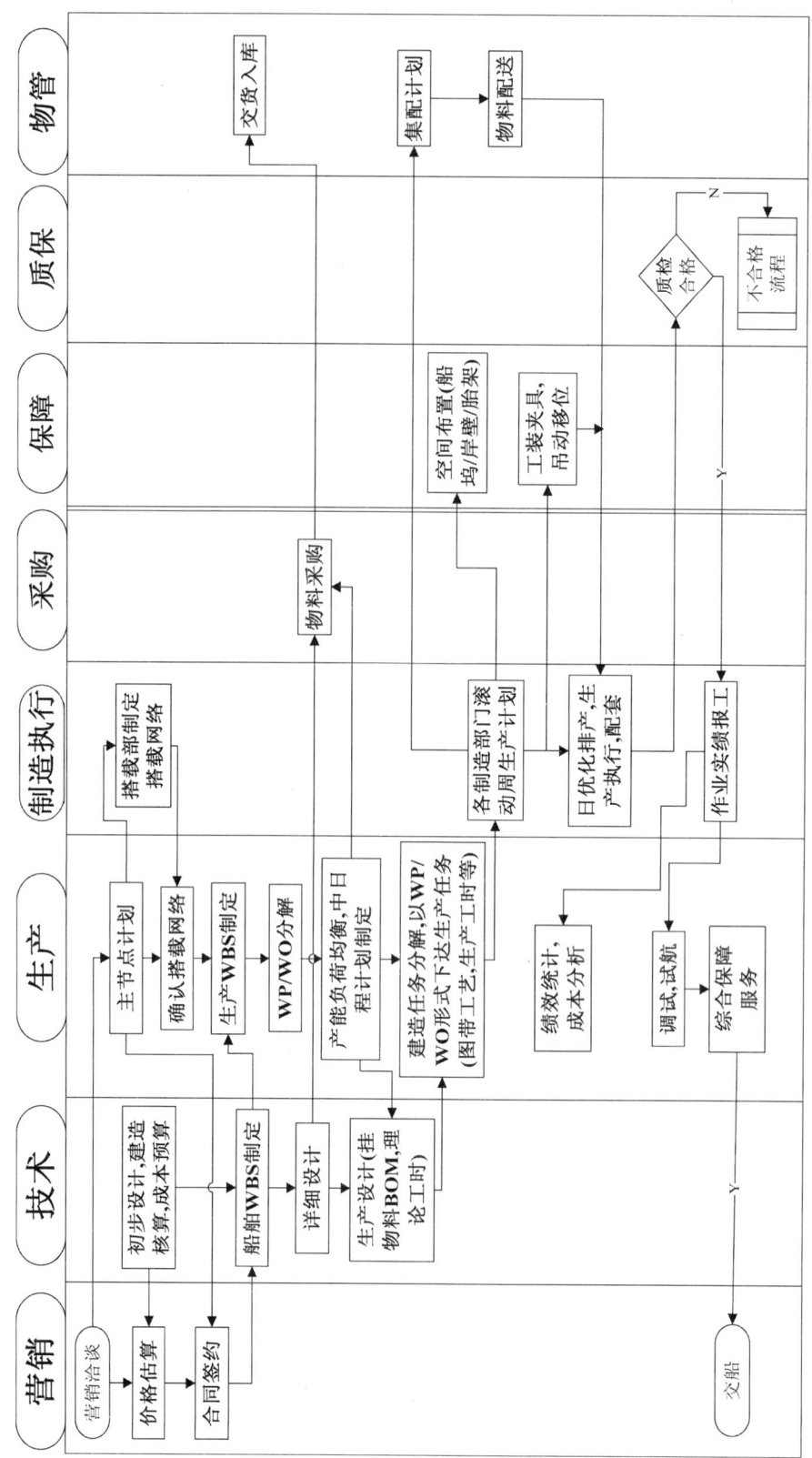

附图2 船舶制造核心总流程

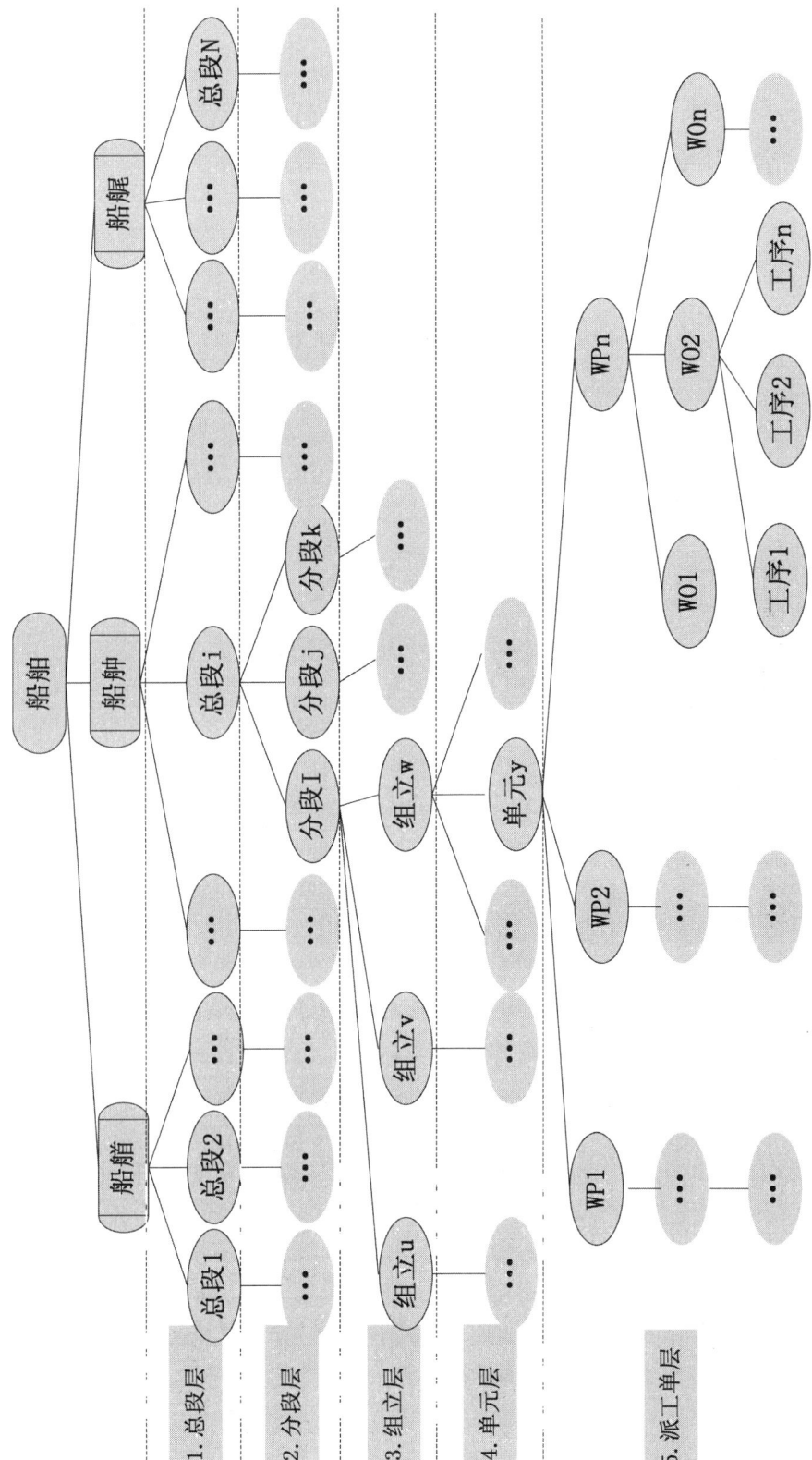

附图3 船舶制造WBS分解模型

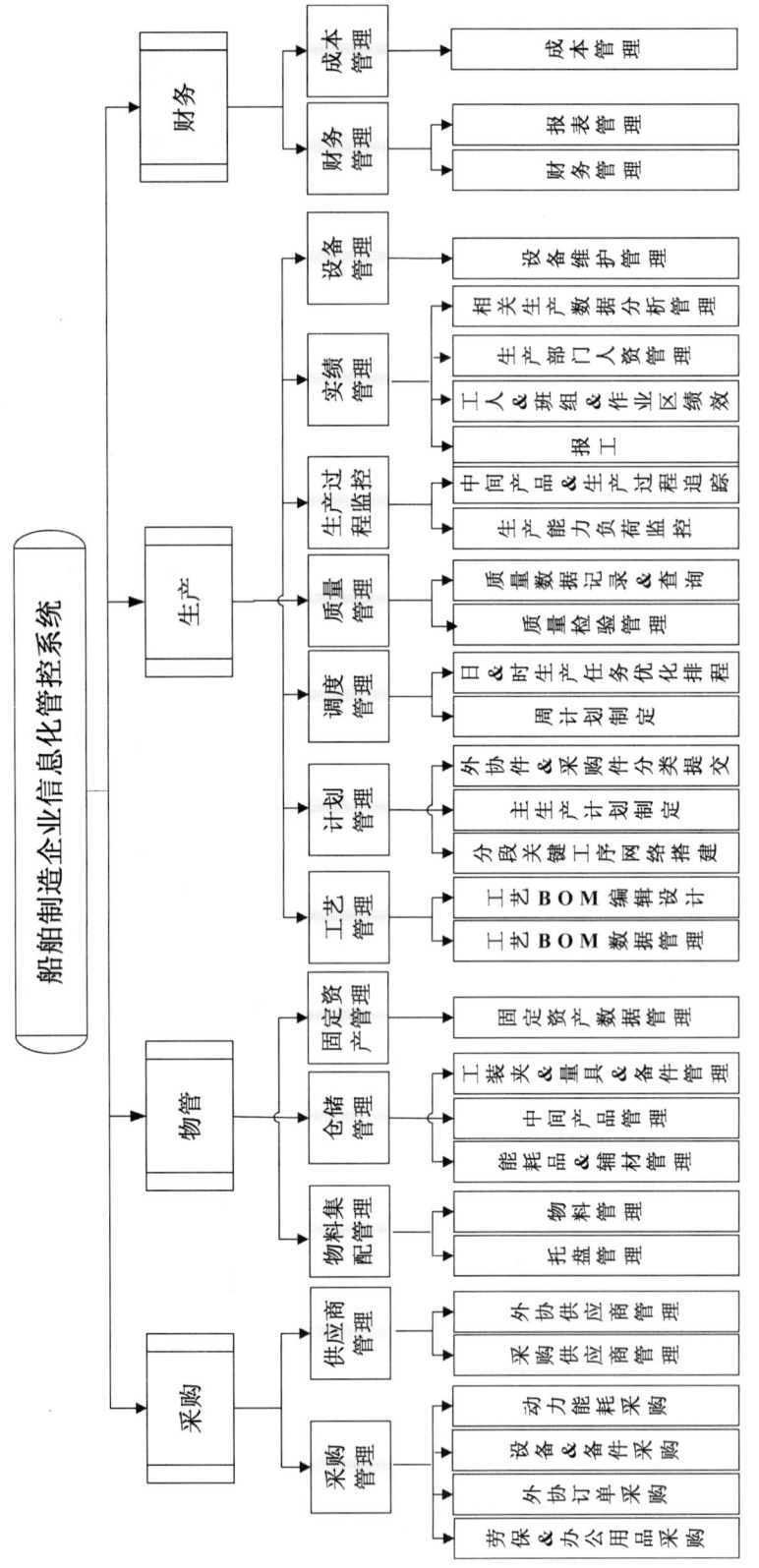

附图4 造船数字化管理系统模块功能

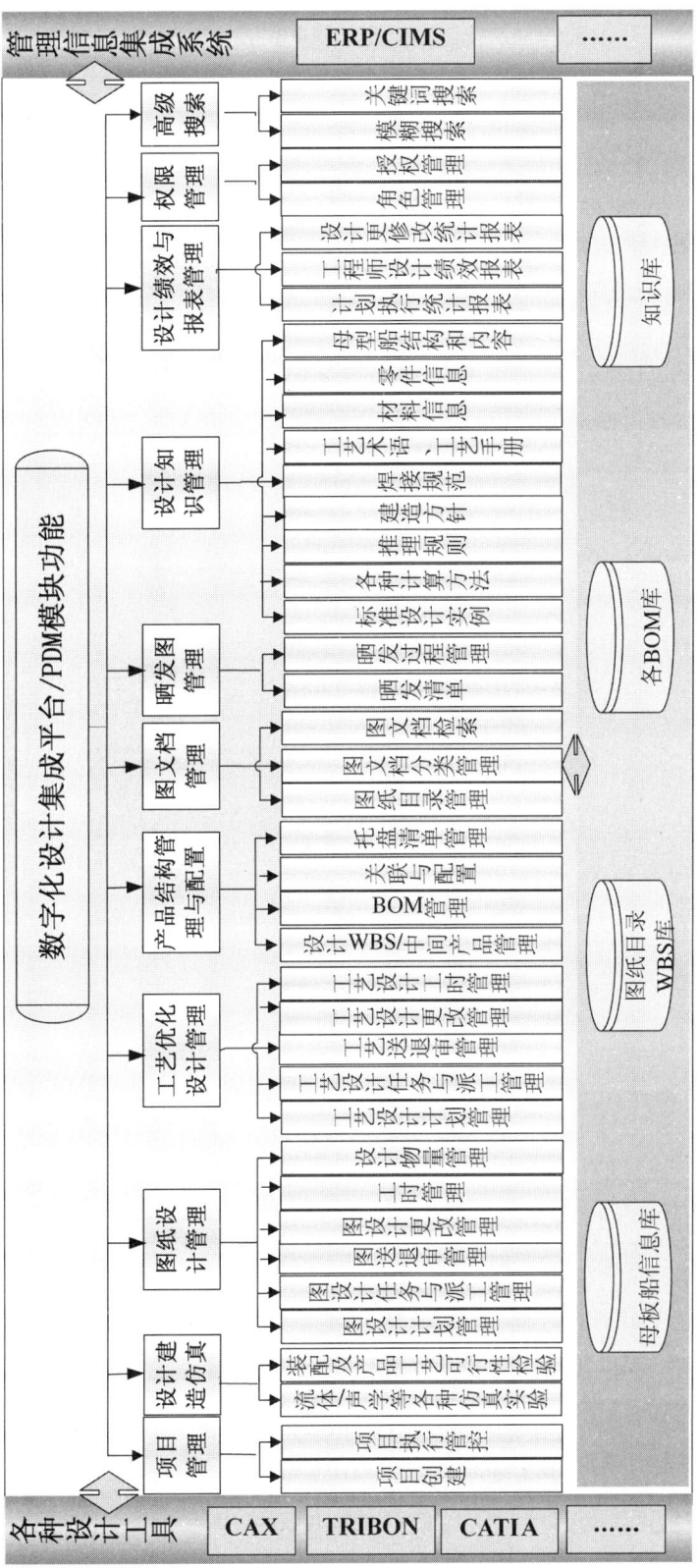

附图5 数字化设计集成平台/PDM模块功能

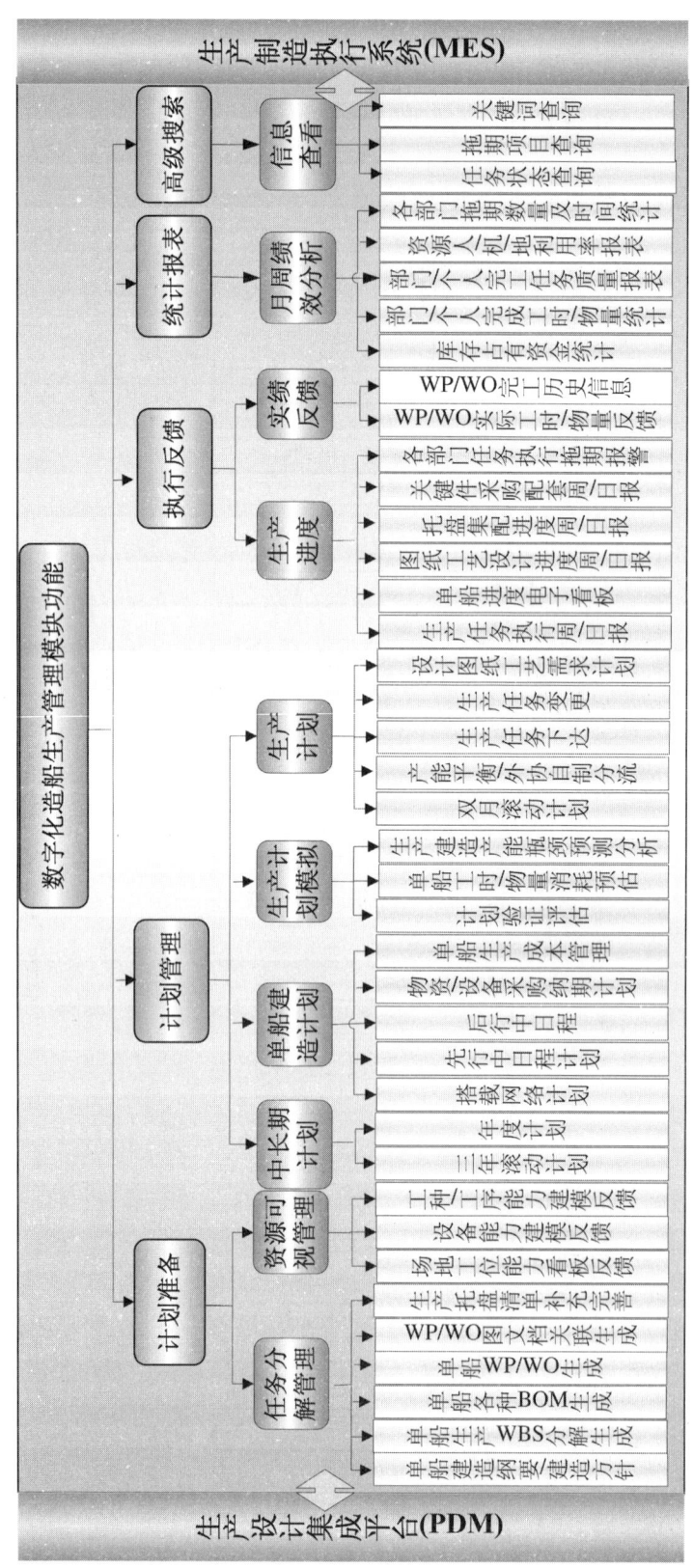

附图6 生产管理模块功能

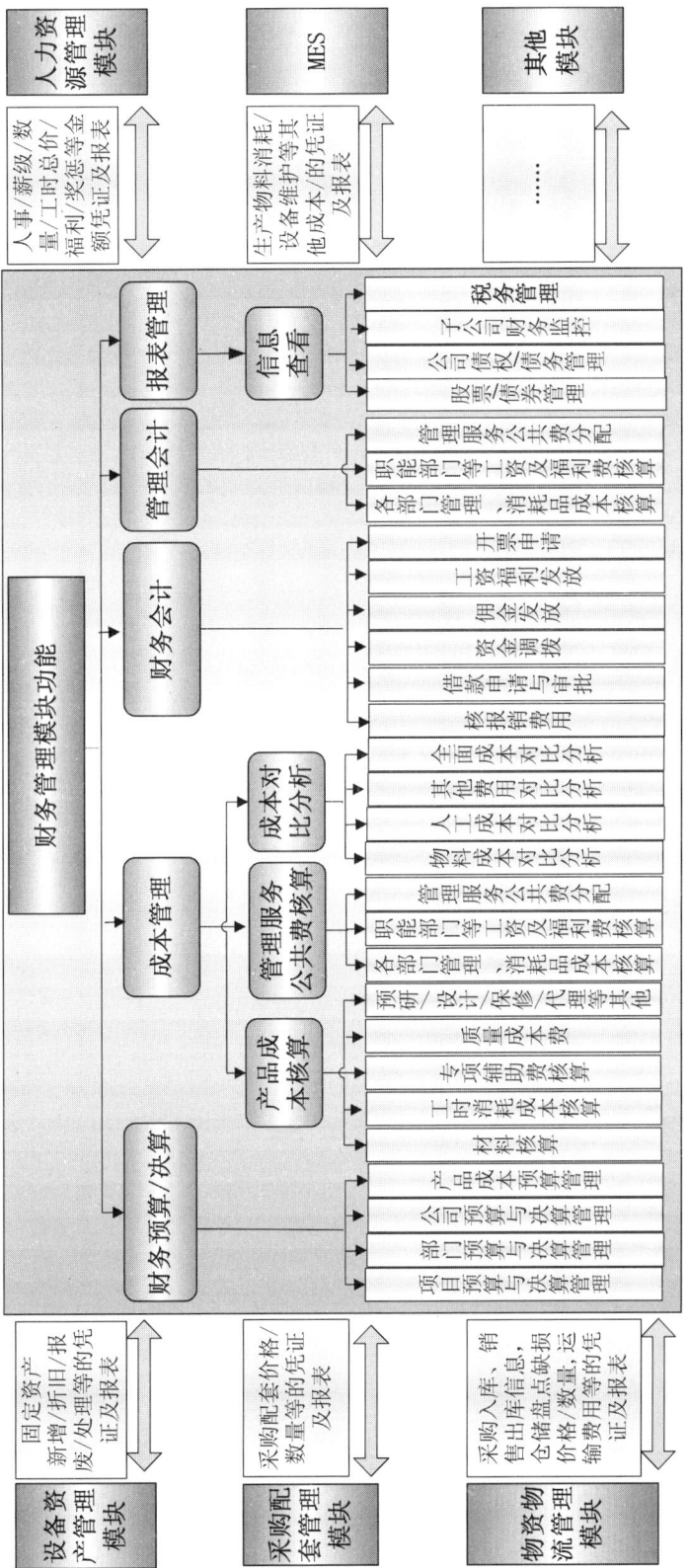

附图7 财务管理模块功能

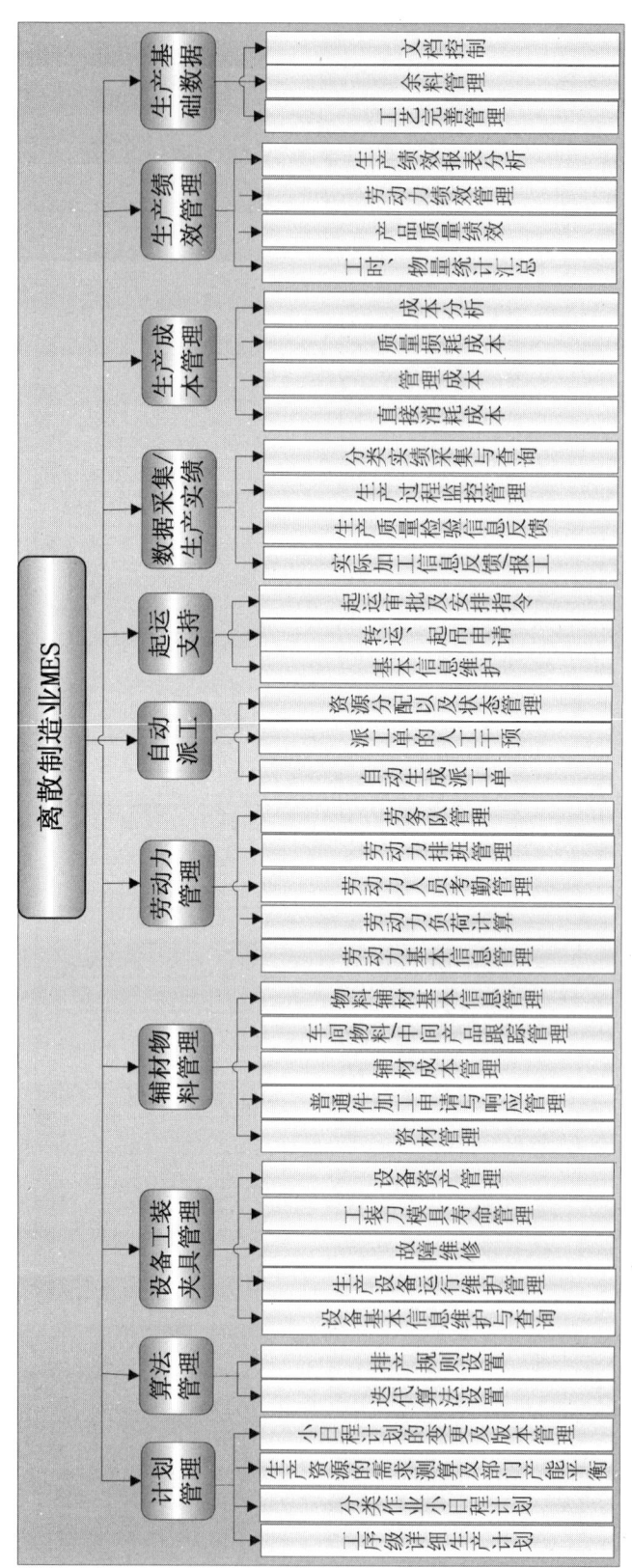

附图8 MES模块功能

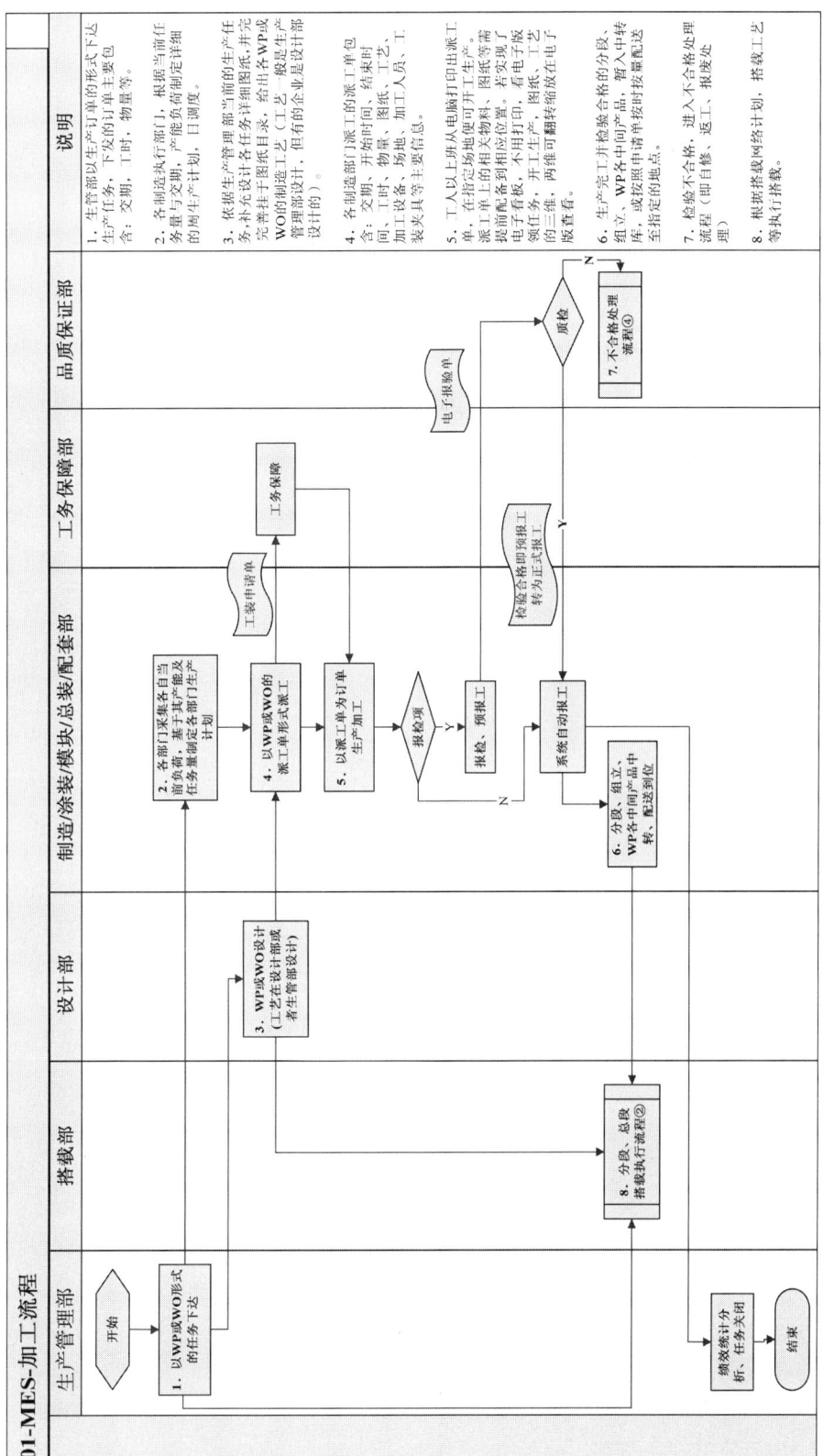

附图9 WP/WO加工流程